ブランド論

Aaker on Branding: 20 Principles That Drive Success

無形の差別化をつくる20の基本原則

デービッド・アーカー＝著
阿久津聡＝訳

ダイヤモンド社

AAKER ON BRANDING

by David Aaker

推薦の言葉——世界のＣＭＯから

「デービッド・アーカーは、私が大好きなブランドの大家の一人である。というのも、現代のブランドとは企業のために価値創造と戦略推進をもたらすべき一つの資産であることを、彼が理解しているからだ。最新の論文である本書は、ブランド関係者にダイナマイトのような影響力を及ぼすだろう」

——ＧＥ　ＣＭＯ、ベス・コムストック

「刺激的で、かつ実態に根ざした内容。現代のマーケターを導く北極星のようだ！」

——ＢＭＷ　ブランド・マネジメント部長、スティーブン・アルサウス

「企業に持続的な成長をもたらす強力なブランド資産を生み出し、改良し、活用するため、デービッド・アーカーは二〇の原則と実用的な手順を示してくれた。ブランド・パワーがもたらす成功のカギを見つけたいと願うビジネスパーソンなら必読の書である」

——サムスン電子　グローバルＣＭＯ、スー・シム

「私が歩んできたビジネスとマーケティングのキャリアにおいて、デービッド・アーカーの数ある著書はいつも重要な道標であった。この素晴らしい新作は、永続する優れたブランドを構築するために何が必要なのか、彼がその名高い実績を通して解明してきたことを見事に要約している。デービッドが提唱する二〇の原則を利用すれば、あなたのブランドはさらなる成功を収め、あなた自身もより優れたリーダーとな

れるだろう。間違いなく！」

——P&G　元グローバル・マーケティング・オフィサー、ジム・ステンゲル

「アーカー教授がたいへん明快に述べてくれたこの原則を受け入れなければ、今日あらゆる企業で成功はおぼつかない。本書は、ブランド・マネジメントという決定的に重要な研究分野において、彼の集合天才（コレクティブ・ジーニアス）が生んだ究極の〝力作〟である」

——コカ・コーラ　CMO、ジョセフ・V・トリポディ

「デービッドの新著は、マーケティングの初心者にも熟練者にも役立つ。本書は、すべてのマーケターが知り、かつ実践する必要のあるブランディングの原則と戦略が詰まったナレッジ・センターのような書物だ」

——マイクロソフト　コンシューマー・アプリ・アンド・サービス担当CMO、エリサ・スティール

「デービッド・アーカーほどブランド戦略を知り尽くした人はどこにもいない。アーカーはブランディングに不可欠なすべての原理を自分で吸収したうえ、それを壮大な一冊の本に凝縮した。あなたが百戦錬磨のブランド・マーケターであっても、この世界に足を踏み入れたばかりの新米であっても、本書を読むことで強いブランドを生み、育て、活用するための具体的方法が見えてくるだろう」

——アドビ・システムズ　シニア・バイスプレジデント兼CMO、アン・ルネス

訳者まえがき

「ブランド論」もしくはブランド・マネジメントという研究分野が生まれたのは、およそ四半世紀前のことである。一九九一年に本書の著者デービッド・アーカーによる『ブランド・エクイティ戦略』の原著が出版されたことが、一つの大きなきっかけとなった。

アーカーはその後も、次々とブランド・マネジメントに関する著作を発表し、常に「ブランド論」の発展を牽引してきた。その間の著作は、書籍だけでも八冊、論文や雑誌記事なども含めると数え切れない。

本書は、そのエッセンスのみを厳選してコンパクトにまとめ直した「ブランド論」の〝決定版〟である。

アーカーはなぜ、それだけ長きにわたって「ブランド論」の先頭を走り続けることができたのだろうか。その理由は大きく言って三つあると訳者は考えている。そして、その理由こそが、本書を特徴づけるものである。

第一の理由は、アーカーの経営学における学問的素養の広さにある。「ブランド論」とは、ブランドという事柄を対象とする学問・研究領域であり、ブランドやそのマネジメントに関わることであれば、基本的に何でも扱う。経済学の問題であろうと心理学の問題であろうと、デザインや法律に関わる問題も包摂される。そのすべてを一人の人間が語ることはおよそ不可能だが、アーカーは一人で「ブランド論」の核となるマーケティング、戦略論、消費者心理学をはじめ、経営組織論や会計学、ファイナンスも語れる類まれな学者である。逆に言えば、「ブランド論」をずっと第一線で切り拓いていくためには、これだけ広い学問的素養が必要だったということかもしれない。

アーカーは一九八〇年代にマーケティングから経営戦略論に研究の幅を広げ、序章でも紹介されている『戦略市場経営』を発表した。当時、戦略論の分野では、ハーバード大学のマイケル・ポーターによる競争戦略論に対して、企業の資産や能力に着目した新しい戦略論を打ち立てようとする動きが活発化しつつあった。ポーターが、業界構造分析とそれに基づくポジショニングによって競争優位性を獲得して高い利潤を上げることを提唱したのに対して、競争優位の源泉として企業が持つさまざまなリソースに着目し、それを土台に戦略を策定するという考え方である。

アーカーは、消費者行動とマーケティングの研究者の立ち位置から、企業の核となり戦略を左右する資産としてブランドに着目したのである。ブランドという独特の資産の価値は、顧客の認知や連想、ロイヤルティといったものから構成される。アーカーの提唱したブランド・エクイティの概念は、消費者心理学の知見に基づくものであり、「ブランド論」が、マーケティングを介して戦略論と消費者心理学の知見を統合していることがわかる。

その後アーカーは、ブランドの資産価値を測定し、それが経時的に株価にも影響していることを検証するために、会計学やファイナンスの知見を援用した研究も行った。彼は、会計学の学術誌にも論文を投稿したことのある数少ないマーケティング研究者の一人である。さらに、経営理念がブランド価値に与える影響の大きさや、ブランド構築の実践における社内向けブランディングの重要性、ブランド・ポートフォリオのマネジメントにおける組織内サイロの問題、といったことを解明するために、経営組織論の知見を大いに活用している。二〇〇九年に出版された『シナジー・マーケティング』は、本格的な経営組織論の著作と言える。

ところでアーカーは、キャリアの初期には統計の専門家として消費者行動を説明する確率モデルに関する論文を多く出していた。その流れで『マーケティング・リサーチ』（ジョージ・デイとの共著、一九八一年、白桃書房）など、マーケティング・リサーチに関するテキストを複数冊、長く継続して執筆している。最新のもので二〇一二年版があり、現在も更新中だという。モバイル・SNSの普及や情報のデジタル化に伴うマーケティング・リサーチやブランド構築ツールの進化についてもしっかりとフォローしており、本書にもよく反映されている。

第二の理由は、アーカーの「実務経験」の深さにある。アーカーが副会長を務めるプロフェット社は、彼がカリフォルニア大学バークレー校のハース経営大学院で教鞭をとっていたときの教え子が立ち上げた会社で、アーカーのブランド理論を実践するグローバルなコンサルティング・ファームである。本書で紹介されている数え切れないほどの事例の多くが、プロフェットを通して得られた知見に基づいていると思われる。当時、ハース経営大学院の博士課程で彼の指導を受けていた訳者は、「お前が卒業したら教授職から引退しようと思う」と言われてとても驚いたことを覚えている。まだ引退には早かったからだが、プロフェットでのコンサルティング業務や経営書の執筆活動に専念したいということだった。世界で活躍するプロフェットのクライアント企業が直面するブランディング課題には未知の問題も多く、アーカーのブランド理論は現場の必要に迫られて、常に「ブランド論」のフロンティアを切り拓いていたのだと思う。

一九七五年に博報堂の招聘で初来日して以来、アーカーは数十回来日を果たしている。特に電通の顧問をしていた時期は毎年来日して、クライアント企業のエグゼクティブや現場のマネジャーと交流した。アーカーは日経グループによる日本最大のブランド価値評価データベース「ブランド・ジャパン」の特別顧問でもある。そういった理由で、本書は日本企業の実情をよく知ったうえでまとめられている「ブランド論」であり、日本の読者には入りやすいはずだ。

第三の理由は、個人の業績にこだわらないアーカーの性格と実利的な姿勢にある。これまでのアーカーの著作を読むと、他の学者のブランド理論や広告代理店やコンサルティング会社のメソッドなどを幅広く、かつバランスよく紹介し、正当に評価している。自分のオリジナリティは大切にしながらも、ヤング・アンド・ルビカム（Y&R）のBAVモデルなどよいものはきちんと紹介し、しっかりとクレジットして議論の中に積極的に取り入れている。

また、そのほうが実務で使いやすいとなれば、自分の業績であるコンセプトやモデルにも躊躇なく修正を加える。例えば、本書で中心的な概念となっている「ブランド・ビジョン」は、これまでのアーカーのモデルでは「ブランド・アイデンティティ」と呼ばれていた。ブランド・アイデンティティ・モデルはアーカーの代表的な業績の一つだが、アイデンティティという概念は心理学から援用したものである。ブランド・アイデンティティというのは理論的には正当な名称だが、心理学者ではない多くの実務家にとっては、ブランド・ビジョンといったほうがわかりやすく、ピンとくるだろう。彼にとっては、自分の主要業績としてクレジットされているモデルの名称を維持するよりも、コンセプトとしてそのエッセンスが維持されるなら、一人でも多くの実務家がピンとくる名称に変えたほうが理にかなっているということなのだろう。

さて、あなたは今、どのような経緯で本書を手にしておられるのだろうか。

マーケティングの入門者でブランド・マネジメントの基礎を学びたいのであれば、とりあえず第I部の第2章まで読めば一息ついてよいかと思う。ブランドに関わる具体的な課題に直面して本書を手にした実務家であれば、第I部を復習した後、課題に従って該当する章を拾い読みするのが効率的かもしれない。あるブランドを担当することになったマネジャーなら、とにかく第II部まで読み進めれば、実践に生かせることが多いはずだ。全社の社内ブランディングを任された人事部、経営企画部、もしくは企業経営の全般に責任を持つトップマネジメントであれば、第I部を読んだ後、第5章・14章・20章を拾い読むのもよいだろう。ブランド・マネジメントをマスターしたいと思っている読者も、本書を一冊読み込めば知識としては十分である。

より詳しい「本書の読み方」は序章に譲るとして、ようやく我が国でも大学の商学部や経営大学院、エグゼクティブ・プログラムなどで幅広く使える「ブランド論」の手軽な〝定番〟を出版できたことを嬉しく思う。本書が、我が国におけるブランド構築の実践を底上げし、グローバル市場における日本企業の競争力向上の一助になれば、訳者としてこの上ない幸せである。

二〇一四年九月

阿久津 聡

ブランド論——目次

第4章 ブランド・パーソナリティでつながる　57

第5章 組織とその大いなる目標が差別化をもたらす　71

第6章 機能的便益を超えて　88

第Ⅲ部――【活性】ブランド優位性

第V部――【拡張】ブランド・ポートフォリオ

序章
Whg This Book?

ブランドの理論と実務を融合

ブランドとは何か？

それは、単なるブランド名やロゴマークよりはるかに大きなものだ。それは、組織から顧客への約束である。そのブランドが表すものが、機能面だけでなく、情緒面や自己表現、人間関係においても役立つという約束を守ることである。しかし、約束を守ることがブランドなのかと言えば、それでも足りない。ブランドとは長い旅路のようなものである。顧客がそのブランドに触れるたびに生まれる感触や体験をもとにして、次々に積み重なり変化していく顧客との関係なのだ。

ブランドは大きな力を持つ。顧客関係の中核を担い、戦略的判断の足場となり、株収益を含めた企業の財務面に影響を与える要因にもなる。最強のブランドとその〝エッセンス〟を考えてみればいい。グーグルというブランドは、サーチエンジンその他の分野における技能と圧倒的支配力に結びついている。ハーレーダビッドソンは、情緒面や自己表現でのメリットを連想させる。

ＩＢＭなら、有能でソリューション指向のコンピュータ・サービスだ。シンガポール航空は特別なサービス、メルセデス・ベンツは最高の価値がわかる人、アメリカン・エキスプレスは信じられないほどの顧客満足とデジタル・プログラムの使い勝手のよさ、パタゴニアなら持続可能性――。こうしたブランドの力が、企業に顧客ロイヤルティをもたらし、事業を成功に導き、商品に問題があった際にも立ち直る力を与え、新製品や新市場に進出する基盤となってきた。

それに加えて、ブランドとブランド戦略は純粋に楽しく、興味が尽きない。ブランド戦略の会議に三〇分の予定で出席したある企業のトップが、結局何時間も居続けたあげく、立ち去るときに「ここ数カ月間の仕事でこの会議が一番楽しかった」と断言したことが何回もあった。成功するブランドのポジショニングや、どのようなブランド構築プログラムに手応えがあるのか、どうすれば新市場参入にうまくブランド力を活用できるか、といったことを知るのは心躍る経験である。ブランド戦略はその創造性と多様性のため、議論を始めると際限なくいつまでも話しを続けられる。

本書の一つの目的は、数十に及ぶ大変有用なブランディングの考え方と実践方法をとことんまで煮詰め、〝二〇〟の基本原則にまとめることにある。この基本原則によりブランド、ブランド戦略、ブランド・ポートフォリオ、ブランド構築について大まかな理解ができる。これらはすべての企業、マーケティング担当者、ブランド・ストラテジストが理解しておくべきことだ。この基本原則は、ブランドに関する知識を復習したい人はもちろん、ブランディングの職務経験を持たず、手っ取り早く概要をつかみたい人にも役立つはずだ。

本書のもう一つの目的は、強いブランドを生み出し、強化し、利用する行程表を示すことにある。強力なブランドを生むにはどんな手順が必要か。その過程でどのような選択肢があるか。ブランドやブランド・ファミリーを、戦略上のお荷物から、強さの源泉へとレベルアップするために、ブランド・ストラテジストには何ができるのか——。この行程表に従い、ブランド・ビジョン（別名ブランド・アイデンティティ）を打ち立てる術を知り、そのビジョンを実践し、競合他社の攻勢や激動する市場にも負けずにブランドの強さを守り、その結果得られたブランド力を活用し、ブランド・ポートフォリオを巧みに管理することで、各ブランドにシナジー効果と独自性とレバレッジ効果をもたらすようにするのだ。以上のことは、どの業界にいようとも極めて重要となる。

ブランディングは複雑で、しかもそれぞれが特異である。ブランドの背景も一つひとつみな違う。要するに、あらゆる環境で基本原則の二〇すべてが当てはまることはないだろう。とはいえ、自社の戦略や将来展望、ツールや発想のチェックリストにはなる。単に知っておくべきことのリストというだけでなく、次の一手を考える際に参考になる多様な選択肢のリストでもある。基本原則によって、今後の事業戦略をサポートする強く、長続きするブランド、および、統一性のあるブランド・ファミリーを構築し維持していくという目標に近づくことができる。

二〇の基本原則に示された考え方や実践方法の一部は、私の最近の著書八冊から引用した。八冊のうち六冊はブランディングに関する以下の本である。『ブランド・エクイティ戦略』（一九九四年、ダイヤモンド社、*Managing Brand Equity*）、『ブランド優位の戦略』（一九九七年、ダイヤモンド社、*Building Strong Brands*）、『ブランド・リーダーシップ』（エーリッヒ・ヨアヒムスターラーとの共著、二〇〇〇年、ダイヤモンド社、*Brand Leadership*）、『ブランド・ポートフォリオ戦略』（二〇〇五年、ダイヤモンド社、*Brand Portfolio Strategy*）、『カテゴリー・イノベーション』（二〇一一年、日本経済新聞出版社、*Brand Relevance: Making Competitors Irrelevant*）、そして*Three Threats to Brand Relevance*（二〇一一年、Jossey-Bass、未訳）である。残る二冊、『シナジー・マーケティング』（二〇〇九年、ダイヤモンド社、*Spanning Silos*）と『戦略市場経営』（一九八六年、ダイヤモンド社、*Strategic Market Management 10th edition*）は、密接に関連したテーマを扱っている。二〇の基本原則は、これ以外にも私がさまざまな場所に書いた文章をもとにしている。主な発表の場は以下のとおり。davidaaker.comで二〇一〇年秋から始めて週一回更新しているブログ記事、HBR.orgに書いたブログ記事、米国マーケティング協会（ＡＭＡ）の『マーケティング・ニュース』やドイツの『*Absatzwirtschaft*（マーケティング業界）』に掲載されたコラム、そして『カリフォルニア・マネジメント・レビュー』『ハーバード・ビジネス・レビュー』『ジャーナル・オブ・ブランド・ストラテジー』『マーケット・リーダー』の各学術誌やその他に書いた論文など。

本書は、ブランディング分野の多岐にわたる文献をまとめて、ブランディングのベスト・プラクティスを効率よく学べる、または復習できるようにデザインされている。私の八冊の著書だけでも総ページ数は二三〇〇ページ（原書）を超え、少々尻込みしてしまうだろう。加えて書店に行けばブランドに関する本が何十冊も並び、ブランディング専門の学術誌も数種ある。これではあまりに情報が多すぎて、身動きが取れなくなりそうだ。何を読むべきで、どの考え方を採用すべきなのかを知るのは大変難しい。何についてもそうであるように、優れたアイデアは数多くあるのだが、劣悪なアイデアや時代遅れのアイデア、誤解や誤用のもととなるアイデアも一緒になって混ざっている。また、もっともらしく見えるものの、うのみにすると(危険とまではいかなくても)完全に間違ってしまうアイデアもある。

本書の各章を順番どおりに読む必要はない。とはいえ、最初の二つの章は、戦略的ブランディングというコンセプトの最も基本をなすものなので、最初に目を通しておさらいする価値はあるだろう。それ以降の章については、ざっと目を通して、自分の今の問題に関わるものを探すだけでもいい。または、興味をそそられる章や、反論したくなる章だけを探すのもいいだろう。新しい見方のきっかけが得られる可能性がある。

本書はテーマごとに次のような構成になっている。

第Ⅰ部　ブランドは戦略価値を持つ資産であると知る

二〇年以上前、「ブランドは戦略資産である」という画期的な考え方が生まれ、マーケティングを変えた。ブランドとは未来の成功のための足場であり、その組織のために継続的な価値を生み出すものなのだ。したがってブランド構築は、「戦略」に属する。売上げを伸ばすための「戦術」とはまったく異なる。

第Ⅱ部　道を指し示し人々を刺激する、説得力のあるブランド・ビジョンを持つ

ブランド・ビジョンは単なる機能的便益を超えるものを目指すべきだ。組織の価値観、より高次元の目的、ブランド・パーソナリティ、情緒的・社会的・自己表現的便益も加味したビジョンを描こう。顧客にとって〝必須〟となるイノベーションを起こし、ブランドのみならず、新たなカテゴリーやサブカテゴリーを生み出す機会を探すのである。

第Ⅲ部　ブランド・ビジョンに命を吹き込む

ブランドを下支えするような構想とブランド構築企画を練る。顧客が熱中するとまではいかなくとも、関心を持つ分野、すなわち、顧客の〝スイート・スポット〟に注目し、そうした分野を中心にブランドをパートナーにした企画を考えるべきだろう。こうした企画はデジタル・プログラムで先導もしくは展開するといい。時間の経過とともにブランド・ビジョンとその実践に矛盾が起きないよう十分注意すること。ストーリーを介して組織の価値観や文化と結びつけられた、豊かで力強いインターナル・ブランディング（訳注：組織内のブランド啓発活動）を行う。

第Ⅳ部　レレバンスを守る

ブランド・レレバンス（訳注：レレバンスは関連性とも訳される）を脅かす三つの脅威とその対処法を知り、ブランドを活性化する方法を身につける。

第V部　ブランド・ポートフォリオを管理・活用する

各ブランドの役割（戦略ブランドやエンドーサー・ブランドなど）を明確にする戦略を立て、新製品市場を開拓する際にブランドを活用し、ブランドの垂直拡張に関するリスクと選択肢を分析し、製品や地域ごとにサイロ化（訳注：タコツボ化）した部門間をブランドで橋渡しをする。

序章のまとめ

実行可能な高い目標を掲げることができれば、それはブランド自身のためになる。ブランドに関する私の他の著書と同じく、本書も高い目標を掲げている。それは、ブランディングの理論とブランド・マネジメントの実践をさらに前進させ、ひいては、事業運営と組織経営の実践を進歩させることだ。この目標は、得てして短期的な財務数値が優先されがちな事業運営に引きずられないよう、マーケティング戦略にどっしりとした重しを与えることになる。未来の成功の足場となる戦略的ブランド資産を構築するためには、何か原動力となるものが必要である。その探求に本書が一役買うことができれば幸いである。

第I部——【基本】

資産としてのブランド

Part I　Recognize That Brands Are Assets

第1章

Brands are Assets that Drive Strategy

ブランドは戦略を左右する資産である

「ブランドは事業戦略を表す顔である」
――ブランド戦略コンサルティング会社、プロフェットの見解

一九八〇年代後半に、爆発的な力を持つ発想が生まれた。それは、ブランドは資産であり、資産価値を持ち、事業戦略およびその業績を左右する、という発想である。

ブランドを資産と捉える見方は、広範囲に及ぶ雪崩のような激変を引き起こした。マーケティングとブランド・マネジメントの概念を変え、ブランドを管理・評価する方法を変えた。マーケティング担当役員の役目も変わった。この見方を受け入れてしっかりと組織に導入できた企業は、ブランド構築という行為が、広報宣伝チームに任せてかまわない戦術的取り組みから、事業戦略の決定要因へと変化したことを理解したのである。

まさに時節を得た発想だった。ちょうどクリティカル・マスを超える数の企業幹部が、自社の

ポートフォリオの中核となるブランドについて、事業戦略の助けとなるにはビジョンやブランド力が不足していると感じつつも、これが広報宣伝の戦術をいじるだけで解決できる問題ではないと確信するようになっていた。事業戦略の実現を可能にし、顧客と共鳴するようなブランド資産を持たない限り、当社の事業戦略は確実に失敗する――。こうした見通しは、なんとか戦略変更を実現しようと苦戦中の企業幹部にはとりわけはっきりと見えていた。最終的に何が起きたか。多くの企業幹部の間に、戦術レベルのブランド・マネジメントでは不十分だとの認識が広がることになった。戦略に基づくブランド・ビジョン、加えてそのビジョンを実施するためのプロセスとスキルを組織が持つことが絶対に欠かせない、との認識である。

「資産としてのブランド」という概念が広く受け入れられた背景には、「ブランド・マーケティングの第一の役目は販売促進」という広範な思い込みが、さまざまな局面でうまくいかなくなっていた事実がある。パッケージ商品の世界は、POSシステムのような商品スキャンによるリアルタイム・データが台頭したことにより、一九八〇年代初頭に悲惨な経験をしている。こうしたデータによりさまざまな実験が可能となった結果、「二〇%オフ」や「二個で一個の値段」などの価格による販促が信じられないほど売上げを伸ばす効果を持つと、はっきりと示されたのだ。当然の成り行きとして割引価格の洪水が起き、消費者は通常価格で買わずに次のキャンペーンを待つことを学んだ。結果的に価格が最大の購入決定要因となり、ブランドによる差別化は崩壊した。クラフトなどのブランドは、ブランド・エクイティとロイヤル顧客基盤を回復するのに何年もかかる羽目になった。

企業幹部たちは、売上げ増加のためにもブランド資産の必要性を感じていた。当時、多くの企業では売上げ増加が至上命題だった。というのも、コスト削減策はすでに効果が逓減する段階に入っており、収益性に大きく貢献できなくなっていたからだ。成長への近道、最短距離で革新的な新商品を生み出すためには、新ブランドを開発するか、既存ブランドをその新商品用につくり替える能力が必要だった。とはいえ、ブランド拡張戦略——既存のマスター・ブランドを新製品もしくはバリュー・セグメントやスーパー・プレミアム・セグメントにまで拡張する戦略——が実行可能なのは、いずれそのようなブランド拡張を行う可能性を視野に入れて、ブランド資産を開発・管理していた場合のみであった。

ブランドを資産とする見方には、表面的妥当性と定量的裏づけの両方があった。表面的妥当性の根拠は、とりわけサービスおよびB2B（訳注：企業向け）の分野において、顧客は購入を決めたり使用感を評価する際にはブランド要因に基づいて判断したりしており、その影響は、価格や機能的特徴を上回っているという実感であった。一方で定量的裏づけの土台となったのはデータに基づく各種の取り組みで、その結果、ブランドが実際にかなりの資産価値を持つことが示され、この新しいパラダイムを世界中のCFOやCEOが喜んで受け入れるようになった。

ブランドが戦略へと昇格するうえで、学会も一定の役割を果たした。そのきっかけは、MSI（マーケティング科学協会：学術研究に出資も助言もする企業が集まった共同体）が一九八八年に主催し、その後に大きな影響力を与えたブランド会議だった。この会議はマーケティング担当の最高幹部たちにとって、ブランド問題を戦略レベルに引き上げる必要性を訴える格好の場となった。会議の後、ブランド・エクイティの研究は学会の最優先テーマに躍り出た。ブランド拡張の意思決定、ブランドが企業の財務業績に及ぼす影響の定量化、ブランド・パーソナリティの測定法といった関連ツールの高度化、ブランド・エクイティの概念化、などの分野で学術研究が加速した。

アイデアとタイミングが完璧に一致し、大きな力を生んだケースだった。とはいえ、急速に関心が高まり組織改革が急増したからといって、あらゆる業界と企業にすぐさま影響が及んだわけではない。なかなか乗ってこない企業も多かった。とりわけ、マーケティングの力が見えにくかったり、分権化が浸透していたりした企業は特にそうだった。メッセージに賛同できるかという問題に加え、実際の導入が困難な点も障害となった。しかし、「資産としてのブランド」という見方を採り入れたい企業の意欲、そして同じく重要な点として、この新しい視点を導入できる企業の能力が、長い時間をかけて着実に高まってきたことで、経営手法の一過性のブームではないことが証明された。

この考え方がもたらした影響は今までも巨大であったが、今後もさらに甚大なものになっていくだろう。

戦術から戦略へ

かつては、ブランド・マネジメントは戦術であり、一部を広告担当マネジャーや広告代理店に委ねることができるというパラダイムに支配されていた。なぜならその仕事の大半は、会社のイメージを操作し、広告キャンペーンを企画し、流通戦略を取り仕切り、販売促進策を考案し、販売部隊を支援し、適切な包装を選ぶといった類の業務だったからだ。

しかしブランドが資産とみなされるようになると、ブランド・マネジメントの役目は劇的に変わり、戦術的で受け身の仕事から、戦略的かつビジョンを描く仕事になった。現在と未来の両方の事業戦略と結びつき、将来の製品・サービスやマーケティング・プログラムを指し示す道標となるような戦略的ブランド・ビジョンは絶対に不可欠となった。さらにブランド・マネジメントは、より幅広く包括的なテーマにもなった。例えばそれは、戦略的な市場の洞察や「大きな」イノベーションを刺激すること、成長戦略やブランド・ポートフォリオ戦略、グローバル・ブランド戦略を描くことなどである。

マーケティングの役割が高まる

ブランドを戦略的に扱うとなると、社内でも高い職位の人が担当する必要が生じる。たいていは、組織内のマーケティング専門家の中でトップの地位にいる人、および、その人物と同レベルの幹部たちの仕事になる。マーケティング畑の人材がトップに就くようなマーケティング重視の組織では、究極のブランドの擁護者は最高幹部、場合によってはＣＥＯであろう。企業向けやサービス業界でよく見られるように、そのブランドが企業を体現している場合、ブランドの実体化にCEOが関与しているケースは多い。というのも、そうした企業では、ブランドが事業戦略のみならず、組織の文化や価値観とも密接に関わっているからだ。

マーケティングは今や戦略会議に席を与えられている。事業戦略を練り、それを運営するメンバーの一員になったのである。ブランドおよびブランド構築が事業戦略を左右する要因へと昇格したことで、マーケティング部隊に出場機会が与えられた。ひとたび発言の場が与えられれば、事業戦略立案のためにマーケティング部隊が役立てることは山ほどある。まずは顧客に関する知見だ。その知見に基づいて有効な成長戦略を描けるし、成長戦略はそうあるべきだ。また、経営資源を戦略的に割り当てる際にも、この知見をベースに行える。次に、事業戦略の心臓部に当たるのは市場のセグメンテーションと顧客への価値提案だが、その方向性に関してマーケティング部隊の情報は大いに役立つはずだ。

ブランド・エクイティに専念する

短期的売上げなどの戦術的な評価基準から、ブランド・エクイティおよびその他の長期的な財務業績指標といった戦略的な評価基準へと重点を移すことは、途方もない変化である。その際に道標となるのは、強いブランドが将来に向けた競争優位と長期的収益性の基盤になるという前提だ。ブランド構築の第一の目標は、ブランド・エクイティを築き、それを高め、また活用することにある。その主な側面を挙げると、ブランド認知、ブランド連想、そして顧客基盤からのロイヤルティである。

ブランド認知

ブランド認知は、実際より低く評価されがちな資産である。ブランド認知は、そのブランドに対する見方や好感度、時には態度にまで影響を及ぼすことが示されてきた。人々は見慣れたものを好み、なじみのある商品にはあらゆる類のプラスの特徴を見出そうとする。加えてブランド認知は、高額の商品を買う企業顧客や耐久消費財を買う一般消費者にとって時に決定的となる「成功」や「本気」、「実質」といった属性のシグナルにもなり得る。というのも、顧客がそのブランドを認識すると、自分がこのブランドを知っているからにはそれなりの理由があるに違いない、と考えるのである。最後に、認知度が高ければ顧客の購入プロセスの決定的な場面でブランドを思い出してもらえる可能性が高まる。すなわち、その顧客が購入を検討するブランドの一つに入れてもらえる。

ブランド連想

ブランド連想とは、例えば以下のようなものだ。製品特性（クレスト、ボルボ）、デザイン（カルバン・クライン、アップル）、社会貢献活動（エイボン、パタゴニア）、品質（レクサス、サウスウエスト航空）、国際的（ＶＩＳＡ、フォード）、イノベーション（３Ｍ、ヴァージン）、システム・ソリューション（ＩＢＭ、セールスフォース・ドットコム）、ブランド・パーソナリティ（メットライフ、シンガポール航空）、象徴（ティファニーの青い箱、マクドナルドのゴールデンアーチ）……。要するに、何であれ顧客にそのブランドを連想させるものである。これらは、顧客関係、購入決定、使用経験、ブランド・ロイヤルティの基盤になり得る。あるブランドにどのような連想を持たせるのかを決め、その連想を強化するような計画を練り、ブランドへしっかりと結びつける。これはブランドを資産としてマネジメントする際に最も重要となる仕事の一つである。

ブランド・ロイヤルティ

ブランド・ロイヤルティは、すべてのブランド価値の中核をなす。なぜなら、ロイヤルティは一度獲得するとなかなか失われないからだ。ロイヤルティを得たブランドは、顧客の惰性の恩恵を受ける。競合他社にとって、このロイヤルティのつながりを断ち切るのは困難でコストのかかる作業になる。こうしたことから、ブランド構築の目標の一つは、セグメントごとのロイヤルティの大きさと密度を強化していくことである。それには時間をかけて顧客関係の基盤を固め、機会を捉えては豊かで深くて意義深いものにしていくことだ。

複数ブランドからブランド・ファミリーへ

従来のブランド・マネジメントとは、あたかもそのブランドが企業内でも世界市場でも単独で運営されているかのように、単一ブランド、単一国市場にのみ集中して行われてきた。このやり方は、一九三一年まで遡るプロクター・アンド・ギャンブル（P&G）の古典的なブランド・マネジメント手法を引きずっている。当時、「ブランド・マン（担当者）」の職務内容を記した社内文書を書いたのは、ジュニア・マーケティング・マネジャーだったニール・マッケロイで、彼はのちにP&GのCEOとなり、その後は米国防長官になる。当時のマッケロイは、「アイボリー石鹸」ブランドによって影の薄くなった「キャメイ石鹸」ブランドをいかにマネジメントするかに苦戦中だった。前提となる考え方は、それぞれのブランドがそれぞれ独自のブランド計画を持つ自主独立の存在であるという、今では戦略的に有効とはされない見方であった。

戦略的にブランド・マネジメントを行うには、複数のブランドを〝ファミリー〟として扱い、それを一つのポートフォリオとして管理・運営しなければならない。今日、ますます多くの企業がそのような認識に至っている。ブランド・ポートフォリオ戦略の真髄は、サブブランドやエンドーサー・ブランド、ブランド化したイノベーションを含めて、組織の持つ複数のブランドが間違いなく一致協力し、わかりやすさとシナジー効果を生み出すようにすることだ。競合ではなく協働させるのである。それぞれのブランドには明確に決められた役割が必要だ。他のブランドを助けるというのも、そうした役割に含まれる。さらに、ブランドが水平方向と垂直方向に拡張されるにつれて、ブランドの役割も徐々に変化していく可能性がある。製品のターゲット範囲が変わることがあるのと同じだ。

このようにして企業は、経営資源をブランドと市場に適正に割り当てる方法を見つけつつある。

未来のスター・ブランドを守るため、そして他の各ブランドにもそれぞれに割り当てられた現在および、未来の役割をしっかり果たすのに十分な経営資源が、間違いなく行き渡るようにするために。

ブランド拡張の戦略的課題

ブランドを資産として見るようになれば、その資産を活用して、ほとんどの企業の目的である成長を生み出すチャンスが生まれる。例えば、他の製品クラスに戦略的参入を狙うなら、それを助けるためにマスター・ブランド、場合によってはエンドーサー・ブランドとして既存ブランドを利用することが考えられる。そうすれば、ブランド認知と前向きのブランド連想——例えば知覚品質——を与えるためのプラットフォームになるだろう。または、あるブランドのターゲット層より上、もしくは下の層に新たに製品・サービスを販売する際にも、そのブランドを垂直方向に拡張することで支援できる。とはいえ、〝資産としてのブランド〟モデルにおける目的は、単に効果的なブランド拡張を実現することだけではなく、ブランドおよびブランド・ポートフォリオ全体を増強することにある。戦略的で、より視野の広い視点がもたらされるのである。

組織のサイロ化には対応が必要

ほぼすべてのブランドは、製品・市場・担当国などで仕切られた複数の組織内サイロにまたがる存在である。一部の企業（例えばゼネラル・エレクトリック（GE）や東芝）では、一つのブランドが一〇〇〇にも及ぶ製品市場で顧客関係の推進役となっているケースさえ見られる。ブランドを戦術的に扱うのなら、サイロごとの独自路線は役立つように思える。顧客に最も近い場所にいる事業部が、それぞれの必要性に合うよう勝手にブランドをいじれるからだ。

しかし、サイロごとのブランド構築を優先して全体的なコントロールを失うと、非効率と機会ロス、そしてブランドの縮小が生じることになる。ブランドの方向性をサイロごとにバラバラに決めることが許されるなら、そのブランドは混乱に陥り弱体化するだろう。さらに、効果的かつ効率的なブランド構築のためには、得てして一定の規模と、成功事例を教え合う意欲が求められることが多い。こうした問題やその他を勘案すると、ブランドを使用中のすべての国・製品にまたがる中央集権的な調整が、事業推進のために必要なのは明らかだ。

広報宣伝チームのリーダーとしてのブランド・マネジャー

昔はブランド・マネジャーの仕事といえば、たいていは戦術的な広報宣伝計画の調整役およびスケジュール管理係としてふるまうだけでよかった。今より簡単な時代だったのだ。なすべきメディア対策の数も少なく、課題も「売上げ増大」というシンプルなものだった。

今日のブランド構築担当者はまったく別の世界にいる。おびただしい数の、複雑で変化し続けるコミュニケーション媒体の一群がいる世界だ。統合型マーケティング・コミュニケーション（IMC）の策定と運営は、これまでにないほど大変な仕事になった。さらに、広報宣伝部門に課された仕事は「売上げ増大」をはるかに超える内容だ。それは、明確なブランド・ビジョンに従ってブランド資産を構築することであり、そのためには、ブランド連想と顧客関係を強化する必要も生じる。簡単な仕事ではない。しかも、マスター・ブランドがカバーする製品や国が次第に広がっていくにつれ、予算配分の割り振りがいっそう悩ましくなるため、この仕事はさらに難しくなる。

また「資産としてのブランド」方式の広報宣伝には、組織内部の理解と賛同も必要となる。というのも、社員がそのブランドを〝信じ〟て、すべての顧客接点においてそのブランドを実演しない限り、ブランドの約束は果たされないからだ。したがって、社外と同様に社内でも、ブランドを構築することが求められる。

なぜ難しいのか

これほどの説得力を持つ考え方が受け入れられるまで、なぜここまで時間がかかったのか。そして、定説となった今でも、なかなか実行に移されないのはなぜか。主な理由は三つある。

第一に、短期的財務業績の力が圧倒的に強いからだ。マネジャーはどうしてもこれらの尺度に注目する。活動や計画の成果がすぐさま目に見え、満足感が得られることが一因だ。加えて、企業の役目は株の利益（値上がり益および配当）の最大化にあると、財務理論によって〝立証〟されており、現状では株の利益を左右する判断基準は短期的収益である。というのもそれ以外の判断基準は、入手できないか当てにならないかのいずれかだからだ。こうしてマネジャーたちは、短期的財務業績の改善が昇進に結びつくと学ぶことになる。

第二に、ブランド構築が至難の業だからだ。的確なブランド・ビジョンを描き、続いてそれを実現する画期的な方法を見つけることは、よくても困難、下手すると不可能に近い。しかも、もし結果が出るのが三年から五年後ならば、短期的財務業績が横ばいもしくは悪化しているのに、業績は上向きの軌道に乗っていますと幹部を説得するのは難しい。これは、長期的業績を示す説得力のある代わりの指標がなかなか得られないことも一因だ。結果として、「資産としてのブランド」を信じている組織でさえ、それを実現しようとすると困難にぶつかることがある。

第三の理由は、マーケティング機能を社員や仕組みや企業文化という形では持たない企業もあるからだ。当然こうした企業は「資産としてのブランド」という見方をなかなか受け入れないだろう。この傾向はとりわけ、企業向け取引やハイテク業界、また中国の企業のように政府の保護のもとで経営され、ブランドよりも製造と販売に集中してきたような企業において強い。こうした環境にいる企業幹部は、ブランドの戦略的性質をなかなか受け入れず、その方面に経営資源を割くのは問題があるとみなす。

第1章のまとめ

「資産としてのブランド」という考え方の重要性は、どれほど強調してもしすぎることはない。マーケティングの歴史において、実際のマーケティング活動を真に一変させてきた考え方はいくつかある。マス・マーケティングやマーケティング・コンセプト、そしてセグメンテーションは確実に挙げられるだろう。しかし「資産としてのブランド」という見地でブランドとブランド構築を捉えることも、実現が容易とは限らないとはいえ、そのリストに加える必要がある。

第2章
Brand Assets Have Real Value

ブランド資産には真の価値がある

「ブランド価値は玉ねぎにそっくりだ。何枚もの層をむいていくと、中には芯がある。それはブランドの場合、最後の最後までずっと一緒にいてくれる顧客である」

——P&Gの前CEO、エドウィン・アーツ

ブランド資産には実質的な価値がある——。こう宣言することは、「資産としてのブランド」がもたらす新しい世界で生きていくために極めて重要である。この新しい世界では、事業戦略からマーケティング・プログラム、ブランド構築のための資源配分と管理に至るまで、すべてが変わる。しかし、ブランディングが戦略となり、経営会議の場で議論されるようになってくると、世界中のCEOとCFOに対してその価値が本当に存在するという証拠を示す必要が最終的に生まれてくる。たとえ彼らが個人的には「資産としてのブランド」という考え方に賛同していても同じことだ。概念的な議論も多少は説得力を持つかもしれないが、より実証的な証拠がやはり必要になるだろう。

昔ながらのブランド・マネジメント・パラダイムのもとでは、ブランドへの投資は簡単に正当化できた。短期的な売上げだけが焦点だったからだ。ブランド・プログラムを実施すれば、即座に売上げと利益が伸びるか、それとも何も起きないか、白黒はっきりしていた。ところがブランド資産の構築には、時に何年もの継続的な強化策が必要であり、すぐさま見える効果は全体のほんの一部分だけということも珍しくない。それどころか、短期的にはブランド構築のせいで利益が落ち込むことさえある。だからこそ長期的なブランドの影響を測る尺度、もしくはその代用品が必要になる。我々はすでに、短期的な尺度で事がすんでいた戦術の世界を後にしているのである。

ブランドの資産価値はさまざまな方法で証明できる。ケーススタディやブランド・バリュエーション、ブランド・エクイティ効果の定量分析、さらに、事業戦略の概念モデルの中でブランド資産の果たす役割を示す方法もある。

ケーススタディ

ケーススタディは、生き生きとして説得力があり、印象に残るブランドの資産価値の証明方法だ。途方もない価値を生み出すのに間違いなく貢献してきたブランドに注目してみよう。例えば、アップル・ブランド。創造的で自主独立というパーソナリティを持ち、一流のイノベーターとして定評があるこのブランドは、世界有数の価値を持つ企業のエンジン役である。ＢＭＷが推進力を得てきた大きな理由は、そのブランドが「究極のドライビング・マシーン」（訳注：米国市場でのキャッチコピー）を中心に築かれ、そのマークが運転者に自己表現便益を与えるからだ。トレーダー・ジョーズは、自己表現便益と社会的便益をもたらす価値セットを具体化したブランドにより、一つのサブカテゴリーを制覇した。

　さらに考えてほしいのは、ブランド・プロミスを弱体化させかねないビジネス上の大失敗さえ乗り越えられるほど強いブランドを生み出すことのメリットだ。そのようなブランドは、それなしでは不可能であっただろう復活劇を導くこともできる。アップルは一九九七年のスティーブ・ジョブズの復帰前、製品ラインと事業業績が停滞した時期があった。しかし、ブランドのおかげで製品問題が是正され、イノベーションが再び生まれるようになると、同社は復活できた。ハーレーダビッドソンにも同じことが言える。品質問題を抱えた時期もあったが、問題が解決するとブランドが同社の復活を導くことになった。一九八〇年代までほぼ一〇〇年間にわたり通信業界のトップブランドだったＡＴ＆Ａは、その後ほぼ二〇年間大安売りとサービス競争を繰り広げたが、それでもいまだこのカテゴリーにおいて最強かつ最もレレバントなブランドの一つである。

　最後に考えてほしいのは、ブランド・マネジメントを間違え、そのために莫大な企業価値を失い、本当に崩壊してしまったブランドのことだ。一九七〇年代中頃、最も〝風味がある〟とされたシュリッツのビールは、バドワイザーに肉薄する二位のシェアを誇っていた。だが同社はコスト削減に踏み出す。酵母中心の醸造方法に変更することで醸造期間を一二日間から四日間に短縮し、さらに大麦の麦芽（モルト）をコーンシロップで代替したのだ。[1]銘柄を隠したブラインド・

テストの結果、味は変わっていないとされた。だが、競合他社は大喜びでシュリッツのコスト削減努力を触れ回った。彼らはシュリッツが品質を犠牲にしたとほのめかし、その言葉は実際に商品が棚に並ぶと強い真実味を帯びるようになったのである。色が濁っており、炭酸が抜けていたのである。シュリッツは製造方法を以前のやり方に戻し、ブラインド・テストの様子をスーパーボウルのCM（訳注：全米で最も視聴率が高く料金も高い広告枠）で流して品質がもとに戻ったと訴えた。しかし消費者はすでにブランドへの信頼を失っており、人々はシュリッツ・ビールに〝風味がある〟だなんてジョークだと考えるようになった。ブランドが受けたこのダメージのせいで、実質的にシュリッツは市場から消え去るはめになり、会社の損失額は一〇億ドルを超えた。このエピソードや、その他の同様の話からわかるのは、たとえ強力なブランドであっても、ブランド・プロミスと顧客関係に鈍感な経営判断のせいで脆くも崩れることは起こり得るということだ。

ブランドの資産価値

ブランドの資産価値を説明するもう一つの方法は、純資産額を直接推定するやり方だ。推定額を求めるための論理的手順があるので、これはブランドが本当に資産であることを証明する一助となろう。また、そのブランド資産が、自社が参入してたずさわる製品市場にどのように分布しているかを示す一助にもなるだろう。

ブランド資産の推定手順は、まずそのブランドを使っている製品市場で、自社の事業部門がどれくらいの価値を持つか見積もることから始める。例えば米国市場のフォード・フォーカスの事業なら、将来予想される毎期の収益を現在価値に割り引くことで見積もれるだろう。有形資産(簿価でも時価でも)の価値は含まれていないので、この見積額は製造スキルや社員、研究開発能力といった無形資産のはずである。

次に、この無形資産の金額をブランドとそれ以外に主観的に割り当てる。この際に決定的な役割を果たす数字は、この無形資産の影響の何%がブランドの力によるものかという推定値だ。この推定作業は、専門知識を持つ社員を社内から集めてグループをつくり、彼らの共同作業で行ってもいいし、もしくはブランド・チーム自らがビジネス・モデルとそのブランドの相対的な認知、連想、顧客ロイヤルティに関するあらゆる情報を考慮して行ってもいい。ブランドの役割が二〇%なのか三〇%なのかをめぐり意見が分かれるかもしれない。しかし一〇%なのか五〇%なのかで議論となるようなケースはめったにない。

次に、こうして推定された国ごとのブランド価値をすべて集計することで、世界全体でのフォード・フォーカスのブランド価値を決める。最後に、フォーカス以外のフォード製品すべてについてブランド価値を集計すれば、フォード・ブランド全体の価値が得られる。この数値を検証するには、フォード株の時価総額に、フォード全体の売上げの何%がブランドによるものかを掛け合わせればいい。

世界中のブランドの価値を、インターブランドやミルワード・ブラウン、その他の機関が毎年推計するようになってもう一〇年以上になる。二〇一三年のインターブランドの推計によれば、ブランド価値が四〇〇億ドルを超えるブランドは七つある（アップル、グーグル、コカ・コーラ、IBM、マイクロソフト、GE、マクドナルド）。世界で一〇〇番目に高いブランドの推計値も八〇〇〇万ドルを大きく超えた。

インターブランドは、各ブランド価値がそれぞれの事業価値の何％だと推計したのか具体的には公表していない。それでも、二〇一三年のブランド価値はそれぞれ事業価値の一〇～二五％（GEやアリアンツ、アクセンチュア、キャタピラー、ヒュンダイ、シボレーなどのブランド）から四〇～五〇％（グーグル、ナイキ、ディズニーなどのブランド）、さらには六〇％超（ジャックダニエル、コカ・コーラ、バーバリーなどのブランド）と大きくばらけているらしい。[2] ある事業の一五％の価値を占める資産でさえ、普通であれば構築して守るのに十分値する資産ということになるだろう。ましてやその割合がはるかに大きいとなれば、ブランド構築の予算を守る必要性は、さらに大きな説得力を持つはずだ。ブランド価値の推定額は、ブランド資産を構築することの賢明さと実現可能性を表す重要な証言になり得る。

この推計手法をブランドとブランド構築のマネジメントに使いたくなるのもわかるが、そのためには正確さが足りないというのが現実だ。この推計値は、株式市況、競合他社のイノベーション、事業戦略、製品の売れ行き、市場の動態によって左右されるが、これらはいずれもブランドの力とはほとんど無関係だろう。また、複数のパラメーターを主観的に推計した結果であり、不確実性と先入観が入り込んでいる。

とはいえ、ブランド価値の推定は、ブランド構築のプログラムと予算を練る際に参考となる枠組みを示すという意味で、やるだけの価値があるだろう。例えば、あるブランドが五億ドル相当の価値を持つのに、ブランド構築の予算が五〇〇万ドルであれば、その予算は少なすぎると異議を唱えることもできよう。この手の警鐘が経営幹部にとって有り難いこともある。また、仮にこのブランド価値のうち四億ドルが欧州、一億ドルが米国で生まれているとしたら、ブランド構築予算を両地域で二等分するという決定に疑問を差し挟むこともできる。さらに、こうしたプロセス自体がプラスの効果を生むこともある。ブランド・マネジメント・チームにとって、担当ブランドが事業戦略にどう役立っているのか、また事業戦略の他の要素がどんなものなのか、をつぶさに検証することがよい刺激になるからだ。こうして得られた知見は、事業とブランドの戦略、および、それに関連したブランド構築の取り組みを改善する一助となり得る。

ブランド構築プログラムから得られるもの

ブランド価値を説明するもう一つの方法は、ブランド・エクイティの変化が株の利益（株価と配当）――資産が生み出す利益の究極の尺度――に与える影響を統計的に計測するやり方だ。ワシントン大学のロバート・ジェイコブソン教授と私は、二つの共同研究において、この両者の関係を考察した。研究には、決算上の利益や投資収益率（ＲＯＩ）などの時系列データと、因果の方向性を整理したモデルを使った。[3] 一つ目の研究はＥｑｕｉＴｒｅｎｄのデータベースを使い、アメリカン・エキスプレスやクライスラー、エクソンなど株式公開企業の三三ブランドを調べた。

図1｜ブランド・エクイティおよびROIの変化に対する株式市場の反応

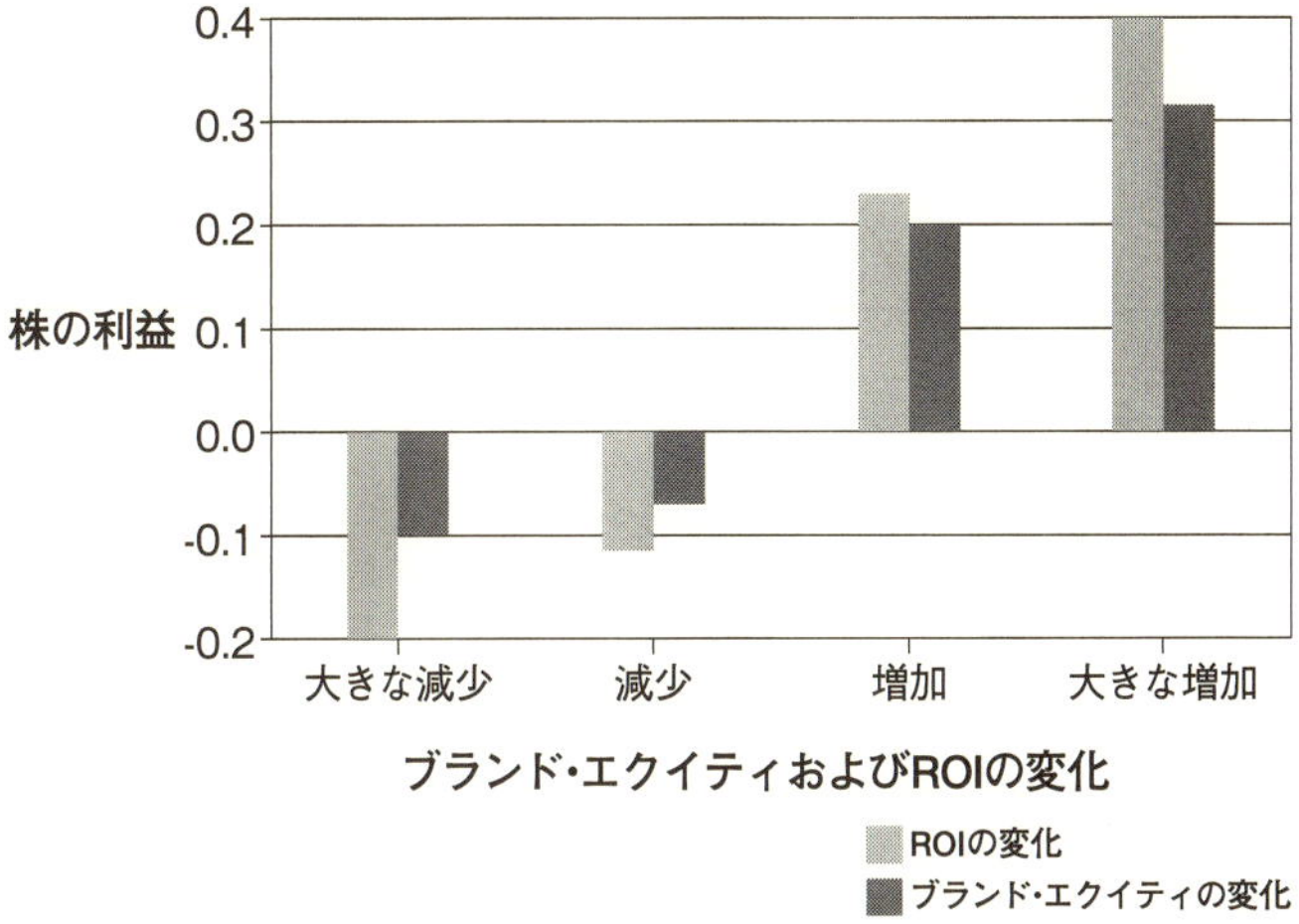

出典｜EquiTrendのデータに基づく研究による

二つ目の研究はＴｅｃｈｔｅｌのデータベースを使い、アップル、ヒューレット・パッカード（ＨＰ）、ＩＢＭなど九つのハイテク企業を調べた。

　ＲＯＩの変化と株価との間には強い関連性があることが、財務分野の研究者によって明らかにされている。概してＲＯＩが上昇すれば株価も上昇する。我々は二つの研究の両方において、ブランド・エクイティの上昇がＲＯＩと同じ程度の影響を株の利益に与えることを突き止めた。その影響力は、ＲＯＩの影響力の七〇％に相当する。**図1**にＥｑｕｉＴｒｅｎｄのデータベースを使った研究の結果を示す。株の利益がブランド・エクイティの大幅な上昇や下落に応じて変化している様子がはっきりと見て取れる。ＲＯＩへの反応とほぼ同じレベルだ。この研究では広告の影響も見ているが、ブランド・エクイティとは対照的に、株の利益になんの影響も与えていない。例外は広告の効果がブランド・エクイティに反映された場合のみである。

ブランド・エクイティが株の利益と関係する理由は、それが収益性をもたらす価格プレミアムの維持に役立つことも一因だろう。EquiTrendのより広範なデータベースをもとにした分析では、ブランド・エクイティがプレミアム価格と関連があることが明らかになっている。したがって、プレミアム価格で売られているブランド、例えばメルセデスやリーバイス、ホールマークなどは、競合他社であるビュイックやリー・ジーンズ、アメリカン・グリーティングスと比べて、実質的に（知覚品質として測れる）ブランド・エクイティの優位性を持っている。

続いて、はっきり確認できるブランド・エクイティの変化を精査するため、高度な技術を用いた研究が行われた。概して安定しているブランド・エクイティの数字を変化させる要因は何だろうか。いくつかの大きな変化は、製品を（徐々に改善するのではなく）一変させるイノベーションと関係していた。だが、それだけではない。注目を集めた製品トラブル、経営トップ層の交替、大きな法廷闘争の判決、自発的にせよ偶然にせよ競合他社に起きた大成功または大失敗——これらもまた、ブランド・エクイティに大きな変化をもたらすことがあった。言うまでもないが、最後に挙げた競合他社の要因は、通常は自社でコントロールできない。

これらの研究により、ブランド・エクイティに広告や宣伝だけで起きるとは考えにくい本格的な変化が起きたとき、それは株の利益に大幅で目に見える影響をもたらすことが示された。このような発見は、ブランド・エクイティが事業の実際の価値に影響を与えること、そして「資産としてのブランド」モデルが正しいことを示す説得力のある証拠である。

事業戦略の概念モデル

ブランド資産の構築への投資を正当化しようとするときに立ちふさがる困難は、あらゆる無形資産への投資につきものの困難と共通である。ほとんどの組織にとって最重要な三つの資産は、人、情報技術、そしてブランドだ。三つとも無形であり、バランスシートには記載されない。この三つが組織にもたらす価値は定量化が難しい。したがって、こうした無形資産への投資を正当化するためには、根拠の一部としてその事業の概念モデルに頼る必要がある。こうした無形資産が事業戦略の根底にある原動力であり、成功に不可欠の要因だと断言してくれるモデルである。

ブランド投資を支える概念的根拠の一つは、戦略上の代案である価格競争と比較してみることだ。それは心躍るシナリオにはならない。過剰生産力と価格競争が生まれると、経営者たち、とりわけ業界三位から四位あたりのブランドの経営者は、価格を下げることでこれに対応する。競合他社がこれに追随する。顧客は品質や差別化要因よりも価格へと関心を移し始める。ブランド製品はコモディティ製品とあまり変わらなくなり始め、企業もそのように扱うようになる。こうして利益が損なわれていく。

つまり、ブランドを築くのか、それともコモディティを管理運営するのかという選択なのだ。戦略的な先読みなどしなくても、自社製品がコモディティ扱いに近づく値下げには抵抗すべきだとわかるだろう。さらに、一般にコモディティ化は不可避ではない。次のブランドがプレミアム価格を維持していることに注目してほしい。モートンの塩（塩ほどコモディティ化している商品はあまりない）、チャールズ・シュワブ（格安手数料が売りのディスカウント・ブローカーの一社である）、そしてエミレーツ航空――。いずれのケースも、価格のみに目が行きがちな圧力に、強力なブランドの力で対抗してきた成功例だ。マネジメントの権威、トム・ピーターズはこの点を巧みに表現している。「混み続ける一方の市場において、愚か者は価格で勝負する。勝者となるのは、顧客の心に長く残る価値を生み出す方法を見つけた者だ[4]」――。

ブランド構築計画が長い時間をかけて成果をもたらすはずだとして、では、成功をもたらす原動力がいくつも存在する場合、その中でもブランド構築計画が生んだ成果をどのように測るべきだろうか。答えはブランド・エクイティの尺度、すなわち、ブランド知名度、主なブランド連想、顧客基盤のロイヤルティを使うのである。こうしたブランド・エクイティの尺度を使うことが妥当であるためには、説得力のある事業戦略の概念モデルが必要であり、しかもそのモデルによって、強いブランド力の構築は必要不可欠であり、結果的には競争優位――いずれは財務的見返りをもたらす――が得られると示されなければならない。

ブランド構築予算の決定と配分

どのような組織であっても、無形資産のための予算を獲得し、それを分配し、予算枠を守っていくことは困難な作業である。とはいえ、そのプロセスについて多少の参考意見を述べることはできる。

第一に、事業戦略の概念モデルにおけるブランドの役割が、予算プロセスを左右する決定要因になる必要がある。そのブランドの役割は何か、そしてどれほど事業戦略に欠かせないものなのか。そのブランドの強みと弱みは何か、そしてそのブランドの目指すべき場所はどこか。優先課題はブランド認知度を上げることか、それともブランド連想を生み出す、もしくは変えることか、それとも顧客ロイヤルティを高めることなのか。各セグメントはそれぞれどう違うのか。どの程度の予算があれば、これらのタスクを全部やり遂げることができそうか。全部は無理だとしても、その戦略が成功する可能性を残すには、最低でもどの程度の予算が必要なのか――。こうした点を検討して予算を決めるべきだ。

第二に、広報宣伝計画の質は、その予算額よりはるかに重要である。よく知られた研究によって次の点が明らかになっている。市場へ与える影響の違い（売上げの増加分で比較）を説明する要因として、広告予算の変化よりも広告の質（TVコマーシャル放映の前と後で比較）のほうが数倍も関連性が高かったのだ。[5] この研究が暗に示すのは、経営資源をもっとクリエイティブな用途に割いて大ヒットするアイデアを見つけるほうがいいということだ。二〇〇〇万ドルの予算を割いた平凡なアイデアよりも、五〇〇〇万ドルの予算しかない素晴らしいアイデアのほうが優れた結果を生む可能性もある。いや、その可能性のほうが高いかもしれない。かけた費用がすべてではないのだ。

第三に、ブランド・エクイティの計測とアイデアの実験は役に立つだろう。さまざまなブランド構築のアイデアと予算水準で実験を行えば、多くの憶測を取り除くことができる。ただし、短期的な売上げを評価基準にしないよう注意が必要だ（短期的な売上げに効果がないのは、長期的効果も薄いというサインである場合も時にはあるが）。短期的な売上げを尺度にすると、価格政策を過度に重視する結果になりかねず、それはブランドを、つまりは長期戦略を傷つけることにつながる。時間のかかる実験が現実的でない場合は、長期的な市場へのインパクトを見るための代用品として、ブランド・エクイティを計測すればいい。

第2章のまとめ

ブランドは戦略的価値のある資産である──。こう宣言することですべてが変わる。ただし、宣言するだけでなく説得力をもって伝える必要がある。そうしないと、ブランドを構築しブランド資産を維持するために予算と人員を割くよう組織を動かすことはできない。説得力を持たせるには、ケーススタディやブランド価値の試算、そしてブランド資産が株の利益に及ぼす効果の定量的研究が心強い味方になる。それでもなお、各々の個別状況に応じた証拠も挙げないと不十分だ。すなわち、ブランドが事業戦略に与える影響を示す概念モデルを開発し、さらに「テストして学ぶ」ための実験を行うのである。

第Ⅱ部——【実践】

ブランド・ビジョン

Part II　Have a Compelling Brand Vision

第3章
Create a Brand Vision
ブランド・ビジョンを生み出す

「自社が表している何かを顧客に認識させなければならない」
——スターバックス会長兼社長兼CEO、ハワード・シュルツ

ヤンキースの伝説的な野球選手でのちに監督も務めたヨギ・ベラは、次のように述べたという。「自分の目的地を知らなかったら、結局はそこにたどり着けない」——。これはそのままブランドにも当てはまる。ブランドがたどり着くべき場所を知らなければならない。

ブランドには「ブランド・ビジョン」が必要である。そのブランドにこうなってほしいと強く願うイメージを、はっきりと言葉で説明したものだ。つまり、顧客や関係者（社員や事業パートナーなど）の目から見たとき、そのブランドが表してほしいと願うものである。ブランド・ビジョン（時にはブランド・アイデンティティやブランド・バリュー、またはブランド・ピラーとも呼ばれる）は、マーケティング・プログラムを構成する各要素のうち、ブランド構築の部分を決

定づける。加えて、その他の要素にも大きな影響を与える。戦略プラン策定プロセスの中心の一つになるべき存在なのだ。これまでの私の著書では「ブランド・アイデンティティ」と呼んでいたが、「ブランド・ビジョン」のほうが、戦略的で高い理想を追うこの概念の性質をよく捉えているし、誤解も生みにくい。というのも、一部の人はブランドをとりまくグラフィックデザインを指して「アイデンティティ」と呼ぶからだ。

ブランド・ビジョンがピタリとはまり、まさに正鵠を射たとき、それは事業戦略を的確に表現することで戦略の一助となり、競合他社から自社を差別化し、顧客の共感を呼び起こし、社員と事業パートナーに活気と刺激をもたらし、マーケティング・プログラムのためのアイデアの噴出を引き起こすことになる。逆にブランド・ビジョンが不在、もしくは浅薄だと、そのブランドは当てもなくさまよい、マーケティング・プログラムは一貫性を欠いて効果の乏しいものになる見込みが高い。

以下に解説するブランド・ビジョン・モデルは、他社とは違う視点を持ち、幾つもの点で独特なブランド・ビジョンを生み出すための構造的なフレームワークである。[1]

第一に、ブランドはスリー・ワード・フレーズ（訳注："trial and error"など、三単語で簡潔に要約した表現）では表せない。一つのブランドの基盤となるビジョンの構成要素（ビジョン・エレメント）は六～一二個はあるだろう。ほとんどのブランドは、一つの概念やフレーズだけでは定義できないし、そんな魔法のようなブランド・コンセプトを探し求めても無駄に終わりかねない。それどころか最悪の場合、適切なビジョン・エレメントをいくつも欠いたまま、不完全なビジョンができあがってしまう。この六〜一二個のビジョン・エレメントのうち、最も訴求力を持ち、違いを際立たせる二〜五個を選び出し、「コア・ビジョン・エレメント」と呼ぶ。そのほかは「拡張ビジョン・エレメント」と名づける。コア・ビジョン・エレメントは今後の価値提案を反映し、ブランド構築のための計画や構想を左右することになる。

第二に、拡張ビジョン・エレメントには便利な役割がある。ブランド・ビジョンに具体的な手触りを与えてくれるため、ほとんどのストラテジストは、ある計画がブランドに〝ふさわしい〟ものかどうか、いっそう正確に判断できるようになる。拡張ビジョン・エレメントは、ブランドの大切な一面ながらコア・ビジョン・エレメントには値しなさそうな要素（例えば「ブランド・パーソナリティ」）や、成功には決定的に重要ながらも差別化の基盤とはなりそうもない要素（例えば「高品質」）のための居場所を提供してくれる。こうした要素はブランド構築計画に影響を与えることができるし、そうすべきである。ブランド・ビジョンをつくり出す過程で、高い理想を追うブランド連想の候補を誰かが提案しても、それがブランドの最重要項目にはなり得ないという理由で却下されてしまうことがあまりに多い。しかし、このようなアイデアを拡張ビジョン・エレメントに分類することができれば、議論を先に進めることができる。ある拡張ビジョン・エレメントがコア・ビジョン・エレメントに進化することも時にはあるが、ビジョン策定プロセスを通してそのエレメントが視界に入っていなければ、その可能性も断たれてしまう。

第三に、ブランド・ビジョン・モデルはあらかじめ与えられた側面があって、そこにある項目ごとに回答を記入していけばどんな状況にも対応できるという一般モデルではない。こうした万能タイプは、方針を決めるべき側面があらかじめ用意されている。どのような状況に置かれているどのようなブランドであろうとも、一律に既存の側面に合わせて方針を決めなければならない。ある側面がそのブランドにフィットしなくても関係ない。さらに、あらかじめ用意されていない側面を使うことはできない。しかし、側面は目前の状況にふさわしいものが選ばれるべきだ。そして状況はブランドごとに大きく異なる。例えば、組織の価値観や全社的取り組みといった側面は、サービス業と企業向け分野では重要となろうが、消費者向けパッケージ商品では重要ではない。ハイテク・ブランドではイノベーションが重要となろうが、一部のパッケージ商品ブランドにとってはそれほど重要ではなかろう。耐久消費財にとっては概してブランド・パーソナリティが重要で、コーポレート・ブランドはそれほどでもない。ブランド・ビジョンにどの側面を採用するかは、そのブランドの市場、戦略、競合他社、顧客、組織、およびブランド自身を掛け合わせた関数で決まることになる。

第四に、ブランド・ビジョンは高い理想を追うものであり、現在のブランド・イメージと違ってもいい。それは、現在および将来の事業戦略から考えて、そのブランドが今後持つべきブランド連想なのだ。ブランド担当の役員は、そのブランドに現在許されていること以上へと踏み出すのに気兼ねしたり、不安に感じたりすることが多すぎる。だが、ほとんどのブランドは、競争のために複数の側面を改善していく必要があるし、新しい側面を付け加えて新たな成長の土台を築く必要もある。例えば、新たなカテゴリーへの拡張を計画中のブランドは、おそらく現在のイメージから踏み出す必要が出てくるだろう。

第五に、ブランド・ビジョンの中心的テーマを表すのがブランド・エッセンスだ。ただし、これは必須ではない。もし的確なブランド・エッセンスが見つかれば、社内への伝達、従業員・事業パートナーの感化、ブランド構築計画の指針といった観点で魔法のような効果を発揮し得る。次の実例を吟味してほしい。ロンドン・スクール・オブ・ビジネスのブランド・エッセンス「未来を変える」、パナソニックの「アイディアズ・フォー・ライフ」（訳注：このスローガンは二〇一三年三月に原則として廃止されている）、ディズニーランドの「ファミリー・マジック」――。いずれのケースでも、ブランド・エッセンスはそのブランドが掲げる高い理想を傘下にまとめる傘としての役割を果たしている。ブランド・エッセンスは常に見つけようと努力すべきだが、時にはこれに足を引っ張られる場合も実際にあるので、そのようなときはあえて無しですませるほうがいい。企業向けブランドのモービル（現在はエクソンモービル）は「リーダーシップ」「協力関係」「信頼」を中核的なブランド・エレメントとしていた。もしこのようなブランドのエッセンスを顧客に押しつければ、違和感のあるものとなる可能性が高い。ブランド・エッセンスがしっくりこなかったり、説得力を持たなかったりすると、そのブランドが本来生み出せたはずの影響力をすべて吸い取ってしまう。そのような場合は、ブランドの推進力としてコア・ビジョン・エレメントを使うほうがいい。

第六に、タイムリーな情報伝達の指針となるのがブランド・ポジションだ。何を、どのような聞き手に向けて、どのような論理で伝達するのか、を表すことが多い。強い訴求力を持つと予想され、しかも現時点で確実に即座に実現可能なブランド・ビジョン・エレメントを現在のブランド・ポジションとして強調するケースが多い。しかし、新しい組織能力や計画が登場したり市場が変化したりすれば、ブランド・ポジションのメッセージが進化や変化を遂げることもある。多くの場合、ブランド・ポジションの中核は対外的な情報伝達のためのキャッチフレーズであり、社内向け情報伝達のコンセプトであるブランド・エッセンスと一致している必要はないし、一致していないことが普通である。

ビジョンをつくるプロセス

ブランド・ビジョンを作成する際、出発点となるのはそのブランドの状況と戦略である。顧客セグメント、競合他社、市場トレンド、環境を左右する要因、および、ブランドの現在の強みと弱みに関する掘り下げた分析と、今後の事業戦略とが予備知識として求められる。事業戦略（製品市場への投資プラン、価値提案、補助的な資産とスキル、および機能計画など）が求められる理由は、事業戦略がブランド戦略を左右すると同時に、ブランド戦略が事業戦略を実行可能たらしめるからである。事業戦略があいまいだったり存在しない場合は、ブランド・ビジョン作成プロセスの一環として、事業戦略を策定もしくは明文化する必要が生まれることもよくある。

さて、次のステップは、高い理想を掲げたブランド連想をすべて書き出してみることだ。五〇個から一〇〇個になることも珍しくない。これらをグループ分けし、各グループに名前をつける。この分類と命名の作業は極めて重要でしかも難しい。適切なグループに分類し、それぞれに妥当な名前をつける作業には、数週間かかってもおかしくはない。

ブランド連想はさまざまな形態を取り得る。例えば、属性、機能的便益、利用法、ユーザーイメージ、ブランド・パーソナリティ、および組織の制度や価値観などだ。自己表現便益や情緒的便益、または社会的便益のこともある。どのような形態でも、それぞれが顧客の心に響き、彼らにとって真に大切であり、しかも今後の事業戦略を反映し、それを後押しするものであるべきだ。

ブランド連想はまた、価値提案を支える「差別化ポイント」を示すか、そうでなければ他ブランドとの等価性を表す「平準化ポイント」を示すべきである。差別化する――願わくば顧客にとって「なくてはならないもの」となる――ことは大事だが、一方で、競合ブランドがかなりの優位性を持つ重要な側面において、自社ブランドも互角の価値を持つようになれば、レレバンスを得てその市場で成功を収めるための決定的要因となり得る。等価性を示す際の目標は、「これで十分」と思われることだ。そうすれば顧客が商品選択を検討するときに自社ブランドを除外しなくなる。第15章で触れるが、ブランドのある側面が不十分なためにレレバンスが脅かされたとき、等価性を得ることが一つの対抗手段になる。

ブランド・ビジョンは、社員と事業パートナーを触発するものでなければならない。彼らがそのビジョンを心がけるようにさせるのだ。組織の価値観について解説する第5章では、高い目標を掲げることがいかに役立つかを示す。また、社内向けブランディングについて触れる第14章では、高い目標を実現させる際に「物語」がどのように役立つかを議論する。さらに、極めて優れたブランド・ビジョンは、ブランド構築のアイデアの噴出を引き起こす。まさに、放っておいて

図2｜エイジャックスのブランド・ビジョン

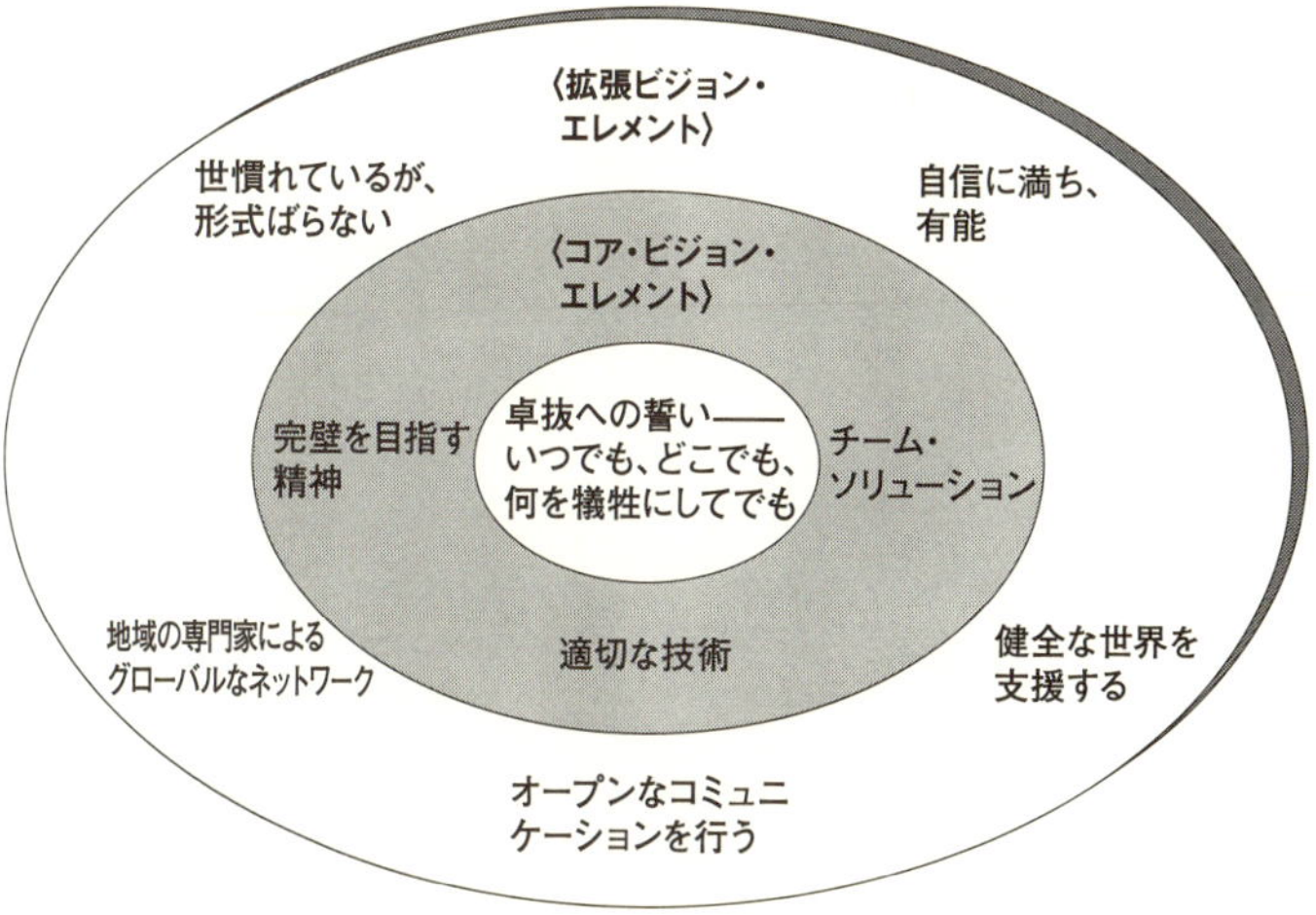

もあふれ出してくるはずだ。ブランド構築計画が自然と目に浮かんでこないようなブランド・ビジョンは、もっとよく練る必要がある。

例えばエイジャックスは、五、六回の買収を繰り返して生まれた世界的なサービス企業だ。買収された各企業は当初、ある程度の自治を維持してそれぞれの独自経営を続けていた。しかし、顧客はさまざまな能力を持つ単体の企業によって一つのソリューションを提供してもらうほうがいいと考えていることが、次第に明らかになってきた。そこでエイジャックスは、顧客のためのさまざまなソリューションを最優先するよう自社サービスを方向づけ、それぞれの事業単位が一体となって協働することを新たな戦略とした。この新戦略は、それまでの企業文化と運営手法を大きく変えることを意味した。ブランド・ビジョンについては、「顧客のパートナー」「カスタマイズされたソリューション」「顧客と共同で」「顧客の近くに」という四つの要素が一体となり、〃チーム・ソリューション〃と名づけられ、これが**図2**に示した八つのビジョン・エレメントの一つとなった。ブランド目標は、この新戦略に合った新しい顔を顧客に見せることであった。

三つ目のステップは、ブランド・ビジョン・エレメントに優先順位をつけることだ。最も重要であり、最も大きなインパクトを与え得るエレメント、すなわちコア・ビジョン・エレメントは、ブランド構築計画の一番の推進役となる。エイジャックスの場合、コア・ビジョン・エレメントは「完璧を目指す精神」「適切な技術」「チーム・ソリューション」の三つで、残り五つのエレメントが拡張ビジョン・エレメントとなった。

ハース・ビジネススクールのブランド・ビジョン

カリフォルニア大学バークレー校のハース・ビジネススクールは、広範な変化のきっかけとなるブランド・ビジョンを生み出し、そのビジョンの助けを借りて、全校生徒、教授陣、研究プログラム、および履修課程の質を高めることができた。以下に示すのが、四つのコア・ビジョン・エレメントである。[2]

●現状を疑う

「我々は、大胆なアイデアを支持し、知的リスクを負い、理にかなった失敗を認めることで、常に先頭を行く。これは、たとえ因習に逆らうことになったとしても、堂々と我々の意見を述べるということだ。我々はイノベーションの世界的発信源として栄える」——このビジョンは、壮大なアイデアへの大志と、イノベーション・プロセスの活力を見事に捉えている。

●内に秘めた自信

「我々は証拠と分析に基づいて意思決定をしてきた。そのため、傲慢にならずに自信を持って行動することができる。我々は信頼と協調を通して先頭を行く」——強い独自性がある。

●常に学生であれ

「我々は、好奇心および生涯を通じた人的・知的成長追求のためのコミュニティである。学ぶべきことはすべて学んだと思う人の居場所はここにない」——ハース・ビジネススクールは、卒業生や管理職の教育研修機関としてもふさわしいということだ。

●個人を超えて

「我々は倫理と責任を重んじて先に進むことで、この世界の方向性に影響を与える。人々の壮大な取り組みの世話役として、我々は長期的観点に立って意思決定し、行動する。すなわち多くの場合、個人的利益より大きなものの利益を優先することになる」——高邁な目的を示している。

これら四つのコア・ビジョン・エレメントを見事に捉えたブランド・エッセンスが次だ。「我々は、ビジネスのやり方を根本から見直すようなリーダーを育てる」。同校はイノベーションとリーダーシップにほかとは異なる取り組み方をすることで、単にビジネスを改良するのではなく、根本から見直すという高い理想を掲げている。

四つ目のステップは、ブランド・エッセンスを生み出すことだ。それは、ブランド・ビジョンの核心を端的に表す見解である。エイジャックスの場合、それは図2にあるように「卓抜への誓い――いつでも、どこでも、何を犠牲にしてでも」であった。エイジャックスとは何者なのか、その核心を捉えて自らに示すためのパンチの効いたエッセンスである。

最後のステップはブランド・ポジションだ。エイジャックスはブランド・ポジションを決める際、前述の野心的なブランド連想についてどうするかという難しい選択を迫られることになった。「チーム・ソリューション」という、その時点ではまだ実現できていないエレメントまでブランド・ポジションに生かすべきかどうかという選択である。実現ずみのことより遠くに踏み出せば、「この野心的な約束を実現できる能力いかんで将来の事業戦略の成否が決まる」と従業員に暗示することになり、彼らの士気を高める効果があるかもしれない。しかし、より保守的な道もある。ブランド・ポジションの作業に野心的なブランド連想を含めるのを見送り、それが実現できると確信できるまで、自社がその約束を果たす能力を身につけるまで先送りする道だ。「チーム・ソリューション」の代わりに、残りの二つのコア・ビジョン・エレメントを強調するほうがはるかに安全である。

ブランド・ビジョンを修正する

どんな状況でも変わらないブランド・ビジョンを貫くことは、製品カテゴリーや市場の違いを超えてブランド事業の整合性を保ち、ブランド構築のための複数の計画を調整し、社内に向けてブランドのわかりやすさを増すという点で計り知れないメリットを持つ。しかしながら、最終目標とすべきは、あらゆる場所で一つのブランドを維持することではなく、あらゆる場所で強いブランドを持つことである。そして、ブランド・ビジョンの修正はそのための一助となることが多い。それどころか、時には必須のことさえある。

同じブランドが、重要な違いのある製品および市場にまたがって使用されることも多い。例えば、市場シェアの順位(フォルクスワーゲンはドイツで圧倒的だがイギリスでは違う)、ブランド・イメージ(ある製品もしくは国において高級イメージを持つブランドが、別の製品もしくは国においてはお買い得品のイメージを持つ)、顧客の動機(P&Gはスキンケアのブランド、オレイをインドで発売したことで、インド人が若く見える肌より、白く見える肌になりたいのだと知った)、流通チャネル(一部の国ではアイスクリームは量り売りされず、棒付きもしくはその他の定型でのみ売られている)、地域の伝統(フランスとドイツの文化の違いは、一部の製品にとって問題となる)、そして競合他社の位置づけ(コップ一杯分の牛乳を含んだチョコレート、といった魅力的な位置づけは先取りされているかもしれない)などの違いである。こうした違いが確実であれば、ブランド・アイデンティティとブランド・ポジションの両方あるいはどちらか一方を修正すべきである。

ここで難しいのは、無秩序や不整合、ぎくしゃくしたマーケティング・プログラムへと至る道を避けながら修正を行うことだ。本書で示すブランド・ビジョン・モデルは懐が深く柔軟性があるため、次のような修正戦略にはうってつけである。目玉にするコア・エレメントを使い分ける、同じコア・エレメントでも違った解釈をする、コア・エレメントを補強する、といった戦略である。

同じブランド・ビジョンでも異なるコア・エレメントを目玉にする

コア・ビジョンとして二つから五つほどのエレメントを持つブランドの場合、ほかと隔絶された市場ごとにそれぞれ異なるコア・エレメントを利用することで、最大のインパクトを与えることができる。以下は、ある大手金融サービス会社がローン商品を新規開発したときの話だ。この商品は最終的に、同社が進出している国の多くで提供される予定だった。ブランド・ビジョンは「手軽に取引」「なるべくイエス」「柔軟性」「スピード」であった。代表的な三つの国で、定性調査とそれに続く定量的なコンセプト・テストが行われた結果、三カ国の市場はそれぞれ大いに異なる反応を示すことがわかった。米国では「手軽に取引」と「なるべくイエス」の二つが最も効果的に訴求できた。東欧のある国では、「手軽に取引」と「スピード」の二つに最大のインパクトがあった。一方でアジアのある先進国では、「柔軟性」と「手軽に取引」と「スピード」の三つが勝利を収めた。こうして、国ごとにブランド・ビジョンを変えなくても、それぞれの国で同じビジョンの異なる側面を使うことができたのである。

現地市場に合わせてブランド・ストーリーを解釈し直す

ブランド・ビジョンは社内組織の壁を超えて共有することができる。しかし、そのブランド・ビジョンのエレメントは、市場が違えば異なる解釈をされる可能性がある。例えば、あるホテルが親しみやすい対話型のスタイルを売り物にしていても、国が違えば異なる印象を与えるかもしれない。ある国では企業の社会的責任とは水資源の保護を指すのに、別の国では従業員の待遇を指すこともある。家電メーカーの製品開発秘話は、新興市場ならお手頃価格で小型の製品がふさわしいが、より成熟した市場ならコンピュータ制御の製品特性に焦点を当てるのがいいだろう。

シェブロンのコア・ブランド・ビジョンを構成する四つの価値は、クリーン、安全、信頼、そして高品質である。各国・各地域の市場担当グループと各製品グループは、それぞれ自分たちの状況に合わせてこのブランド・ビジョンを修正するためのワークショップを開催している。その際のテクニックの一つは、この四つのコア・ビジョン・エレメントを自分たちの市場に合わせて解釈し直すことだ。コンビニエンスストアから見た〝高品質〟とは何か、潤滑油ビジネスにとっての〝高品質〟とは何か、といった具合である。この結果、各グループは独自の解釈をする自由をある程度認められている。といっても、全般的なブランド戦略の枠内での話だが。

新たなビジョン・エレメントを加えて補強する

もう一つの修正のやり方は、ほかと隔絶された市場において、マスター・ブランド・ビジョンに新たなビジョン・エレメントを加える方法だ。この新たなビジョン・エレメントは、その市場にふさわしく、時には人々を引きずり込むほどの説得力さえ持ちながらも、同時に世界中で使用されるグローバル・ブランドと矛盾しないものでなければならない。

前述のようにシェブロンは、国ごと、製品ごとの各グループにブランド・ビジョン・エレメントを独自解釈する自由を認めているが、それに加えて各グループは、既存の四つのコア・ビジョン・エレメントにもう一つビジョン・エレメントを加えることも許されている。このため潤滑油ビジネスのグループは「成果」を、アジア・グループは「謹んで助力となる」を加えることができた。その結果、それぞれの担当市場で顧客との絆を深める能力が高まった。新エレメントの追加作業は前述したブランド戦略のワークショップを通して行われることもあって、自社ブランドと矛盾する新エレメントが加えられる可能性は低い。

新たに加えられたブランド連想、例えば、製品属性や便益、ブランド・パーソナリティなどの評価は、そのブランド・エレメントを追加した国／製品グループの価値観で行うべきである。その他の部署が「グローバル基準」で判断すべきではない。あるエネルギー企業の場合、よく考え抜かれたブランドを全世界で利用していた。しかし、南米のある国の顧客は、ガソリンスタンドで、支払った額より少ないガソリンしかもらえないという目にひんぱんに遭っていた。「誠実なガソリンスタンド」というイメージは、信用できる適切な差別化要因になる。こうしてこの国でブランド・プロミスに追加された要因は、世界共通のブランド・プロミスとまったく矛盾しなかった。むしろ信頼感といったブランドの別側面を強化したのである。

一国全体がほかと隔絶された市場である場合、その国の文化や伝統に関する連想をブランドに吹き込むことで、その地域や国の風味を加えることができる場合もあろう。例えばフランス市場なら、地域の芸術企画を後援することで、フランス文化と自社ブランドを結びつけることができるかもしれない。特定の地域や国との結びつきが強まると、グローバルな価値観との引っ張り合いが生まれる可能性はある。しかし、ローカルとグローバルの両面を持つことは十分に実行可能である。ソニーは長い間、世界各地の市場において同時に三つの側面を持つことを目標にしてきた。グローバル、ジャパニーズ、そしてローカル、である。それぞれの長所を集めた存在になることを目指して。

「戦略的必須事項」と「プルーフポイント」

ブランド・ビジョンは必然的に顧客への約束と、その約束を果たすという組織的責任を伴う。果たせるかもしれない、という希望的観測に基づく努力目標であってはならない。実態のある裏づけが必要なのだ。最終的にすべてのブランド・ビジョン・エレメントについて、プルーフポイント（言葉を裏づける実際の証拠）、実行能力、および実行計画が用意され、組織は各ブランド・ビジョン・エレメントの約束および関連する価値提案を実現できるようになる必要がある。プルーフポイントは目に見える場合もあれば、黒子の場合もある。ノードストロームは「卓越したサービス」を謳うが、その目に見えるプルーフポイントは、返品に対する同社の方針および権限を与えられた店員である。そして顧客から見えない黒子のプルーフポイントは、従業員の給与体系および雇用・研修制度である。

プルーフポイントが貧弱だったり存在しない場合、「戦略的必須事項」が必要になる。これは、顧客への約束を実現するために必要な資産、スキル、社員、または制度への戦略的投資のことだ。戦略的必須事項をやり遂げるには、相当額の投資もしくは企業文化の転換が求められるケースもあり得る。

以下の例を考えてほしい。漏れのない顧客関係を築きたいと願う地方銀行ブランドの戦略的必須事項は、顧客担当者一人ずつにそれぞれの担当顧客がその銀行に持つ全口座へのアクセスを許すことかもしれない。技術の最先端を行きたいと願う高級オーディオ装置のブランドならば、今までの枠を超えるR&D計画および製造品質の改善が戦略的必須事項の一つとなり得る。価格による優位性を築きたいと望む家庭向け掃除用品の低価格サブブランドならば、戦略的必須事項は倹約の文化を浸透させることかもしれない。

こうした戦略的必須事項は、現実性のチェック機能も果たしている。というのも、絶対に欠かせない〝必須〟投資を浮き彫りにするため、ブランド戦略の実現可能性を見直すきっかけとなるからだ。その投資に必要な経営資源はあるのか。その約束を果たす組織的コミットメントは本当にあるのか。この戦略的必須事項に取り組む能力が組織にあるのか――。これらの答えが一つでものノーであるならば、その組織はブランド・プロミスを支える約束を果たすことができない、もしくは果たす意志がない、ということだ。その場合、ブランド・プロミスは空虚な宣伝文句となり、単なる経営資源の無駄ですむならまだマシなほうで、最悪の場合は、ブランド資産どころかブランド負債を生み出すことになる。

例えば前述の地方銀行の場合、顧客担当者が必要とする顧客との然るべきやりとりを可能にするため、データベースに数千万ドルの投資が必要になるが、もしこの銀行がそのような投資をしたくないならば、顧客との関係を重視する銀行というコンセプトは考え直さなければならない。もし前述の高級オーディオ装置のメーカーが、革新的な製品をつくることも、製造品質を改善することも望まないのであれば、高級ブランドの目論見は台無しになるだろう。家庭用掃除用品の場合、もしそのメーカーが真の倹約文化を持つ事業部をつくることができない、もしくはその気がないならば、価格優位を生かす低価格市場という戦略は失敗のもとになるだろう。

第3章のまとめ

ブランド構築に取り組む際には、方向性と着想と根拠を与えてくれるブランド・ビジョンが不可欠だ。ここまで解説してきた「ブランド・ビジョン・モデル」は多次元的で、コア・エレメントと拡張エレメントを持ち、必須でないがブランド・エッセンスを持つこともでき、ブランドごとの独自環境にカスタマイズでき、高い理想を抱き、製品市場ごとの違いに応じた修正もできるモデルである。ブランド・ビジョン構築のカギとなるプロセスの一つは、高い理想を掲げたブランド連想をすべて書き出してグループ分けし、それぞれのイメージを命名する作業だ。また、戦略的必須事項を明確にすることで、〝希望的観測〟と現実的な望みとを区別できる。続く六つの章では、ブランド・ビジョンを血の通ったものにするために頼りにできる考え方を解説する。

第4章
A Brand Personality Connects
ブランド・パーソナリティでつながる

「理性に訴えるブランドは、顧客の行動を手に入れる。
感情に訴えるブランドは、顧客の忠誠を手に入れる」
——ブランド・ストラテジスト、スコット・タルゴ

人の悪口で最もひどいのはどんな言葉だろうか。それは、「個性（パーソナリティ）がない」かもしれない。個性がないとまで言われるほど退屈な人と、誰が一緒に過ごしたいと思うだろうか。まだ変人のほうがマシだ。少なくとも興味を引くし、印象に残る。パーソナリティを持つことは、ブランドにとっても同じだけ重要である。

ブランド・パーソナリティとは、そのブランドから連想される人間的な特徴の組み合わせであると定義することができる。人はペットから植物、ブランドに至るまでの対象物を擬人化できることが多く、実際によくそうしている。名前をつけることさえある。これは心理学者および消費者の研究者によって、疑問の余地なく証明されている事実だ。人は、ブランドを人間のように扱

うようになると、認識と行動に影響を受けるようになる。ある研究によると、被験者に積み木のクリエイティブな利用方法を考えるよう依頼し、本人に意識されないようアップルのロゴを見せたところ、ＩＢＭのロゴを見せたときと比べて独自のアイデアが多く生まれた。同じ研究で、被験者に意識されないようディズニー・チャンネルのロゴを見せた後の行動は、E!・チャンネル（娯楽系ケーブルテレビ）のロゴを見せた後の行動と比べて、より正直になった。いずれのケースも、被験者の行動の違いは各ブランドのパーソナリティの力に帰すことができる。[1] 単にブランドのロゴを潜在意識に見せるだけでも、その人にブランド・パーソナリティに沿う行動をとるようにうながすことになる。

すべてのブランドがパーソナリティを持つわけではない。少なくとも、強烈で独自のパーソナリティを持つブランドばかりではない。しかしながら、パーソナリティを実際に持つブランドは著しい優位性を得ている。あまたのブランドの中でひときわ目を引き、何かを伝えられるチャンスが高まるのだ。パーソナリティはブランド・エクイティの重要な一側面である。というのも、人間のパーソナリティと同様、ほかとの違いを際立たせると同時に、滅多なことでは変わらないからだ。ひとたびパーソナリティを確立すれば、そのメリット（またはデメリット）が長期にわたってもたらされることになる。パーソナリティを新たにつくること、もしくは既存のパーソナリティを支援することは、ブランド・ビジョンを議論する際のテーマに含めるべきだと断言できる。

ブランドを構築する——なぜブランド・パーソナリティか

ブランドを構築する際、以下の、ブランド・パーソナリティという概念が役に立つ。

機能的便益を表し、伝える

ブランド・パーソナリティは、機能的便益とブランド属性を表し、知らせるための伝達手段にもなる。機能的便益があることを消費者に直接伝えて納得させるより、機能的便益を暗示するパーソナリティを生み出したほうが簡単な場合もある。さらに他社から見て、パーソナリティのほうが機能的便益よりも攻撃したりコピーしたりするのが難しい。なぜなら、パーソナリティは数多くの要素に基づき、通常は長い時間をかけて徐々に形成されてきたものだからだ。簡単には変えられないのである。以下の例を検証してほしい。

- 保険会社のメットライフは〈スヌーピー〉のキャラクターたちを使ってパーソナリティを生み出し、温かくユーモラスな側面を加えることができた。そうでなければ保険会社だけに、官僚的で利益優先、人間味に欠ける会社だと思われていたかもしれない。このパーソナリティはブランド知覚を柔らげ、どうしても手に入れたかった「思いやりがあり、親しみやすい」という側面に命を吹き込むことができたのである。

- ホールマークが人間なら、その人柄は誠実で情にもろく、温かくて純粋、健康そうで年を取らず、さらに有能で想像力豊かだ。このパーソナリティはホールマークが提供する商品について多くを語っている。
- エナジャイザーは、その名前とウサギのマークのおかげで、決してエネルギーを使い果たすことのない、精力的で楽天的、疲れを知らないパーソナリティを持つ。まさに、同社の電池が他社より長持ちするように。
- 大胆でトレンディ、刺激的で活気があり創意工夫に富む、というザラのパーソナリティが、同社とその店舗および製品に対する人々の知覚に影響を与えている。
- ミシュランマンが体現するとおり、ミシュランのパーソナリティは力強く活動的であり、同社のタイヤが強さと高い運動性能を持つであろうことを暗示している。
- 駅馬車をシンボルとするウェルズ・ファーゴは、約束を守ってくれると信頼できる自主独立のカウボーイ・タイプを示している。実際には競合他社のほうが高い信頼性と資産の安全性を提供するかもしれないが、駅馬車のおかげでブランド知覚での勝負はウェルズ・ファーゴが勝つ。

エネルギーを与える

メルセデスやポルシェ、ジープが身にまとっているような強烈なブランド・パーソナリティは、人々の興味を引き、関わりたいと思わせることで、エネルギーを与えることができる。ブランド知覚とブランド経験を豊かなものに増強できるのだ。ほとんどのホテルチェーンは差別化に苦労しており、下手をすると無個性でさえある。対照的に、ジョワ・ド・ヴィーブル・ホテルチェーンは、ホテルごとのパーソナリティを前面に押し出すことでエネルギーを生み出した。それぞれのコンセプトは、ネオ・アールデコ風、ロックンロール風、一九三〇年代の文学サロン風、劇場風、フレンチ・シャトー風などだ。一方、航空会社は一見すると全部同じように見えるが、シンガポール航空、サウスウエスト航空、およびヴァージン航空といったブランドのパーソナリティが生み出すエネルギーを見れば、そうとも言えない。また、男性化粧品ブランド、AXE（アックス）のパーソナリティが醸し出すエネルギーにも注目してほしい。このブランドが人間なら、大の女好きで、いつも魅力的な女性に囲まれている男性である。

ブランドと顧客の関係を決める

ブランド・パーソナリティは、そのブランドと人々との関係を決めることができる。堅実で頼りになる保守的なパーソナリティはつまらないかもしれないが、それにもかかわらず、財務アドバイザーや庭師、医者としては高く評価される性格を示すことになろう。有能なリーダーとしてのパーソナリティは、CEOやマネジャーとして評価される特徴だろう。二人の人間の間に生じる関係になぞらえて「ブランド対個人」の関係を考えてみることで、ブランド・パーソナリティがどんな働きをし得るか、違った視点から見ることができる。[2] 例えば、あなたとブランドの人間関係として以下の比喩を吟味してほしい。

- 昔ながらの母親――地に足のついた、誠実で嘘偽りのない、当てになる存在。いつもあなたのためにそこにいてくれる。キャンベル・スープや腹痛薬のペプトビスモルがこれに当たる。
- みなに好かれて尊敬される家族の一員――温かく、情にもろく、家族思い。子ども時代に結びつくイメージ。サンメイド・レーズンやシボレー、地方銀行など。
- 尊敬できる教師や牧師、ビジネス・リーダー――仕事に熟達し、才能に恵まれ、有能。IBMやマッキンゼー、ウォール・ストリート・ジャーナルなど。
- 権力のある上司、または金持ちの親戚――自信たっぷりで財力があり、偉そうにふるまう。おそらく一部の人は、ゴルフトーナメントのマスターズ、トランプ・タワー、またはレクサス（金色のエンブレムつき）のパーソナリティにこれを感じるだろう。
- 刺激的な仲間――信じられないような話で興味を引く。例えば、ドス・エキス・ビールの宣伝に登場する「世界で一番面白い男」は、ロシア語でスペイン語を話し、上手投げでボウリングをし、赤の他人と内輪ネタで盛り上がる。
- アウトドアの冒険の相棒――筋骨たくましく頑丈、アウトドア派のパーソナリティ。REIやエディー・バウアーなど。
- 週末を共に過ごす愉快な相手――愉快で活発で社交的。そんな相手としてはおそらくコカ・コーラよりもペプシのほうがいい。

最後の三つのパーソナリティは、いずれも友人関係の一つの典型である。このほかの友人としては「バーの飲み友達」（ミラー・ライト）もいるだろう。優しく、側にいるだけで心地いい相手だ。こうした友人関係であろうと別の関係であろうと、ブランドと顧客との関係をより洗練された形に定義し直すことは、わかりやすさと奥行きを増す一助となる。

ブランド構築計画を導く

ブランド・パーソナリティのコンセプトとその説明文の戦術的な意味は、実際にブランド構築作業を行わなければならない人々に、必要な情報を伝える点にある。そのブランドの目指すところが、温かく親しみやすい存在であると知っていれば、すべてのブランド連想が導き出せる。すなわち、製品カテゴリー、ポジショニング、製品属性、使用経験、ユーザーのイメージ、使用方法、企業の価値観、その他諸々である。

とりわけ情報伝達の計画には手引きが必要だ。実務的な問題として、宣伝、マスコミ露出、販促企画、イベント、顧客接点、デジタル・プログラム、およびその他多数のことを含む総合的な情報伝達対策について決めていかなければならない。仮にそのブランドの特徴を示す視点として、属性によるブランド連想だけしかなければ、ほとんど手引きになっていない。「テーラーメイドのゴルフ用品は高品質でデザインも革新的」と説明しても、大して方向性は示せない。しかしテーラーメイドを要求水準の高いプロフェッショナルに擬人化すれば、はるかに多くの情報が伝わる。ブランド・パーソナリティの記述は奥行きと手触りを与え、情報伝達の取り組みが、戦略的に的外れとなる可能性を減らすのである。

顧客を理解する一助として

さらにブランドの擬人化は、マネジャーが顧客のブランドに対する知覚を掘り下げて理解するための一助となる。人々にブランドの属性についてどのように認知しているかと聞いても、退屈で押しつけがましい質問だと思われかねない。代わりに、ブランド・パーソナリティを記述するよう頼めば、興味を持ってもらえることが多く、結果的にブランドに対する感情や関係性について、より正確で豊かな洞察を得られる。例えば、マイクロソフトは尊大で強いパーソナリティだとされるが、そのことから同社と顧客の関係の本質についてより深い理解が得られる。もしくは、セレッシャルの紅茶から連想される落ち着いた気持ちを理解する入り口としては、ブランド属性について議論するよりも、パーソナリティを考えるほうが適切と言えるかもしれない。

擬人化されたブランドが何を語りかけてくるか探ってみる作業は、ブランドへの感情的反応を明らかにするための優れた手段になり得る。あるクレジットカードのブランドでこの手法を試したところ、このカードの人格を「威厳があり、洗練されており、教育があり、世界を飛び回り、自信に満ちている」と擬人化した一部の顧客層は、このカードが自分に対して大変肯定的な支援のコメントをしてくれるだろうと信じていた。例えば、

「私の仕事はあなたが認められる手助けをすることです」

「よい趣味をしていますね」

といったコメントだ。

一方、これとは別に「気後れ」を感じた顧客層もおり、このカードブランドを「洗練されてお

りハイクラスだが、お高くとまっており、冷淡で、人を見下すような」と擬人化し、このカードが自分に対して否定的なコメントをするだろうと信じていた。例えば、「私は非常に高名で地位が高いのだから、自分のやりたいようにふるまえる」「私がディナーに行くとしたら、あなたはメンバーに入れないだろう」といったコメントだ。

二つの顧客層は、このブランドに対し非常に似通った認知をしていた。だが、ブランドが自分に対してどのような態度だと受け止めるかよって、ブランドに対する自分の態度が大きく異なったのだ。

どのようなブランド・パーソナリティにするか

ブランド・パーソナリティを自社のブランド・ビジョンの一部として取り入れるべきだろうか。その場合、パーソナリティはコア・ビジョン・エレメントとしてブランドの差別化および顧客関係の主要な牽引役にすべきなのか、それとも拡張エレメントとして取り入れるべきだろうか――。

コア・エレメントとしてパーソナリティを取り入れているブランドには、ヴァージン、ハーレーダビッドソン、ナイキ、ティファニー、ＭＵＪＩ（無印良品）などがある。一方、自社ブランドへの理解を高めたり、マイナス・イメージを弱めるためにパーソナリティを利用するつもりなら、拡張エレメントにするのがいいだろう。例えば、メットライフの〈スヌーピー〉を使ったパーソナリティは拡張エレメントと言えよう。

すべてのブランドが、パーソナリティを持つこと――とりわけ、コア・ビジョン・エレメントとして持つことを目指すべきだとは限らない。ほかの手段で競争に勝つことは可能だし、実際にそうするブランドもあるだろう。それどころか、コア・ブランド・ビジョンにパーソナリティを取り入れているブランドは少数派である。しかし、拡張エレメントとしてパーソナリティを利用するのがより一般的だ。いずれの場合でも、パーソナリティを取り入れるかどうかはしっかりと検討すべきである。なぜならそれは、ブランド・ビジョンに見落としがないか確認する優れた手段になるからだ。例えば、ブランド・ストラテジストがブランドを活性化するエネルギー源をいくつか利用し忘れるケースは非常に多いだろう。パーソナリティに関する質問をすることで、それらの必要性を忘れずに議題にできる。

どのようなパーソナリティが役立ちそうかを具体的に決めることは、ブランド・ビジョン構築プロセスでカギとなるステップだ。効果的な策として、顧客と従業員にブランドを擬人化するとどうなるか聞いてみる手がある。その結果から、知見と方向性の両者が得られることもある。最終的に、どのような性質がブランド・パーソナリティとして望ましいかの判断は、そのパーソナリティが果たすべき役割によって決まる。ブランド属性を表現して伝える役割なのか、ブランドを活性化する役割なのか、顧客との関係を定義する役割なのか、ブランドに影響を与える判断の先導役か、それとも別の決められた役割、例えば、顧客ロイヤルティを得るうえで邪魔になるブランド連想を弱めるといった役割なのか――。

こうしてパーソナリティを選んだら、次にそれを実施しなければならない。もし実施のプロセスが困難だったり、スムーズにいかない場合、パーソナリティを見直す必要があるのかもしれない。逆に、例えば、シンボル、カリスマ的CEO、広告キャンペーン、後援活動、あるいは顧客とのやりとりなどを通してパーソナリティを生かす方法がいろいろある場合、そのパーソナリティは成功の見込みが高く、期待以上の働きをすることさえある。

一つの出発点として、以前行われた定評ある調査から生まれた、ブランド・パーソナリティの尺度を紹介しよう。この調査で回答者は、人格を表す一一四の特質を使い、有名な六〇のブランドのパーソナリティを評価した。調査の結果、このパーソナリティ評価は五つの人格要因にグループ分けできる一五の特質で表現されることがわかった。この調査結果は、パーソナリティのさまざまな側面とはどの範囲まで広がりを持つものなのかについての基本的な感触を与えるもので、理想的なブランド・パーソナリティをつくり出す過程の第一歩となった。[3] 一五の特質は以下のとおりだ。

〈誠実〉ホーム・デポ、ホールマーク、シボレー、シュワブ

- 堅実――家族中心、のどかな田舎風、現場労働者、本当のアメリカ
- 正直――倫理的、思いやりのある、面倒見のよい
- 純粋――本物、古びない、健康的、古典的、昔ながらの
- 親しみやすい――温かい、幸せな、陽気な、感傷的

〈刺激〉ポルシェ、アブソリュート（ウォッカ）、レッドブル、ヴァージン
・刺激的——大胆、流行の最先端、型破り、けばけばしい、挑発的
・活発——冒険好き、生き生きとした、社交的、若い
・楽しい——驚きをもたらす、想像力豊かな、独特、ユーモラス、芸術的
・革新的——積極果敢、最新式、現代的、自主独立
〈能力〉アメックス、CNN、IBM、トヨタ
・信頼できる——慎重、頼れる、勤勉、安全、効率的
・真面目——賢い、専門的、能力の高い
・成功している——先導者、自信に満ちた、影響力のある
〈洗練〉ティファニー、フォーシーズンズ、メルセデス、カルバン・クライン
・上流階級——洗練された、魅惑的な、見た目のよい、自信に満ちた
・チャーミング——女性的、なめらか、セクシー、優美な
〈逞しさ〉リーバイス、REI、ハーレーダビッドソン、ジープ
・頑丈——強い、逞しい
・アウトドア——男性的、ウェスタン風、活動的、体育会系

この一五の特質の組み合わせが示すのは一つの見方にすぎないが、それでもほとんどあらゆる状況に適用できる。また、そうすべきである。個別の製品市場によっては、一五の特質のうち、

いくつかがふさわしくないこともあろうが、その場合は別の特質が見つかるだろう。とりわけ文化が違うとその傾向が強い。同じ調査を日本とスペインで再現したところ、回答の中に〈逞しさ〉グループは見当たらなかった。その代わり、〈平穏〉グループが登場した。スペインではさらに〈情熱〉グループも現れた。[4]

人のブランドと同じく製品のブランドについても、一般に人格をこれら特質の一つだけで表現することはできない。例えばハーレーダビッドソンは、マッチョでアメリカを愛し、自由を求める人物であると同時に、服装やふるまい方を縛る社会規範から逸脱することを厭わない性格である。パタゴニアは、アウトドア活動の熱心な参加者兼擁護者でもある環境活動家だ。アイスクリームのベン&ジェリーズは、環境保護に積極的で地域社会への貢献をすると同時に、面白がって奇妙なことをする人物でもある。矛盾する特質を併せ持つブランドさえ存在する。例えばマイクロソフトは、有能であると思われるのと同程度に、尊大と認識されることもあろう。ここで難しいのは、ブランドが知覚されたり議論される際に「正しい」パーソナリティが浸透するよう、この矛盾する特質を上手に管理することだ。

実際にやってみる

パーソナリティはわざわざつくり出し、支えていく必要がある。多くのことが、取り組みの土台の一部となり得る。目立ったCEO、ブランド・ポジショニング、ブランド属性、パッケージ、価格、ユーザーのイメージ、後援活動、関連するカテゴリー、そのほかにもさまざまある。時には、シンボルや後援活動といった何らかのブランド連想からブランド・パーソナリティの選択肢が生まれてくる場合もある。パーソナリティが本物らしく見えないときは、本当にそのブランドの一部としてやっていけるのか、そのイメージで正しいのか、もう一度見直してみるべきだ。

第4章のまとめ

ブランド・パーソナリティは、製品属性を伝え、エネルギーを供給し、顧客関係を決定し、ブランド構築計画を導き、ブランドに対する顧客の態度や行動を理解するうえで役立つ。適切なパーソナリティを選べたかどうかは、ブランド・イメージ、ブランド・ビジョン、および、今後パーソナリティが果たすべき役割によって決まる。適切なパーソナリティという恩恵を与えられたブランドは、人々の目を引き、差別化され、ロイヤルティを獲得・維持するため大いに有利となる。なぜなら、パーソナリティを真似することは通常、難しいうえに効果がないからだ。

第5章
組織とその大いなる目標が差別化をもたらす
The Organization and Its Higher-Purpose Differentiate

「目標を最優先する企業は巨大な競争優位を得る。社員と顧客は目標に飢えているからだ」
――フォーブス発行人、リッチ・カールガード

価値ある差別化をもたらす革新的な製品・サービスを自社で売り出したとたん、その真似をする競合ブランドが現れる。もっと悪いケースでは、はっきりとわからないように真似されるだろう――。

しかし、競合ブランドが真似できないものがある。それは組織だ。組織のメンバーや文化、伝統的活動、資産、能力などは、唯一無二であるがゆえに真似できない。このため、製品・サービスの特徴ではなく、自社組織をもとに生み出された差別化ポイントや顧客関係基盤は、どんなものであれ耐久力があり、競合ブランドへの抵抗力を持つ。

一般に、組織を代表し、組織の原動力となるのはその価値観である。組織にとって何が重要な

のか。組織の核にあるのは何か。戦略、業績、評価基準、計画といった面でそれぞれ何を優先するのか。品質、イノベーション、社会貢献活動、顧客サービス、もしくはその他の信条などで重視しているものはあるか。あるとすればその理由は。一つ、もしくはそれ以上の価値を際立たせる伝統や活動、戦略、価値提案についてはどうか——。

こうした「組織の価値観」は、どのようなブランドにも役立つ。とはいえ、組織のメンバーが顧客と接触することになるサービス提供組織の場合には、とりわけその価値観が重要になる。また、法人向け企業にもこれが当てはまる場合がある。法人向けビジネスでは、その組織が約束したことを守れるだけの資産と組織能力を持つだろうという見込み、そして製品・サービスを提供し続ける意志を持ち続けるだろうという見込みが決定的な判断材料になり得るからだ。

組織ブランドはその企業全体を代表することもあるが、企業内の一部門を代表することもできる。例えば、フォードのリンカーン、ディズニーのESPN（スポーツ専門チャンネル）、もしくはプロクター・アンド・ギャンブル（P&G）のタイド（洗剤）などだ。こうした組織内部門にとって難しい問題は、組織の伝統、文化、および活動を後押ししつつも、同時に、独自色のある価値観を生み出し、伝えていくことである。

組織の価値観はいかに機能するか

図3にまとめた「組織としてのブランド」という見方は、顧客関係に三つの方法で貢献できる

図3｜組織連想が差別化を生み出す仕組み

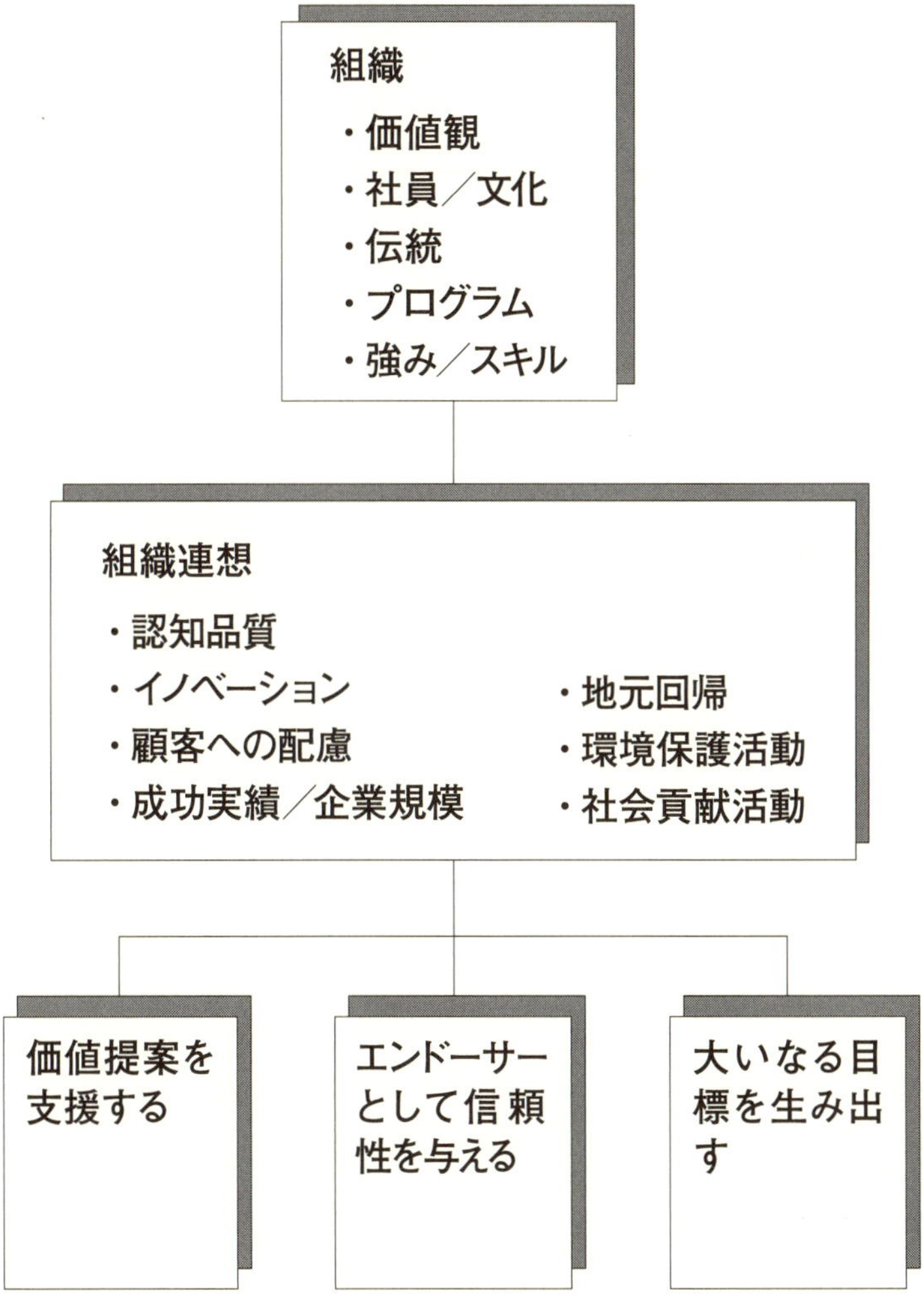

可能性を持つ。①価値提案を支援する、②エンドーサーとして信頼性を与える、③大いなる目標を生み出す、の三つだ。

1 価値提案を支援する

価値提案の基盤となる機能的便益を人々が「信じるに足る理由」は、組織の価値観とそれに基づく活動によって生み出すことが可能だ。高品質かつ革新的な製品・サービスで定評があり、自社の社員と活動にそのような文化が映し出されているような企業は、品質と実績を中心とする自社の価値提案を支えていることになる。例えばゼネラル・エレクトリック（GE）のジェットエンジンについて、仕様と性能の面から説明することもできるだろう。しかし、そのエンジンがGE製であるという事実そのものが、高水準の性能を発揮するであろうことの、より説得力を持つ根拠となる。「レクサスは最高の品質を持つ」と明言したり、示唆したりする。このような主張を人々が信じる理由は、レクサスを生み出した組織が、品質第一の価値観を持っているということを人々が信じているためだ。

顧客への配慮や品質を優先するといったことについての組織の評判は長続きする。いついかなるときでも、性能で自社の上を行くライバルが存在する可能性はある。また、自社の性能が一番であるときでさえ、そのことを知らない、もしくは信じない顧客層は常に存在する。だが、数値化できない漠とした次元で強みを持てば、そのような市場でもより長持ちする競争優位を得られる。例えば、サムスン製品を買う人の多くは、革新的な技術企業という評判があるからこそ買うのだ。実際にはその製品が最先端でない場合でさえ、それは変わらない。

新製品や新サービスの価値提案は、画期的なメリットの主張に基づくことが多く、まるで誇大広告のように聞こえることも珍しくない。しかし、革新的な組織であるとの認識があれば、そうした主張を受け入れてもらう助けになる。私はダートマス大学のケビン・ケラーとともに、企業が今までの守備範囲を超える新製品を出したとき、顧客がそれを受け入れるかどうかの判断に、企業イメージが与える影響について実験を行ったことがある。[1] 四つの架空の製品（ビスケット、パーソナルケア製品、日用品、市販薬）について、四つの異なる企業イメージ（革新的、環境に配慮、地域志向、イメージ無し）を設定した。その結果、有望な新製品を生み出すには「革新的」な企業イメージが目立って効果的であることが判明したが、それは単に「革新的」という認識が強いほど効果が大きいというわけではなく、同時に「高品質」という認識もされている場合に非常に効果的であった。

2　エンドーサーとして信頼性を与える

組織を代表するブランドは、それが製品・サービスのブランドというよりもエンドーサー・ブランドとして機能している場合でさえ、信頼性を与えることができる。例えば、カシ（訳注：シリアルなどを製造する米国の食品メーカー）やシュワブ、グーグルは、自らが保証している製品ブランド（GoLeanやワン・ソース・セレクト、Gメール）の主張の信頼性を増すことができる。とりわけ、今までと異なる新しい製品・サービスを、聞き慣れない新ブランド名で発売するとき、エンドーサー・ブランドは重要である。顧客にとっての〝リスク〟を減らすことで、新製品のイノベーション計画を大いに改善する可能性があるからだ。

エンドーサーの役目は、それが保証するあらゆる製品ブランドの約束が果たされることを確約する点にある。マリオットのフェアフィールド・インはマリオット・ホテルとはまったく異なるが、マリオットがエンドーサーとなることにより、そのブランドをマリオットが背後で保証するというサインを送っている。その前提の一つは、マリオットという組織に十分な能力があり、素晴らしい経営資源を利用でき、まったくもって信頼に値するのだから、その保証付ブランドであればどのようなブランドだろうとも約束を実現できるはずだ、という点にある。もう一つの前提は、エンドーサーとなる組織は自らの評判をかけて保証しており、もし保証したブランドの製品・サービスに至らない点がわずかでもあれば自らの評判が傷つくのだから、そのような事態は起きないはずだし、起こさせないはずである、という点だ。

3　大いなる目標を生み出し、顧客関係の基盤とする

「大いなる目標」とは、すべてに優先する組織の目的であり、一部の人々の暮らしを改善することになるため、やり甲斐がある。クレオラの大いなる目標は、親と教師が子どもに刺激を与え、創造力のある子に育てるための手助けをすることだ。これは間違いなく、ただクレヨンを売ることよりも野心的で高邁な目標である。重量や体脂肪を測るための家庭用・業務用計量器メーカー、日本のタニタの大いなる目標は、人々がよりよい食事で健康増進するのを助けることだ。このタ

ニタの目標を目に見える形にしたのが、健康食で有名な社員食堂と、日本の家庭のざっと一〇％で使われている料理本、そしてついに開店して成功を収めたレストランである。これらすべてが「あなたのためによりよい」メニューに基づいている。

大いなる目標は顧客関係の基盤となり、「うちのブランドのほうがあのブランドより上」というような競争から組織を解放してくれる。その手の競争につきものの誹謗中傷からも解放される。そうすることで、このような顧客関係は、機能的便益に基づく顧客関係よりも強固で、競争の影響を受けにくいものとなるだろう。しかもこうした顧客関係は社員に満足感をもたらし、時には変化のきっかけさえ与えることもある。この点は第14章で説明する。

その組織の大いなる目標に敬意や賞賛の気持ちを抱くことで、顧客と組織のつながりが生まれることもある。少女や成人女性を本当の美しさと自尊心の構築に導こうとするダヴ・ブランドの取り組みを賞賛する人もいるだろう。または、子どもの肥満問題と戦うディズニーの取り組みや、非常識なほどすごい製品を生み出そうとするアップルの夢、もしくは、人々が未知の世界を探検する手助けをするディスカバリー・チャネルの能力を賞賛するかもしれない。その組織の大いなる目標に心を動かされた顧客は、その目標を一緒に支援する〝ファミリー〟の一員になりたいと願うのである。

大いなる目標は、「愛好」に基づく顧客関係をもたらすこともある。日本の小売業者ＭＵＪＩ（無印良品）を愛好するファンは、シンプルで控え目、謙虚で自制心があり、落ち着いていて自然な雰囲気を生み出すそのビジョンに惹かれているのだ（ＭＵＪＩはいくつかの自然公園を所有している）。ＭＵＪＩの製品は飾りを排除して機能的で、華美にならないよう設計されている。売上げの最大化が成功の尺度ではないのだ。また、刺激を受けたり、きっかけを与えられたりすることが「愛好」の顧客関係につながることもある。アジアン・ペインツ（インドで三番目の塗料メーカー）は、単なる塗料の販売を超えて、人々に室内ペイントの色を選ぶ能力について自信を与える取り組みをしており、そのおかげで自信を得た顧客に愛好されている。サウスウエスト航空は、ユーモアと楽しさを空の旅に持ち込むことでストレスと退屈を減らす、という大いなる目標によって、顧客に愛好されるような刺激を与えてきた。

ブランドを好きになった顧客は、よい情報であれ悪い情報であれ、一部の情報についてはそれまでと違うやり方で遮断したり解釈したりするようになる。そしてひとたび「愛好」が生まれると、顧客はその気持ちを持ち続けようとする傾向がある。

組織の価値観

どのような環境であっても役立つような組織の価値観は、何十とある。しかし、以下に示す七つの価値観は、組織の推進力として何度も繰り返し使われてきている。これらをよく知れば、組織の価値観がどのように機能するのか、そしてこれら価値観を生み出すためにとりわけ組織文化と報酬制度が果たす役割について、より一般的な概略をつかむことができるだろう。

1　知覚品質

組織の基本的な役目の一つは、常にブランド・プロミスを守るような高品質の製品・サービスを生み出すことだ。ほぼすべての選択場面において、知覚品質は主要な検討対象となる。「この製品・サービスは最高品質ですよ」という主張と、「当社では高品質であることが非常に高く評価され報われるため、当社の製品・サービスはすべて高い水準に達していると考えてかまわないと保証します」という、より一般的な主張との間には明確な違いがある。このため顧客は、個別の仕様・性能について細かく調べ、レビューを読み、他のユーザーと話す必要がない。その製品・サービスを設計して提供したのがどの組織なのかを知るだけで十分なのだ。「品質が第一」（フォード）や「もっと頑張ります」（エイビス）、「安心してお任せください」（オールステート）といった有名なセリフは、組織全体で品質を約束していることの表れである。当然ながら、こうした標語は組織活動や適切な顧客経験を通して信頼を得るという裏づけが必要だ。そうでなければ空虚に響くだけだろう。

2　イノベーション

革新的（イノベーティブ）であることは、組織の価値観として最もよく見られるものの一つだ。大半の組織は、最先端の製品・サービス、ダイナミックな企業、活力に満ち前進する現代的ブランド、といった連想をしてもらうため、革新的と見られることを望む。技術本位の製品・サービスを提供する企業や、製品・サービスの進歩を価値提案の一つとしている場合、革新的であるという世評は不可欠だとみなされている。

3　顧客への配慮

ザッポス・ドットコムからレクサス、メイヨー・クリニック（米国の総合病院）に至るまで、多くの組織はコア・バリューとして顧客中心、常に顧客を第一に考えようとする行動原理を持つ。そうした顧客中心の企業は、わかりやすい企業文化と顧客を満足させる企業活動を土台に、顕著なロイヤルティを獲得してきた。企業がこのような理念を説得力をもって伝えることができれば、顧客はその企業の製品・サービスに信頼感を持つだけでなく、自分を気にかけている人がいるのだと感じる。自分のことが好きな相手を好きになるのは、とても簡単だ。

ブランド・ビジョンを特徴づけ、方向づける一要素として、顧客の友達や仕事仲間であるというコンセプトを使う企業ブランドもいくつかある。友達や仕事仲間というメタファーは、第４章で触れたように大変強力である。というのも、顧客との関係がそのように定義されると、そのブランドは顧客が望むことを誠実に、思いやりを持って、間違いなく、敬意を持って実現するだろうと暗示することになるからだ。

4　成功実績や企業規模

成功実績や企業規模、および創業年数は、その企業が能力や実質を持つこと、さらには非凡であることさえも示唆する。これらは信頼と肯定的な態度を呼び起こし、時には威信をもたらす（特にアジアにおいて)。製品を支えていくだけの経営資源を持つ組織や、長期間事業を続けてきたという評判は(特にハイテク市場では)人々を安心させる。単に知名度があり、よく見かけるというだけでも、製品・サービスの使用経験に影響を及ぼし、ひいては評判をさらに上げることもある。パッケージ商品の味覚テストを行うと、そのブランド名になじみがあるかどうかで結果が左右されることがわかっている。

成功実績のある企業は、本業に優れていると思われる。顧客は、他の顧客もそのブランドを選んだと知ることで安心する。GEは何十年もの間、市場での成功によるオーラ——一人の目立ったCEOと株式市場がもたらしたオーラ——によって強力なブランドを築いた。さらに、「IBMを購入したことでクビになる心配はない」という今では時代遅れとなった昔の表現には、人をほっとさせるものがある。成功実績の評判は、購入の意思決定を正当化する効果もあるのだ。

5 地元回帰

地元企業による地元ブランドして受け入れられる道も、戦略上あり得る選択肢の一つだ。例えば、「テキサス州民のビール」であるローン・スターはテキサス地域社会の一部であり、テキサスで一世紀以上続く伝統であるローン・スターに、一部の顧客層が自分を重ね合わせるという事実を利用している。つまり、ローン・スターを選び、飲むという行為は、テキサスへの誇りと愛着心を表現する手段になるのだ。

とはいえ、地元回帰の道が地元企業だけの専売特許である必要はない。ヨーロッパで最大級の成功を収めたブランドのいくつかは、地元の特色を打ち出すことを選んだことで成功できた。つまり、各地で地元文化の一部として受け入れられ、よそ者とは見られていないのだ。例えば、米国を本拠とするホリデイ・インは、ヨーロッパ各地、とりわけドイツで「地元」とみなされている。イギリス人はハインツを自分たちのブランドだと考えている。たとえドイツ人の名前で、かつ米国のブランドであっても、である。ゼネラルモーターズ（GM）のオペルはドイツにおいてドイツ・ブランドだとみなされ、フォードは英国において英国ブランドだと思われている。

6 環境保護活動

驚くほど多くの企業が環境保護活動に加わり、言葉だけでなく実質的な成果も上げてきた。それが正しいことであり、それによって社員が自分の会社に満足できるようになり、そして環境保護に関心のある、それなりに大きな顧客グループとつながる道になると信じているのだ。持続可能性への取り組みに共鳴するであろう顧客層は少数派かもしれず、市場の一〇～四〇％ほどかもしれない。それは各企業のおかれた環境と「関心」の定義によって決まるだろう。しかしそれでもこの顧客層の取り込みが、市場で成功できるか月並みで終わるかを左右する可能性はある。

ユニリーバはこの好例である。そして同社は決して特別な例ではない。二〇一〇年に「ユニリーバ・サステナブル・リビング・プラン」を立ち上げ、持続可能な成長に向けて一〇年間の取り組みに着手すると公約した。このプランには三つの重要な目標がある。[2]

・一〇億人以上の健康および生活の質を改善する手助けをする。ユニリーバの七年間の取り組みにより、三五〇〇万人以上が安全な水を利用できるようになっている。
・ユニリーバの生産活動における再生可能エネルギーの利用割合を増やすことで、環境への負荷を半減する。
・ユニリーバが原料に使う農産物の一〇〇％を、持続可能な方法で調達できるようにする。このプラン開始後の最初の二年間で、そのような調達の比率は一二％から二四％になった。

この三つの大がかりな目標を下支えするのは、期限を切った五〇以上の小目標だ。原料調達から家庭での自社製品使用率まで多岐に及ぶ。

7　社会貢献活動

大いなる目標が目指すゴールとして、社会的ニーズを満たすための社会貢献活動に専念することも考えられる。とりわけ、その組織にうまく合った、組織の能力とスキルを生かせる活動が向いている。以下に実例を挙げる。

・マクドナルドはほぼ四〇年前から、入院中の子どもを持つ家族に一時的な住居を提供する「ドナルド・マクドナルド・ハウス」と、貧しい家庭の子どもに医療を提供する「ドナルド・マクドナルド・ケアア・モービル」（訳注：移動治療室）を運営している。

・キッチンエイドは二〇〇一年から「クック・フォー・ザ・キュア」という活動によって、乳がん撲滅を目指す草の根運動「スーザン・G・コーメン・フォー・ザ・キュア」のために資金集めをしている。
・P&Gは「Live, Learn, and Thrive（生きる、学ぶ、はばたく）」活動によって、助けが必要な世界中の子どもたちがまず健康な暮らしを手に入れ、教育を受ける機会を得て、生活のためのスキルを身につける手助けをしている。
・シューズショップのTOMSは、靴が一足売れるごとに、恵まれない子どもに靴を一足寄付している。スローガンは「ワン・フォー・ワン」。

組織ブランドをマネジメントする

組織の価値観を支えるには、しっかりした企業文化と報酬体系だけではまだ不十分である。経営資源を投入し、成果をきちんと評価するような形で、時間をかけて本当のコミットメントを続けることが必要なのだ。言葉だけでは意味がない。その価値観が組織と戦略にとって正しいのだという強い不変の信念に突き動かされた、中身のある実質が伴わなければならない。そして、その価値観を血の通ったものにする方法に沿った企業文化と活動も必要である。

しかし、かなりの実質を伴った場合でさえ、市場の信認を得られることは滅多にない。そうなると、強固な組織の価値観を持つことの大きなメリットが一つ失われる。市場の信認を得ることが時に難しい理由は、ほぼすべての競合他社が同じような価値観の組み合わせを主張し、しかも、それらの価値観は漠然としていることが多いからだ。このため自分たち組織の価値観を市場に伝えるのが困難になる。うまく伝えるための指針を以下にいくつか示そう。

一つのやり方は、組織の価値観を体現する製品・サービスを生み出すか、もしくは既存の製品・サービスを利用してそれを体現させることだ。日本で一〇年以上にわたり一〇〇〇ものブランドを追跡調査した結果、最も社会貢献活動に積極的だと認識されている二つのブランドは、トヨタとパナソニックであった。[3] トヨタの場合、プリウスが物語り、パナソニックの場合は省エネルギー家電とエネルギー管理システムが旗印となった。どちらのケースも組織の価値観を体現する証としてわかりやすい製品を根拠にしたため、人々を納得させることができたのだ。

もう一つのやり方は、ブランド名を冠し、人から注目されるような、中身のある活動をうまく根づくように企画することだ。そしてその活動を休むことなく支援し続けるのだ。例えばパタゴニアは、一九七〇年代に環境に負荷をかけない登山道具を開発して以降、環境への配慮を行う伝統がある。この分野で同社は、複数の企業が環境保護活動のための資金を毎年寄付すると約束する「コンサベーション・アライアンス」（一九八九年）や、オーガニック・コットンなどの普及を目指す「テキスタイル・エクスチェンジ」といった活動を通して主導的役割を果たしてきた。

二〇〇五年から始まったパタゴニアの印象的な取り組み、「コモンスレッズ・パートナーシップ」は、衣料のリデュース、リペア、リユース、そしてリサイクルを通して、衣料による環境負荷の最小化を目指す活動だ。「リデュース」とは、そもそも不必要な衣料を買わないで済ますこと。パタゴニアはなんとニューヨーク・タイムズに全面広告を打ち、一つのジャケットをつくるのに非常に多くの水とエネルギーが使われるからという理由で、人々に同社の人気ジャケットを一つ買い控えるよう訴えた。「リペア」とは、破損したパタゴニア製品を同社に持ち込めば、わずかな料金で修理するということを指す。「リユース」とは、衣料を慈善団体に寄付するか、それをイーベイのコモンスレッズ専用サイトもしくはパタゴニアのサイトで売却すること。「リサイクル」とは、再生可能なパタゴニア製品を専用のリサイクルボックスに投入してもらい、素材を再利用して新たなパタゴニアの衣料製品に使うことである。

感情に訴える要素があれば、伝達作業がより容易になる。ペット専門店のペットスマートによる「アダプト・ア・ペット（ペットを引き取ろう）」運動は、現在までに五〇〇万匹以上のペットの命を救ってきた。一匹ずつそれぞれにエピソードがある。また、バングラデシュその他の貧困に苦しむ地域にきれいな水を供給するユニリーバの取り組みは、それで助けられた人々の数に関しては地球規模のストーリーとなり、さらに、生活習慣と健康状態を改善できた各村落に、それぞれ個別のエピソードがある。

最後に、もし自社で取り組む活動が組織の伝統と関連していた場合、それは大いに役に立つ。創業者にまでさかのぼる伝統や、ブランドの根本精神を生み出すことになった出来事から生まれた伝統は、組織の価値観をうまく伝え、さらに感動を与えるという両面において大きな原動力となり得る。ブランドの起源に関するエピソードは概して豊かでふさわしい内容を持つことが多く、自社ブランドをその他の製品ブランドから際立たせることになる。第14章では、L・L・ビーンやノードストロームなどのこうしたエピソードを紹介する。

第5章のまとめ

組織がどのような企業体質、イノベーション、または顧客を重要視するかによって見えてくる「組織の価値観」は、ブランドの差別化をもたらし、顧客関係の基盤を生み出す。この組織の価値観は、真似するのが難しいがゆえに耐久力を持つ。組織の価値観は価値提案を代弁し、それゆえ人々に伝えることができる。エンドーサーとして信頼を得ることができる。さらに顧客と社員に評価される大いなる目標を生み出すことができる。ここで難題となるのは、ブランドにとってどのような組織の価値観がうまく合うかを見出すことだ。もう一つの難題は、その価値観に対する信頼を市場から勝ち取る方法を見つけることだ。

第6章

機能的便益を超えて

Get Beyond Functional Benefits

「自分自身にハートがなければ、顧客のハートをつかむことはできない」

——ジェイ・ウォルター・トンプソン、シャーロット・ビアーズ

過去一〇〇年間の広告業界で最高の印刷広告、最良のコピーは何か——。このような議論を始めると必ず登場するコピーが一つある。一九六二年の作で、書いたのはその仕事を始めてわずか一年のジョン・カプルズという若いコピーライターだ。その広告を有名にしたのは、次のコピーである。

「私がピアノの前に座るとみんな笑いました。しかし弾き始めると……」

このコピーライターに課された仕事? それは、USスクール・オブ・ミュージックによるピ

アノの通信講座に人々を勧誘することだった。

この広告には、パーティーの場で若い男性が演奏のためピアノの前に座ろうとしているイラストが描かれており、その下に置かれたコピーが状況説明をしている。広告本体のイラストに詳細に描かれたストーリーを見事に要約しているのだ。主人公がピアノの前に座ったとき、観客は彼を嘲笑した。しかし演奏を始めると嘲笑は賞賛と喝采に変わる。彼はこの通信講座を始めてわずか数カ月だというのに――。この広告は評論家に激賞されたが、より大切なこととして、多くの顧客を呼び込んだ。

今日でもこの広告から学ぶ点は数多くある。この広告の中で、講座に関することやピアノを学ぶプロセスに関することはほとんど何も触れられていない。そうではなく、通信講座のある受講者に何が起きたのかを、細部まで描き込まれたイラストによって物語っている。最も注目すべき点は、説得と伝達のツボが機能的便益にあるのではない、とこの広告が教えてくれることだ。むしろ人々の心をつかむのは、情緒的便益、自己表現便益、そして社会的便益である。情緒面で感動を得たのは、逆境の中で素晴らしい演奏をしたこのピアノ奏者だけではない。この物語の聞き手も、主人公がそれを成し遂げたことで胸が誇らしさではちきれそうになる。また、この物語には自己表現便益もある。すなわち、主人公が才能と努力を表現し、自分を疑っていた人や嘲笑した人を見返せると示す点だ。そして社会的便益もある。この主人公は、魅力的な準拠集団（リファレンス・グループ）の一員に加えてもらえただけではなく、尊敬されるメンバーとなったのだ。

私の言う「製品属性に執着する罠」に陥るケースがあまりにも多い。それは、ブランドの戦略面および戦術面のマネジメントにおいて、製品属性とその機能的便益だけを過度に重視してしまう状態である。フォード・フュージョンの燃費のよさ、クラフト製品の品質の高さ、バンク・オブ・アメリカの能力の高さ、雪上ではスバル車がずば抜けているという事実――。こうした製品属性は、顧客とブランドとの関係を決定づけるものだと考えられている。

確かに機能的便益を重視するのは魅力的なやり方だ。我々は、とりわけハイテク業界や企業向けビジネスにおいて、顧客は合理的であり機能的便益になびくはずだと仮定している。この仮定は直感的にも正しそうに思えるし、仮定を裏づける知識もある。すなわち、顧客になぜこのブランドを買ってあのブランドを買わなかったのかと尋ねれば、顧客は答えとして機能的便益を挙げることを我々は知っている。しかしそう答える理由は、購入時に彼らが意識したのが機能的便益だけだからなのだ。それ以外の要素は何一つとして意識せず、購入決定時にきちんと検討されることもないはずだ。こうして得られた我々のこの知識は、「製品属性に執着する罠」を後押しすることになり、戦略に過度の影響を与えてしまう。

このように顧客を「合理的な個人」とする見方は、便利ではあるもののたいていは間違っている。ほとんど常に、顧客は合理的とは言い難い。ダン・アリエリーの『予想どおりに不合理』（二〇〇八年、早川書房）[1]など何人かの研究者がそのことを本にしている。我々もまた、その事実を日常的に目にしている。例えば、トラックについての調査を見ると、顧客は耐久性や安全機能、オプション、出力といった合理的な製品属性を最も大事な点として挙げている。しかし実際には〝かっこいいデザイン〟や〝運転が楽しい〟、〝パワフルな感じがする〟といった、より漠然とした属性が顧客の購入決定を左右している可能性が高い。顧客自身はそんな飾りのような点が自分にとって本当は重要であると気づかない、または認めないことが多いだけだ。山のような詳細なデータをもとに航空機を購入している航空会社でさえ、最終的には直感に左右されるであろうことはほとんど疑いの余地がない。大半の購入状況では、購入対象から得られる成果を最大化しようという意欲や、そのための時間、情報、能力などが顧客の側に欠けている。そこで機能的便益の代わりに他のブランド連想からそれを予想することで済ますのである。

さらに悪いことに、機能的便益に基づく戦略は役に立たないことが多いのだ。顧客は、その機能的便益が是が非でもブランドを買うべき理由になるとは説得されないかもしれない。もしくは、ある機能的便益についてはどのブランドでも十分だと思い込んでいることもあるだろう。例えば、ホテル業界ではチェックアウト時の効率性は重要だが、すべてのホテルがだいたい似たような効率だと認識されているのではないだろうか。そして最悪の点は、どのような機能的優位性であれ、競合他社が真似（らしきこと）をするであろうことだ。

また、ブランドを枠に押し込めてしまう点でも機能的便益に基づく戦略には限界がある。とりわけ市場の変化に対応するときや、ブランドの拡張を手探りしているときにはこの問題が大きい。例えば、ハインツがどろりとした濃いケチャップを象徴するという事実は、ブランド拡張戦略におけるハインツの役割を制限しかねない。一方でイタリア料理を連想させるコンタディーナ・ケチャップは、ブランド拡張の柔軟性が高い。実のところ、製品属性の強みを生み出した源泉がマイナス材料に転じることもあるのだ。

したがって、機能的便益および製品・サービスを超えたところを目指すのは理にかなう話である。そして、組織連想（イノベーション、品質の追求、環境への配慮など）とブランド・パーソナリティ（例えば、富裕層、能力が高い、信頼に足る、などと思われること）の利用は、まさにそれを行うことになる。この二つの利用法は最後の二章（第19・20章）で扱う。機能的便益を超えるためのもう一つのやり方は、情緒的便益、自己表現便益、社会的便益を、ブランド・ビジョンの一部であり価値提案の基盤であるとみなすことだ。以下で説明する。

情緒的便益

情緒的便益とは、そのブランドの購入者または使用者が、購入プロセスや使用経験において何かを感じるようにさせる能力に関するものだ。

「このブランドを買うとき、または使うとき、私は〇〇〇を感じる」――。

例えばある顧客は、ポルシェを運転するときには興奮を感じ、セレッシャルの紅茶を飲むときには落ち着きを覚え、ターボタックスを使用中は効能感が高まり、リーバイスを身につけたときにはタフになった気分になり、ホールマークのカードを受け取って温さを感じるかもしれない。エビアンは「新しい一日は、健康だと感じる新たなチャンス」というコピーによって、運動後の満足感に自社製品を結びつけた。カーズ・ドットコムは、購入対象の車を画面に横一列に並べて比較検討できるツールにより、車の購入経験につきものの大騒ぎとストレスを、落ち着いて信頼できる感じに置き換えている。

情緒的便益は、ブランド自体に、そしてそのブランドを所有・使用する経験に、豊かさと深さを加味する。サンメイド・レーズンは、そのブランドが呼び起こす記憶がなければ、ほとんどコモディティに近い存在になっていたことだろう。多くのユーザーにとっておなじみの赤いパッケージは、台所でママの手伝いをしていた幸せな子ども時代と結びついている（または、そのような経験を自分もしたかったと思っている人にとっては、理想化された子ども時代の象徴）。結果としてほかとは違う使用経験、特別の感情をもたらす使用経験が生まれ、ひいてはブランド力を増す。

最強のブランド・アイデンティティは、情緒的便益と機能的便益の両方を併せ持つ。この主張を裏づけるものに、スチュアート・アグレスによる研究がある。[2] 彼は、シャンプーの機能的便益（豊かでボリューム満点の髪になります）に情緒的便益（見た目も気分も最高になります）を付け加えると訴求力が増すことを実験室実験によって示した。さらに追跡調査した結果、情緒的便益も含んだ四七本のテレビCMは、機能的便益しか訴えていない一二一本のテレビCMよりもかなり高い有効性スコア（コマーシャルの学術的研究で標準的な手法による）を得た。

自己表現便益

人は、自分自身もしくは理想的な自己イメージをさまざまな方法で表現するものだ。職業選択、友達、態度、意見、活動、ライフスタイルなど――。特定のブランドを愛好し、憧れ、話題にし、購入し、使うこともまた、実際の自分や理想化された自己イメージを表現するための手段となる。「このブランドを買うとき、または使うとき、私は○○○である」――。

自己表現便益をもたらすことは、人を引きつけるブランドであることの本質なのだ。

ブランドが自己表現便益をもたらすには、なにもハーレーダビッドソンである必要はない。人はザラの服を買うことでかっこよくもなれるし、レクサスに乗ることで成功者にもなれる。アップルを使えばクリエイティブになれるし、クエーカーオーツのホットシリアルを買い置きしておけば、栄養を考える母親になれる。イエール大学に通えば賢い人になり、流行アーティストの絵を所有すればアバンギャルドな人になれる。Kマートで買い物をすれば倹約家で見栄を張らない人になり、ＲＥＩのキャンプ用品を持っていれば冒険好きで活動的な人物になれる。シュワブの口座を使っていれば、その人は投資ポートフォリオを自分で管理できる人である、という合図になる。シュワブのキャッチフレーズ「あなたの明日をその手に」は、自主独立の表現である。

人はみなそれぞれ複数の役割を持っている。ある女性は妻であると同時に弁護士であり、母であり、テニス愛好家であり、音楽マニアであり、ハイカーかもしれない。一人の人間でも、それぞれの役割ごとに関連する自己イメージを複数持ち、その自己イメージを表現したいというニーズを持ち、そのニーズを満たす一連のブランドがあるだろう。

あるブランドが自己表現便益を顧客に提供した場合、そのブランドと顧客とのつながりは強化される可能性が高い。オイル・オブ・オレイ（上品で成熟しているが同時にエキゾチックで神秘的、という自己イメージを高めることが証明されている）を使うことと、特に比較できるほどの自己イメージを提供しないジャーゲンズやヴァセリン・インテンシブ・ケア・ローションを使うこととの違いを考えてほしい。

社会的便益

ブランドは、人を社会的集団に所属させることができ、したがって、社会的便益をもたらすことができる。

「このブランドを買うとき、または使うとき、私は○○○タイプの人たちの仲間である」――。社会的便益は強力である。というのも、自分のアイデンティティや所属という感覚――非常に根源的な人間の原動力――をもたらすからだ。ほとんどの人には社会的な居場所が必要である。それは家族かもしれないし、職場のチームや趣味の仲間かもしれない。この社会的な参照点こそが、その人を定義づけ、その人がどのブランドを買い、使い、評価するのかに影響を与える役目を果たす。

ハイアットは、同グループの長期滞在型ホテルが提供する社会的便益の位置づけを見直し、ブランドを再構築した。ハイアット・ハウスのブランドを、社交的な感覚と経験をもたらすことに集中させたのだ。ホテルに新たに加えられたのは、広いラウンジ、パティオには暖炉とバーベキューグリル、最先端のエンタテインメント・システム、ビリヤード台、スイートルームには多目的アイランド（キッチンから独立した調理用カウンター）――。これらすべては「みんなで集う」ことを最優先に考えられたものだ。加えて、社交の機会を増やすために朝食とカクテル・アワーの内容はいっそう充実したものになった。

ブランドの後押しによって、個人のライフスタイルと価値観を中心とするコミュニティが形成されるとき、社会的便益が生まれる。クラフト・キッチンズは、おいしくて健康的で簡単な料理法と食事を中心とするコミュニティを生み出した。このコミュニティは、同じ興味を持つ人々の集団に属しているという一体感をもたらし、そう感じる人をメンバーとして受け入れている。コミュニティへの関与が深まるほど、その人が感じる帰属意識も強まることになる。コミュニティの持つ力については第11章と第12章で検証する。

社会的便益のもう一つのタイプが発生するのは、ブランドが特定の準拠集団とはっきりと結びつくか、または関連を感じさせる場合だ。準拠集団とは、人が自分と同一視し、価値を置く集団のことだ。その準拠集団に所属していないか、少なくとも中心メンバーではないのに、それでもその準拠集団がその人の人生にとって大切になるほど自分をその集団に重ね合わせる人もいる。オーパス・ワンのワインを飲む人の中には、オーパス・ワン愛好家という準拠集団に強い親近感を抱き、一体感と帰属意識を感じる人もいるだろう。たとえオーパス・ワン愛好家を個人的に一人も知らなくてもそう感じるのである。スターバックスを利用する人は、次のような趣旨のことを表明しているといえるのではないだろうか。「私がスターバックスに行くとき、私はコーヒーとカフェをこよなく愛する会員制クラブのメンバーである。他の会員とはいっさい交流がなくともそうなのだ」――。この準拠集団は、自分の大きな目標であってもかまわない。「タイトリスト・プロV1のゴルフボールでプレイするとき、私は非常に上手なゴルファー集団の一員である」

複数の便益を組み合わせる

前記の三つの便益は相互に関連することが多く、二つの便益、または三つ全部を積極的にブランドおよびブランド関連企画に盛り込んでかまわない。例えば、セフォラがウェブ上で運営する美についてのコミュニティ〈ビューティ・トーク〉は、コミュニティに所属するという社会的便益に加え、見た目がよくなるという満足感をもたらす情緒的便益と、美という重要分野で（専門家とまでは言えなくとも）物知りであるという自己表現便益をもたらすことができた。カーシェアリングのジップカーは、カードキー〈ジップカード〉を使い、便利な場所から車に乗る、というクールな体験にまつわる情緒的便益と同時に、カー・オーナーになることのコストと面倒を回避するという自己表現便益、そして都会的な省エネ集団の一員になるという社会的便益をもたらす。この章の冒頭で紹介した広告、「私がピアノの前に座ると……」の例でも三つの便益が共存していた。

複数の便益が共存している場合、どの便益を最優先するのかを決めておくと役立つだろう。というのも、どの便益の見方を前面に打ち出すかによって効果が変わることがあるからだ。それぞれの便益ごとに、その便益を強調し、際立たせる方法が違ってくるのである。例えば情緒的便益は、その製品を使うという行為によって生まれることが多い（エプロンを着けることで、自分はグルメの料理人であると確認する）。一方で自己表現便益は、その製品を使った結果が重要であることが多い（準備万端に整えられた食事を見ることで誇りと満足を覚える）。そして社会的便益は、その製品の使用経験から影響を受けた他人の様子に表れる（一緒に料理した人や食事に参加した人たちの気持ち）。こうした違いから、どの便益の見方を使うつもりなのか決めておくことのメリットが役立つとわかるだろう。

どのような便益があるか

情緒的便益、自己表現便益、または社会的便益となり得る候補を見つけるにはどうすればいいのだろうか。一つのやり方は、最もロイヤルティの高い顧客の経験に注目することだ。ほぼ間違いなく、彼らは機能的便益を超える経験をしたことがあるはずだ。その内容を知ったうえで、その経験をさらに広い顧客層へと拡大できるか可能性を探ればよい。

もう一つの見つけ方は、仮に自社の製品・サービスを拡大したり、何か適切な企画を導入したりした場合に、その製品・サービスとブランドがどのような便益を生み出せる可能性があるか考えてみることだ。そのような分析を行う場合、基本的動機と創造的思考を重視した分析手法を使うことと、他のブランドがどのような方法で機能的便益を超えてきたかを調査することが役立つ。

さらにもう一つの見つけ方は、強力なブランド・パーソナリティを持つことや、組織の価値観を持ち出すことを検討する道だ。いずれの方法も、情緒的便益、自己表現便益、または社会的便益をもたらす傾向がある。

第6章のまとめ

ブランド・パーソナリティ、組織連想、情緒的便益、自己表現便益、そして社会的便益はいずれも、ブランド関係とロイヤルティを推進する強力なドライバーであり、製品・サービスに規定される機能的便益と比べて、この二者をより広く、かつ深くすることができる。これらは非常に根源的なニーズと動機に訴えるのだ。これらを使うことで、機能的便益の魅力に基づく自社ブランドと顧客との関係を競合他社が断ち切ろうとしても、それが困難になる。機能的便益を超えることのメリットは非常に大きい。

第7章
競合をイレレバントにする〝マストハブ〟
Creat "Must Haves" Rendering Competitors Irrelevant

「ベストの中のベストとみなされるだけで満足するな。
その分野には自分しかいないと思われることを目指すのだ」
――グレイトフル・デッド、ジェリー・ガルシア

ブランド戦略におけるホームランは、差別化ポイントが〝マストハブ（必須要件）〟になることだ。〝マストハブ〟は新しいサブカテゴリー（時には新しいカテゴリー）を形成し、競合をイレレバント（無関係）にしてしまう。そうなれば、かなりの数の顧客層は〝マストハブ〟を持たないブランドを一切考慮しなくなる。[1]

それほどのイノベーションは滅多に起きないだろう。しかし起きたときは、そのチャンスをブランド戦略に生かさなければならない。単なる差別化ポイントより大きな何かがそこに出現したことに気づき、それにふさわしい扱いをする必要がある。企業としては、ただ〝マストハブ〟を育てるだけではダメだ。それを市場に投入し、次に競合から守る参入障壁を築く必要がある。自

社ブランドで市場を独占、またはそれに近い状態にできるという滅多にない贅沢を、短命に終わらせないようにするのだ。簡単なことではないが、メリットはとてつもなく大きい。

顧客にとって必須の特徴を持った製品・サービスを生み出す「転換イノベーション」が〝マストハブ〟の基盤になることもある。それは人々が何を買い、何を使うか、を転換させる。この転換イノベーションはゲームのルールを変える。

例えば、クラウド・コンピューティングの推進役となったセールスフォース・ドットコム、サーカスをつくり変えたシルク・ドゥ・ソレイユ、一杯のコーヒーごとに一つの交換パックを使う方式を生み出したコーヒーメーカーのキューリグ。いずれのケースでも、人々が何を買い、何を使うかがイノベーションによって転換した。

また「重要イノベーション」も〝マストハブ〟をもたらすことがある。これは、製品・サービスの基本的性質こそ変えないものの、その機能を大きく高めるであろうものを指す。こうして新たに〝マストハブ〟となった特徴やサービスが追加された場合、または、製品・サービスの基本的性質が非常に高機能に改善された場合、そのインパクトの大きさによって顧客はその特徴を持たない製品・サービスを最初から選択肢に入れなくなるだろう。アンダーアーマーは、水分を吸収し、通気性に優れた新しい生地を基盤に、一〇億ドルの衣料ビジネスを生み出した。素材のブランドであるケプラーは、重要イノベーションによる品質向上をもたらし、防護服市場に新たなサブカテゴリーをつくり出した。

既存のサブカテゴリー（またはカテゴリー）の中でブランド選好を改善・強化し、製品・サービスを〝マストハブではないが、持ってみたいもの〟と思わせるだけの漸進的イノベーションではこのような効果を生まない。

〝マストハブ〟は、次のようなものを使って製品・サービスを改善・強化することで生まれることがある。

- 特徴――ファイバーワンに含まれる高繊維など。
- 便益――ランニングシューズに埋め込まれたチップによりトレーニング・データを記録・共有できる〈ナイキ・プラス〉がもたらしたような便益。
- 魅力的なデザイン――例えば、アップル製品に見られるようなもの。
- システムの提供――顧客接触管理プログラム一式を統合するシーベルのCRM製品のように、部品を組み合わせるシステムの提供。
- 新技術――例えば、IBMのスーパーコンピュータ、ワトソン。
- 特定の顧客層向け製品――例えば、女性向けエナジーバー（補給食）のルナ。
- 驚くほど安価な実売価格――例えば、ジェットブルー航空の実売価格。

また、具体的な製品・サービスを伴わなくても、顧客関係の基盤がその顧客にとって重要なために〝マストハブ〟となることもある。例えば、次のようなものである。

- 共通の利害――乳児の世話の参照サイトであるパンパースビレッジなど。
- 顧客と結びつくブランド・パーソナリティ――レッドブルの活力、チャールズ・シュワブの能力、ヴァージン航空の不遜さ、サウスウエスト航空のユーモア、シンガポール航空の異国風サービス、など。
- 何かに対する情熱――例えば、ホールフーズ・マーケットが示す健康と有機食品に対する情熱。
- 組織の価値観――例えば、顧客中心であること（ノードストローム）、革新性（3M）、グローバル（シティバンク）、社会問題への関与（エイボン）、環境への配慮（パタゴニア）など。

いずれの場合でも〝マストハブ〟とは、一定規模以上の顧客セグメントが、そのブランドを選択肢に入れるために、すなわち、レレバントだとみなすために不可欠だと認識するブランド関係の特徴もしくは要素である。

〝マストハブ〟の見返り

重要イノベーションや転換イノベーションを通して〝マストハブ〟を生み出し、競合をイレレバントにしたり、その状態に近づけたりすることは、ただ望ましいというだけでなく、成長するためのほぼ唯一の道である。それ以外の方法で成長できるケースは非常にまれだ。これはとても重要なことなので、もう一度明記しておこう。ごく少数の例外を除き、成長するための道はこれしかない！

しかし、圧倒的に多くの企業はこの道を選ばずに、私が「ブランド選好競争」と呼ぶ戦略をとっている。これは、既存のサブカテゴリーにおいて顧客の選択肢に入るブランドの中で、なるべく自社ブランドが選好されることを重視する戦略である。目標とするのは、競合に勝つために、漸進的イノベーションを活用し、自社ブランドを今まで以上に魅力的に、または安価にしていくことだ。標語は「より早く、より安く、よりよく」。少しでもわかりやすい広告を効果的に伝え、よりインパクトのある販促手段をとり、なるべく目立つ後援活動を行い、ソーシャルメディアを巻き込んだ企画を数多く推進するといったことに経営資源が投入される。自社ブランドが選好されれば勝ちであると――。これは、自社ブランドのみがレレバントな状態、すなわち、選択肢に入る唯一のブランドとなることを狙う戦略とは対照的である。

問題は、「そのブランドよりうちのブランドのほうがいいですよ」式のマーケティングでは、およそ市場は変化しないことだ。どれだけマーケティング予算が潤沢でも、どれだけ漸進的イノベーションが鮮やかでも、結果は同じである。ほぼすべての市場で、ブランドの位置づけは驚くほどに強固である。あまりにも多くの顧客がいるので、市場の趨勢はそう簡単に流れを変えないのだ。加えて、ブランド選好競争は率直に言って「つまらない」。

どんな変化であれ意味のある変化が市場構造に起きる唯一のケースは、大きなイノベーションを掲げた新しい〝マストハブ〟が市場に投入されたときだ。このことにほとんど例外はない。例えば日本のビール業界における市場シェアの推移を見ると、過去四〇年間以上で軌道に変化があったのはわずか四回である。その四回のうち三回までは、新ブランドの誕生か既存ブランドのテコ入れによって〝マストハブ〟が生まれ、それが新しいサブカテゴリーを形成したケースだ（一九八六年のアサヒスーパードライ、一九九〇年のキリン一番搾り、そして一九九〇年代後半のキリンによる発泡酒ブランド）[2]。四つ目の変化は、主要なサブカテゴリー――単なるブランドではない――のうち二つがポジショニングを変えたときである（一九九五年、アサヒはドライ、キリンはラガーというサブカテゴリーのポジショニングを変えた）。この四回を除き、他の機会に行われたマーケティングはすべて、際立った変化をもたらすことはなかった。

ほかのどのカテゴリーを見ても結果は同じである。ごくまれな例外を除き、市場に新たな〝マストハブ〟が投入されたときにのみ、ブランドは本物の成長を遂げる。例えば自動車業界を見ると、市場の力関係に変化をもたらしたのは、フォードのムスタングとトーラス、フォルクスワーゲンのバグ（ビートル）、マツダのミアータ（ロードスター）、クライスラーのミニバン各種、トヨタのプリウスとレクサス、そしてBMWのミニ・クーパーといったブランドが象徴するイノベーションだった。

また、コンピュータ業界で市場を変えたのは、DECのミニコンピュータ、シリコン・グラフィックスのワークステーション、サン・マイクロシステムズのネットワーク・サーバ、デルのBTO式PC、そしてアップルのインターフェースなどによって形成された新しいサブカテゴリーだった。

サービスの世界には、イノベーション企業のIDEOとカーシェアリングのジップカーがいる。

日用品ではオドワラ、ＳｏＢｅ、そしてドレイヤーズのスローチャーンド・アイスクリーム。小売りでは、ホールフーズ・マーケット、ザラ、ベスト・バイのギーク・スクワッド（技術サポート・サービス）、イケア、ザッポス・ドットコム、そしてノーブランド・ストアのＭＵＪＩ（無印良品）――。これらすべては、新たな〝マストハブ〟を市場に投入し、実績あるライバルを尻目に大きな成長を遂げた。

競合が存在しない、もしくは弱小な市場を生み出せば、巨大な見返りが得られる。これは経済学の基本中の基本あり、売上げと利益に本物の成長をもたらすチケットである。一九八二年にクライスラーが〈プリムス・ボイジャー〉および〈ダッジ・キャラバン〉として市場投入したミニバンを見てほしい。初年度に二〇万台、その後の累積では一三〇〇万台が売れ、一六年の間まともなライバルがいない状況を享受した。このミニバンはおよそ二〇年間、文字どおりクライスラーを牽引したのだ。また、マイカーを修理中の人に車を貸し出す企業、エンタープライズ・レンタカーの場合は、クライスラーよりさらに長い期間、まともなライバルがいない状況を享受できた。他のレンタカー企業はすべて、出張や観光の旅行者を狙ったからだ。

新しいカテゴリーやサブカテゴリーを生み出すと十分な見返りが得られるという事実は、数多くの財務面の研究によっても裏づけられている。例えば、ある研究では一〇八の企業の戦略的行動を精査した結果、新しいカテゴリーを生み出したと分類された企業は全体の一四％ながら、収益では全体の三八％、利益では六一％を占めていた。[3] 別の研究では、二〇〇九年から二〇一一年までの期間に最も急成長を遂げた米国企業上位一〇〇社を分析し、自社の属するカテゴリーを自らの貢献で生み出した一三社が、その三年間に一〇〇社全体で達成した収益増加分の五三％、時価総額増加分の七四％を占めていたことを明らかにした。[4]

潜在的な〝マストハブ〟を評価する

〝マストハブ〟のアイデアを与えてくれる視点は多岐にわたる。未対応の顧客ニーズ、想定外の使用法、十分にサービス提供できていない顧客層、市場トレンド、チャネルの動向、他業界や他国にある手本、新技術――。単に〝マストハブ〟を追い求めるだけでなく、より重要な点として、〝マストハブ〟になれそうなアイデアを見極め、それらを前進させることが必要になる。その際に不可欠となるステップは、最も優れたアイデアだけに経営資源を注ぎ込むよう、アイデアの評価をすることだ。それには次の二つの判断が含まれる。

1　そのコンセプトは市場にとって重要か？　そこに〝マストハブ〟は含まれるか？

新しいコンセプトは重要イノベーションもしくは転換イノベーションを表しているだろうか。それとも漸進的イノベーションなのか――。よくあるのが「バラ色の未来像バイアス」とでもいうべき過ちで、実際には市場は漸進的イノベーションだと認識しているのに、そこに重要イノベーションが存在すると思い込むことだ。イノベーションを推し進めてきた人々は、得てして新しいコンセプトの将来性を過大に評価しがちである。というのも、彼らは心理的にそのコンセプトに肩入れしているし、それが成功すればキャリアパスの転換点ともなり得るのに対し、失敗すれば専門家としての挫折を意味するからだ。加えて、組織的にも勢いがついている。すでに資金を投入し、計画に組み込まれている製品・サービスを開発中止にするのは、時として難しいことだ。だからこそ、そのイノベーションに対する市場の反応を調査し、その結果に基づく冷静な判断を下す必要がある。

もう一つある過ちは「灰色の未来像バイアス」で、多くの場合こちらのほうが重大な間違いである。これは、新しい大きなカテゴリーまたはサブカテゴリーを生み出して自社のものにできるチャンスを秘めたイノベーションなのに、成功しないだろうという間違った判断に導いてしまうバイアスのことだ。間違った判断をしてしまう一つの根拠として、既存の不完全な製品をもとに市場規模を推定することが挙げられる。二つ目の理由としては、そのイノベーションの使い方や使うべき市場として、間違った目標を設定しているため、本来の市場規模を正しく推定できないこともある。関節痛を和らげるグルコサミンを液体化した製品〈ジョイント・ジュース〉は、青年・中年層のアスリートではなく高齢者層へとターゲットを変えたことで息を吹き返した。三つ目として、ニッチ市場は大きく成長させることができないという間違った思い込みをして、結果的に市場規模が小さすぎると誤診する場合もある。この理由からコカ・コーラは何十年間も飲料水市場を避けてきた。今にして振り返れば、その判断は戦略上の大失敗であった。四つ目として、技術的問題を乗り越えることが実際より大変そうに見えることもあるだろう。最後に、失敗のコストはくっきりと目に見えるため、どうしても人や組織はリスクを避けようとする傾向がある。

この傾向のために、市場規模等の推定が歪められることもある。

2 その製品・サービスを開発できるか？

前述1の条件をクリアできたとしても、とりわけ技術的ブレークスルーが必要な場合、そのコンセプトは実現可能だろうか。そして、仮にその製品・サービスの開発が可能だとしても、では組織はそのために必要とされるであろう人員、システム、文化、資産を持っているのか。または生み出せるのか。さらに、実現までの障害や困難にもかかわらず、組織としてそのアイデアに全力投球する意志はあるのか——。この先いずれ、リスクが巨大に見え、見返りが得られるか確信が持てず、経営資源を違うことに使ったほうが魅力的に思え、社内の政治的支援が弱まるようなときもあるだろう。組織が本気で取り組む覚悟を持たない限り、その新しいイノベーションに十分な資金が割り当てられず、将来の失敗が確定的になることもある。

また、タイミングは適切だろうか。市場に一番乗りする必要はないし、一番乗りが常に望ましいわけでもない。それどころか、一番手のブランドは時期尚早であることが多い。なぜならば、市場や技術、もしくはその企業自身の準備がまだできていないからだ。アップルのｉＰｏｄは市場の一番手ではなかった（ソニーがアップルより二年早かった）。ｉＰａｄも違う（マイクロソフトのビル・ゲイツは、一〇年ほど早くタブレットＰＣを市場投入していた）。しかし、どちらの場合もアップルは正しいタイミングで市場に投入した。必要な技術はちょうど出現したばかりかその直前であり、自社の能力と経験も熟していた。そして技術的には劣っていたものの、価値提案は市場テストで合格済みだった。スティーブ・ジョブズの数ある才能の中で、タイミングの天才ぶりは正当な評価を受けていない。

競合に対する参入障壁を築く

〝マストハブ〟を生み出し、競合のレレバンスが存在しない、もしくはあっても弱いような新たなサブカテゴリーを形成できたとしても、競合がレレバントになるのを妨害したり阻止したりする参入障壁を築けなければ意味がない。

究極の参入障壁は、特許や著作権、企業秘密、または簡単に見たり真似したりできない知的資本などによって守られた**独自の技術や専門知識**である。トヨタには、プリウスのために開発したハイブリッドシナジードライブがある。他社には真似できないシステムだ。ドレイヤーズのスローチャーンド・アイスクリームは、クリーミーで美味ながら低脂肪のアイスクリームをつくり出す技術があってこその商品である。技術はまた、ブランディングによっても守ることができる。その詳細は第8章で触れる。

移動する標的となることも、競合ブランドがレレバントになるのを困難にする効果がある。アップルはｉＰｏｄに続き、ナノ、シャッフル、アイタッチ、そしてｉＰａｄなどの製品へと動き続けたことでこれを実行した。ジレットも、トラックⅡからフュージョン・プログライドへと移動し、カミソリで同じことをした。クライスラーが自社で生み出したミニバンのカテゴリーで、一六年間も強力なライバルなしに過ごせた理由の一つは、ライバルが参入しづらくなるような新しいイノベーションを二年とおかず次々と投入したからだ。これらイノベーションのいくつかは重要イノベーションであり、あらたな〝マストハブ〟を生み出した。例えば、運転席側のスライド・ドア、積載スペースのための脱着式後部座席、回転する座席、四輪駆動、子ども用安全ロック、簡単に取り外せる〈イージーアウト・ローラーシート〉などである。

機能的便益を超えることでも大きな参入障壁を生み出せる。機能的便益は簡単に真似できることが多いのに対し、自己表現便益・社会的便益・情緒的便益や、組織の価値観・文化、またはブランド・パーソナリティなどを真似するのははるかに難しいからだ。

認知度、連想、およびブランド・ロイヤルティに代表される**ブランド・エクイティ**も大きな参入障壁となる。革新的な新製品・サービスを市場投入した初期段階は、そのイノベーションの〝ニュース価値〟を生かすチャンスであり、認知度アップと広報の取り組み次第では強いブランドを構築できる可能性がある。また、〝マストハブ〟を高く評価する見込みが最も高い顧客層を自社ブランドでとらえ、彼らを満足させ続けることで囲い込める可能性もある。この場合、競合他社はビジネスの対象としてそれほど魅力的でない顧客層と向き合うはめになる。

コンセプトの拡大を心がける。顧客基盤を拡大し、生み出し、管理して幅広いものにしていくこともまた非常に重要だ。なぜなら、製品・サービスの提供先が地元市場だけだったり、流通経路が限られていたりする場合、競合が接触できる手つかずの潜在顧客が残されていることになるからだ。加えて、次のような簡単な計算もできる。倉庫、事務管理部門による支援、経営、広告宣伝、ブランド開発といった固定費を、より大きな売上げ基盤で薄めれば、単位当たりのコストは下がることになる。基盤拡大の手段としては、パートナーを取り入れる手もある。例えばハーゲンダッツは、ドレイヤーズの流通経路を利用するために彼らとパートナー関係を結んだ。だが時としてこの手段は、過大な先行投資になるかもしれないリスクを引き受けることにもなる。クライスラーのミニバン成功のカギは、資金繰りが苦しかったにもかかわらず、乗車定員増加へ投資する意欲を失わなかったことだ。

〝正統派の証〟となることが重要な参入障壁になる場合もある。正統派のブランドとは、つまり次の認知を得ることだ。偽物に対する本物、イノベーター、模倣者ではなく先導者、当てになる、信頼を裏切らない——。正統派ブランドになるには、必ずしもそのカテゴリーで最初のブランドである必要はない。しかし、適切なコンセプトによって人々を引きつける最初のブランドである必要がある。そのカテゴリーまたはサブカテゴリーを人々に理解させ、生み出す努力が、正統派であるとの評価を高めることになる。

完璧な業務運営もまた競合に対する参入障壁を生み出す。とりわけ、業務内容のみに意味があるのではなく、背景となる価値観や組織が業務の基盤となっている場合はなおさらである。ザッポス・ドットコムは間違いなくその一例だ。同社の一〇のコア・バリュー(顧客に「ワォ!(驚き)」を届けることや、少し変わった存在でいようという価値観)は社員採用の基盤であり、要望があれば顧客のために宅配ピザ屋まで探し出すであろう二四時間対応のコールセンターを持つと決めた根拠でもあった。「変わった存在」という価値観は、社員が率先して創造的なことに着手するための道筋をつけ、同時に団結心も生み出した。これらの結果生まれた顧客経験は、競合にとって高い参入障壁となり、真似しようとしても難しかったはずだ。なぜなら、社員、プロセス、そして企業文化を基盤にしているからだ。

ブランド差別化要素、および**サブカテゴリー・エグゼンプラーになること**も大事な参入障壁となる。この二つについては次の二つの章で扱う。

第7章のまとめ

競合のレレバンスを低下させる〝マストハブ〟を生み出し、その後競合がレレバントになるのを防ぐ参入障壁を築くことは、ごくまれな例外を除き、成長への唯一の道である。そしてこの道は高い収益という見返りにつながることが証明されている。〝マストハブ〟の潜在候補は、市場から〝マストハブ〟と認識されるものでなければならず、またその企業が提供できる製品・サービスを代表するものでなければならない。〝マストハブ〟戦略のカギとなる要素は、競合がレレバントになるのを防ぐ参入障壁を築くことだ。新たに大きなサブカテゴリーを形成し、市場で大きな牽引力となるようなイノベーションは滅多に起きないが、それが起きたときは、リスク回避を重視しすぎるあまりチャンスを逃してはならない。

第8章

To Own an Innovation, Brand It

イノベーションをブランド化する

「彼らは最初あなたを無視する。次にあざわらう。
その次は戦いを挑んでくる。そうすればあなたの勝ちだ」
――マハトマ・ガンジー

差別化は、新しい製品・サービスで、そして既存の製品・サービスでも、勝利のカギとなる。それを購入し、その後も忠実に購入し続ける理由となる差別化ポイントがなければならない。究極の差別化の道は、イノベーションを起こし、〝マストハブ〟を生み出すことだ。製品・サービス自体にイノベーションがなければ、その支援プログラムや関連プログラムのイノベーションでもよい。

イノベーションを市場における差別化の源泉へと変身させる際にブランディングが果たす役割は、あまり理解されていない。あるイノベーションが、重要かつ持続する差別化ポイントをつくり出す可能性があるならば（つまり、ビッグチャンスならば）、そのイノベーションはブランド化する必要がある。ブランド化するか、イノベーションを失うか、なのだ！　ブランド化しなければ人々へ伝えるのは難しく、他社は真似や真似らしきことが非常に簡単にできてしまう。

イノベーションをブランド化すれば、「ブランド差別化要素」がつくり出せる。これは、ブランド化され積極的に管理運用される特徴、成分、技術、サービス、プログラムなどのことで、ブランド化された製品・サービスのために、有意義でインパクトのある差別化ポイントをかなりの長期間にわたって生み出す。

例えば一九九九年、ホテル・チェーンのウェスティンは〈ヘブンリーベッド〉を開発した。特注のマットレス・セット（シモンズ製）は九〇〇のスプリングが入り、コージーダウン式のベッドカバーは三種類の気候に応じた三タイプ、掛け布団はパリパリの羽毛布団で、高品質シーツ三枚、グースダウンの枕が五つついたベッドである。このブランド化特徴はブランド差別化要素となり、差別化が困難な過当競争のホテル業界において、「プレミアム・ベッドのあるホテル」という、まさしく新しいサブカテゴリーを形成したのである。

イノベーションにただ名前をつけただけでは、ブランド差別化要素にならない。そう定義されるために要求される基準は比較的高い。とりわけ、ブランド差別化要素は、顧客にとって重要という意味で「有意義」であり、かつ、ささいな違いではないという意味で「インパクトのある」ものでなければならない。ヘブンリーベッドは、ホテル宿泊サービスの核心である「快適な眠り」に応えたという点で有意義であった。また、インパクトも大きかった。ヘブンリーベッド誕生から最初の一年間で、同ベッドのあるホテルでは顧客満足度が五％上昇し、清潔さ、室内装飾、メンテナンスに対する印象が著しく上昇し、さらに客室稼働率も大幅に上昇した。

また、ブランド差別化要素によって、長期間にわたる積極的な管理運営が保証される必要があり、ブランド構築のために手がかかるのは当然だと認識される必要がある。ヘブンリーベッドは、一連の積極的なブランド構築プログラムによってそのような扱いを受けてきた。このベッドは当初はウェスティンで、のちにはノードストロームやその他の店で購入可能になった。ホテル用ベッドを顧客が購入できるという斬新さによって、口コミで話題となることを狙ったのだ。また同じコンセプトは〈ヘンブリーバス〉へと拡張された。これは、シャワーヘッドが二つあるシャワーやその他の構成部品、アクセサリーなどが特注設計されたバスルームである。こうしたベッドや寝具類、バス・アクセサリー類、バスローブその他は同社のウェブサイト「ウェスティンホテル・コレクション」でも注文できるようになった。

ブランド差別化要素は、ブランド化された製品・サービスとリンクされる必要がある。どの製品・サービスなのかを特定させる働きがあるからだ。ウェスティンにとっての難題は、いかにしてヘブンリーベッドとのリンクを生み出すかであった。リンクがないと、その特徴を持つホテルがどれだったのかを顧客が思い出せないし、最悪の場合は別のホテル・チェーンの属性だと思われてしまう。よく目立ち、ほかにはないウェスティンだけのエンドースメントを持つことは助けになる。

ブランド差別化要素の種類

定義に従えば、ブランド差別化要素は次のように説明するのが最も的確である。それは特徴、成分、技術、サービス、もしくは製品・サービスに影響を与えるプログラムである。

ブランド化特徴

ブランド化特徴は、独自の便益を代表するものだ。優れた性能を生き生きと伝える手段を提供でき、また、その優れた点を長期間持ち続けるための受け皿にもなる。この使命を果たすためには、顧客にとって何らかの価値を持ち、本当の差別化をもたらし、しかもブランド化された製品・サービスにリンクしている必要がある。

アマゾンには「1クリックで今すぐ買う」という特徴があり、よく知られた付加価値を提供している。アンダーアーマーの一部の衣料は、においの発生を抑え、より長くフレッシュな状態を維持できるアーマーブロックを備えている。「より多くの歯医者が使うブランド」であるオーラルBは、交換が必要になるとブラシの色が変わって「お知らせ」する替えブラシ、歯茎の輪郭に合うように曲がるプロ・フレックス、そしてオーラルB電動歯ブラシではワイヤレスの「スマートガイド」によって歯ブラシに価値をもたらしている。これらのブランド化特徴はすべて、そのブランドの価値提案をはっきりとした形で増幅している。

ブランド化特徴は、すでに確立されたブランドを土台にすることもできる。例えばデルタ航空は、「上質の睡眠」という顧客経験を得ることを狙い、〈ウェスティン・ヘブンリー〉の掛け布団と枕を提供した。ヘブンリー・ブランドを利用したのである。その際に課題となったのは、イノベーションの内容を伝えることではなく、そのイノベーションをデルタ航空にリンクさせることだった。

ブランド化成分

もう一つの手法は、製品・サービスを構成する成分をブランド化することだ。その成分がいかなる働きをするのかを顧客が理解していなくても、それがすでにブランド化されているという事実だけで、主張（明言でも示唆でも）に対する信頼感を増すことになるのだ。「インテル、入ってる」を覚えているだろうか。インテルがコンピュータの中に何を入れたのか、正確に理解している人はほとんどいなかったが、それにもかかわらず人々は、信頼できる最先端のモノを手に入れるという安心感のためだけに、喜んで一〇％高い値段を払ったものだ。顧客はブランド化成分が付加する価値を認識できないかもしれないが、それでも結局はその成分に本物の中身がなければならない。というのも中身の伴わない主張をしても、実態は最終的に知られてしまうからだ。

ブランド化成分は他からの移植も可能だ。そうすれば、重要性や固定客、認知度はすでに確立されているので、ブランドを強化することができる。顧客は、自分に差し出された製品・サービスが何かすぐにわかる。ソニーはデジタルカメラのサイバーショットにカールツァイス・ゾナー

Tレンズを使っている。製品の中核的な部品が最高の品質であると顧客を安心させるため、カールツァイスのブランドを利用しているのだ。アイスクリームのブランドなら、M&Mやスニッカーズといった成分を加えることで、これらのお菓子ブランドをよく知っている利用者に対し、独自の製品を説明不要で提供できるだろう。

ブランド化技術

技術面のブレークスルーも、ブランド化することで差別化を生み出せる。それが価値提案の根拠となり、ゆえに信頼性を高めるからだ。ドレイヤーズのスローチャーンド・アイスクリームは、低脂肪ながらクリーミーなアイスクリームをつくる技術を基盤にしている。プリウスはハイブリッド車のカテゴリーで一〇年以上圧勝しているが、その一因は、複数の便益をもたらす技術、トヨタのハイブリッドシナジードライブにある。GEヘルスケアには、鮮明度を高めたスペクトラル映像が得られるマンモグラフィ〈セノブライト〉がある。異常血流のパターンがある部分を目立たせることにより、白黒はっきりしない診断の助けとなる。

ブランド化技術は、まさにそれがブランド化されているがゆえに、強みとなる。しかし同時に、主張の背景となる実質的な中身を見せる窓口としても機能し、顧客に評価の基準点を提供することで伝達を容易にする。〈スローチャーンド・アイスクリーム〉〈ハイブリッドシナジードライブ〉〈セノブライト〉などのブランドは、その製品・サービスの特徴を思い出させるだけでなく、複雑なテーマを一つにまとめた概念を表現できるのだ。このようなブランドなしで中身を伝達しようとすれば、その取り組みは大がかりで困難なものになり、おそらく実行不可能になるだろう。

ブランド化サービス

ブランドを差別化する古典的な手法は、のちにブランド差別化要素となる可能性を秘めたブランド化サービスで自社の製品・サービスを増強することだ。コンピュータやエンタテインメント・システムの設置やアフターサービスを行うギーク・スクワッドは、ベスト・バイの位置づけとカテゴリーを変えることになった。シュワブの投資信託サービス、ワンソース・セレクトは、厳選された投資信託のリストを選択肢として用意し、難解な分野で投資家の役に立っている。グーグルに広告を出す人のためのサービス、グーグル・アドワーズは、同社が業界トップの地位を築く一助となってきた。GMが開発したオンスター・システムは、サービス会社へのエアバッグ作動の自動通報、盗難時の車両位置確認、緊急サービス、遠隔地からのドアのアンロック、遠隔地からの車両診断、さらにはコンシェルジュ・サービスまでも提供する。アマゾンのキンドルは、ウイスパーネットを通して本を届ける。

アップルストアの驚くべき大成功には多くのドライバーがある。その一つが同社のブランド化サービス、ジーニアス・バーだ。これは本当に助けを必要とする問題を解決し、また個人的なつながりを生むことでトラブルを抑えてファンを増やすこともある。ジーニアス・バーは当初はうまくいかなかったが、このコンセプトに対するアップルの本気の取り組みにより、ついには〝マストハブ〟の差別化ポイントを得るという形で見返りをもたらした。

ブランド化プログラム

製品・サービスを拡大または補足するブランド化プログラムも、差別化の基盤になり得る。医療サービスのカイザー・パーマネンテは、ライブ・ヘルシー（健康向上の情報）、ヘルシー・ライフスタイル・プログラム（健康な生活を推進するための参加型プログラム）、マイ・ヘルス・マネジャーといった数多くのプログラムを傘下ブランドのもとで主催している。デルにはアイデア・ストーム（オンライン・コミュニティ）とダイレクト2デル（ブログ）があり、顧客はそこでさまざまな問題についてデルに提案したり対話したりできる。ヒルトンのヒルトンHオナーズ（特典プログラム）はヒルトンの主要資産の一つである。

ブランド化プログラムは、実際の製品・サービスから切り離されたものでも、隣接したものでもよい。ハーレーダビッドソンは単なるブランド以上の存在である。つまりそれは、複数のブランド化プログラムによって支えられた経験であり、コミュニティなのだが、それらのブランド化プログラムは自社のオートバイを説明・販売するための取り組みの一環ではない。例えばハーレーダビッドソン・ライド・プランナー（ウェブ・アプリケーション）は、ツーリングの始点と終点および立ち寄りたい場所を入力すると、行程プランをつくってくれる。この詳細な地図は記録したり友人とシェアしたりもできる。

ブランド化することの価値

価値ある特徴、成分、技術、サービス、またはプログラムは、それがブランド化されていようがいまいが、製品の差別化に役立つだろう。ではなぜブランド化するのか。いくつかの理由があるが、その大半はどのような環境でも変わらないブランドの基本的価値にまでさかのぼる。すなわち、ブランドとは基本的に、①イノベーションを自社のものとし、②信頼性を向上させ、③中身を伝える作業を楽にする、という三つの可能性をもたらすものなのだ。

なによりも第一に、ブランドはイノベーションを自社のものとする可能性をもたらす。なぜならブランドは、その製品・サービスの出所を示す固有の標識であるからだ。ほとんどの環境において、他社は成功したイノベーションの真似（らしきこと）をするはずなので、そのイノベーションが生み出した差別化ポイントは短命に終わりかねない。しかし、自社所有のブランドなら競合に真似はできない。

イノベーションおよびそのブランドの両方に対し、適切な投資と積極的な管理運営を行うことで、この所有権を無期限に延長することも可能だ。自社製品の特徴、成分、技術、サービス、もしくはプログラムを競合が複製することはできるだろう。だがそれがブランド化されていれば、競合はそのブランドの力をひっくり返す必要が生じる。プリウスとは別のハイブリッド車ブランドがそのパワートレイン（伝導装置）についてさまざまな主張をすることはできる。しかし、この先も本物のハイブリッドシナジードライブは、トヨタの所有するもの一つしか存在しないだろう。もしブランド化特徴（ハイブリッドシナジードライブ）とブランド（トヨタ）のつながりが十分に強ければ、他社もハイブリッド・エンジン技術のイノベーションはトヨタ・ブランドのものであると認めざるを得ないだろう。

第二番目に、ブランドは主張内容に信頼性と正当性を加えることができる。ブランド差別化要素は、その便益がブランド化に値するものであり、組織はそのブランドを生み出し、それを伝えることに喜んで経営資源を投入したのだとはっきり物語っている。それを見た者は、その製品・サービスがブランド化された理由が何かあるに違いないと直感的に信じるだろう。もしシェブロンがテクロン・ブランドを使わずに、「なぜ〝シェブロンのガソリン〟はほかと違うのか」を説明しようと試みたらどうなっていたか想像してほしい。説得力を持たないどころか、説明不能だったかもしれない。顧客はテクロンの働きを知らないかもしれないが、それにブランド化するだけの意味があったことは理解しているのだ。

信頼性を与えるというブランドの機能を劇的なほどに明確に示した調査がある。この著名な調査は、カーペンター、グレイザー、ナカモトという三人の著名な研究者が行い、ブランド化属性（例えば「アルプス級」のダウンジャケットの詰め物、「正統派ミラノ風」のパスタ、「スタジオ仕様」のCDプレイヤーなど）を取り入れると、高めの値段でも被験者から見て正当に思えることを発見した。[1] 注目すべきは、そのブランド化属性が被験者の選択基準とは無関係（イレレバント）であることを示唆する情報が与えられた場合でさえ、この効果が見られた点だ。

第三は、ブランドはコミュニケーションをより効果的で、より適切で、より印象的なものにする。時として顧客は、イノベーションの価値を正しく認識するのに苦労することもあろう。とりわけ競合と市場が生み出す混乱と雑音の中で、そのイノベーションが多少複雑ならばなおさらである。イノベーションに名前をつける行為は、多くの情報を要約した伝達手段となるため、助けになる。例えば病院による「心臓クラブ」、または「パンパース育児協会」について、利用者は詳細に知っておく必要はない。覚えきれないほど複雑で詳細な情報を、それぞれのブランドが象徴してくれるからだ。ただブランドとその大まかな使命について知っているだけで普通は十分である。また、差別化ポイントを親ブランドに結びつける作業も、ブランド差別化要素によってははるかに簡単になる。

ブランドの陰と陽

ここで警告すべきことがある。ブランド差別化要素のコンセプトは、すべてのイノベーションをブランド化することの免状にも言い訳にもならない。それは過剰なブランディングへの道だ。ブランド化すべきイノベーションは、それを生み出した擁護者ではなく、顧客の目から見て重要な前進であるか、またはゲーム・チェンジャーへと進化するものでなければならない。加えて、市場での優位性を創出・維持できる可能性を持つがゆえに、長期的な経営資源の投入に値するものである必要もある。特に、継続中のイノベーションの進化を支援することで、競合から見て動く標的となるような場合は、これが当てはまる可能性が大いに高まる。ブランドは固定資産であり、積極的かつ継続的な管理運営が求められる。そのような経営資源の投入ができるタイミングでないときにイノベーションをブランド化するのは、大きな間違いのもとである。

組織としては、こうした条件を満たすイノベーションの選定プロセスを開発する必要がある。ブランド化に値するイノベーションのみがブランドを冠してもらい、長期にわたりそのブランドを構築・強化するための経営資源を投入してもらうことを確実にするのだ。とはいえ、強力なブランド差別化要素が得られるチャンスが急浮上したときは、その機会をとらえて市場リーダーの地位を築き、維持することも重要である。

第8章のまとめ

ブランド差別化要素とは、ブランド化され、積極的に管理運営されるブランド化特徴、成分、技術、サービス、またはプログラムであり、それらはブランド化された製品・サービスのためにかなりの長期間にわたって有意義でインパクトのある差別化ポイントを生み出す。ブランド差別化要素は、イノベーションを自社のものとし、そのイノベーションへの信頼感をもたらし、中身の伝達をより簡単に、より印象的にするための道を提供する。ブランド差別化要素となることが確実であれば（そうでないこともある）、それはブランド・ポートフォリオの強力な一部となる。

第9章 サブカテゴリーをフレーミングする

From Positioning the Brand to Framing the Subcategory

「フレーム（枠組み）とは、世界をどう見るかという我々の頭の構造である。強いフレームがあると、それが目前の事実と合致しない場合、事実を無視してそのフレームを維持することになる」

――カリフォルニア大学バークレー校言語学教授、ジョージ・レイコフ

ブランドのポジショニングは、コミュニケーションの短期的な目的を示す。現在のブランド・プロミスを伝えたり、強化したり、補強したりするために、あなたが言いたいことである。それは、ブランド・ビジョンの中でも、市場と共鳴し、現在の事業戦略を支え、そのブランドが今のところ間違いなく提供できるのは何かという現実を反映する部分に基づいていなければならない。ポジショニングに成功するためには、効果的な原動力となるアイデアと、組織全体でまとめられた一連のプログラムとが必要になる。

ブランド・ポジションとは、自社のブランドについての説明であり、他のブランドと何が違うのか、どこが優れているのかを表す。アップルが違う点の一つはデザイン回りだし、ダヴはしっ

とり感をもたらす。ホールフーズ・マーケットなら有機食品の価値を信じ、理解している。ポジショニングは、カテゴリーやサブカテゴリー、さらに一連の競合他社も固定されていて変化しないことを前提としている。

フレーミング（枠組みを決めること）はこれより大きな政策課題を持つ。その目的は、特定のサブカテゴリー（またはカテゴリー）について人々の受け止め方、論じ方、感じ方を変えることである。それゆえフレーミングは、人々が買おうとするもの、その買い物にレレバントなブランドを変化させる可能性がある。

これは、競争およびその競争に勝つことに関し、まったく異なる見方をもたらす。フレーミングによって、サブカテゴリーの定義やそこにいる競合を固定的だと考えるのではなく、サブカテゴリーの範囲とそれを定義する特徴が動的であるとみなすことが可能になる。そのサブカテゴリーを定義することで複数のブランドのレレバンスを減らしたり、同時に他のブランドのレレバンスを高めたり、その両方を行ったりする。

サブカテゴリーをフレーミングする目的の一つは、競合のレレバンスを減らす、もしくは〝イレレバント〟にしてしまうことだ。第8章で説明したように、競合にはない、または競合が弱い自社の決定的な特色は〝マストハブ〟として提示できる。その場合、ブランドが選ばれる理由は競合ブランドより好まれるからではなく、形成されたサブカテゴリーが選好され、そのサブカテゴリーにおいてそのブランドが最も（または唯一）レレバントだからである。

そのようにして、アップルはデザインに優れたコンピュータというサブカテゴリーを、ダヴはしっとり感をもたらす製品というサブカテゴリーを、ホールフーズ・マーケットは有機食品を重視する食品小売りというサブカテゴリーを形成している。サブカテゴリーをフレーミングすることで、競争上の任務は「そのブランドよりうちのブランドのほうがいいですよ」と訴えることから、「あなたが買うべきはこのサブカテゴリーです」、そして「このサブカテゴリーならうちのブランドがレレバントです」へと変わる。買うべきサブカテゴリーの選択は購入プロセスの第一段階であり、この段階を制することは、どのブランドが勝つかを決定するとまではいかなくとも、少なくとも影響は与えられる。

フレーミングの目的はもう一つ考えられる。既存の魅力的なサブカテゴリーを広げて、自社ブランドが含まれるようにすることだ。例えばアキュラ（訳注：ホンダ車の米国ブランド名）のようなブランドは、レクサスに代表されるサブカテゴリーに含まれたいと考えてもおかしくないだろう。その場合、顧客に次の点を納得させることが課題となろう。すなわち、このサブカテゴリーは一定の性能レベルに達する車を含めるべきであり、また実売価格が低めのブランドを排除すべきではない、と。サブカテゴリーの定義を変えてしまうやり方は、アキュラがレクサスより優れていると顧客を説得するより効果的な戦略かもしれない。アキュラがレレバントになるようなサブカテゴリーの再フレーミングをひとたび顧客が受け入れれば、アキュラの優位性は明白になるだろう。

クラフトのディジョルノは、事前に調理済みでない生地を使った初めての冷凍ピザで、〝生地が立ち上がる〟ピザを生み出した。そして冷凍ピザのサブカテゴリーを再フレーミングして宅配ピザも含まれるようにした。「宅配ピザではありません。ディジョルノです」というキャッチフレーズとともに、この戦略は市場で成功を収めた。再フレーミングされたサブカテゴリーの象徴は、ディジョルノの宅配人である。当然ながら彼は何もすることがない。冷凍ピザに配達は不要だからだ。再フレーミング後のこのサブカテゴリーにおいて、ディジョルノはプレミアム価格の冷凍ピザではなく、場合によっては宅配ピザの半額という決定的な価格優位性を持つようになった。加えて、この広がったサブカテゴリーのメンバーとなったことで、ディジョルノは宅配ピザと比肩できる品質だとみなされる可能性がある。

サブカテゴリーのための視点と用語を変える

フレーミングのプロセスは、商品の選択検討過程を形づくることでうまくいく。新しいサブカテゴリーの成功のチャンスを高めるような視点と用語を用意するのだ。サブカテゴリーが成功を収めれば、そのサブカテゴリーを定義しているブランドも成功することになる。

アップルの競合ブランドなら、経営会議でデザインについて話し合うはずだ。競合ブランドは、自分たちのデザインも同等、もしくはより優れていると説明するか、またはデザインが選択の決定要因であるべきではないことを説明しなければならない。というのも、現在のフレーミングがデザインを商品選択時の第一の視点にまで高めたからだ。ホールフーズ・マーケットのサブカテゴリーで競合する小売業者は、有機生鮮食品を理解していることは小売業者選択の理由としてふさわしくないと示す必要があるだろう。ダヴのサブカテゴリーにいるスキンケア・ブランドなら、しっとり感は重要でないと主張する必要があるはずだ。こうしたフレーミングの構造を無視することはできないだろう。ブランドより大きなものだからだ。前述の三つのブランドはそれぞれ、顧客の選択検討過程を巧みに管理し、自社が優位性を持つ側面が、意思決定の支配的要因とまでいかなくとも要因の一つとなるようにしてきたのだ。

レイコフのフレーミング論

選択検討過程のフレーミングについて最もわかりやすく述べているのは、カリフォルニア大学バークレー校の言語学者ジョージ・レイコフの素晴らしい著書 *Don't Think of an Elephant*[1]（日本語未訳）である。政治的思考が専門分野であるレイコフはこう論じる。共和党はフレーミングの天才であり、その結果ほとんどの政策論争に勝つ。一方で無知な民主党は、いまだに合理的思考で勝てるだろうと思っている。共和党は相続税、部分出産中絶、マンデート、税控除といった用語を使って政策論争をフレーミングしてきた。そのフレーミングが受け入れられたときに議論の勝敗は決まる。いったい誰が相続税を支持するだろうか――。

議論の枠組みを決める（フレーミングする）言葉遣いによって、一つの課税への見方がどれほど変わるか考えてほしい。〝税控除〟は、民衆の重荷を減税によって解放する英雄の姿を暗に想像させる。〝将来への投資としての税〟と言えば、新しく整備された道路、教育を受けた子どもたち、増強された防衛力などのイメージを生み出す。〝義務としての税〟は、自分や自分のような人々の役に立つサービスのために、正当な負担をすることに暗に結びつく。いずれのフレーミングも議論に影響を与え、サブカテゴリーを形成する場合とまったく同じように、目に見えぬ形で選択の目的を変えてしまう。共和党は〝税控除〟を、勝利をもたらすフレーミングにしたのである。

レイコフによれば、フレームは認知的無意識であることが多いという。すなわち、人々はフレームが存在することや、そのフレームに影響されていることに気づいてさえいないこともあるという。これこそフレーミングが非常に強力である一因だ。加えて、ひとたび定着したフレームはなかなか消せない。定着した後でフレームを変えるのは困難である。レイコフは、バークレー校で自分が持つ講座の初回に「象について考えないように」と好んで警告する。もちろん学生たちは、頭の中から象を追い出すのが不可能だと気づくことになる。

あるフレームが勝つには何が必要だろうか。そのフレームを表現する適切で説明的な正しい標語および（または）象徴を見つけることは非常に重要だ。鮮明なイメージが浮かび、印象に残り、リアルな感触を加えるような有意義な象徴なら役に立つ。相続税（death tax）は嘆き悲しむ人々が棺を囲むシーンを連想させる。税控除は重くてうんざりする負担から救われそうな含みのある象徴だ。オールステート（損害保険）の標語「安心できる（グッド・ハンズの）我々にお任せあれ」の〝グッド・ハンズ〟や、ステートファーム（損害保険）の〝よき隣人〟などは、サブカテゴリーのフレーミングに役立つ視覚的な象徴となる。

加えて、根気強くきちんと続けることが大切だ。常にその標語または象徴を使い、決してぶれてはならない。競合さえもその標語や象徴を使うようになるほど普及させるのだ。そのときこそ、フレームの戦いに勝利したのである。

フレームは知覚と選好に影響を与える。少々のバルサミコ酢が入った高級ビールは、それが「バルサミコ酢入りビール」と再フレーミングされない限り、味覚テストで好評である。再フレーミング後は「気持ち悪い」と認識される。[2] あるワインをノースダコタ産ではなくカリフォルニア産だと伝えれば、そちらのほうが好まれるだけでなく、利用者はなかなか食卓を去らなくなる。[3] 同じワインなのに！ 単にネガティブな属性の代わりにポジティブな属性で見るよう再フレーミングするだけで、選好に影響することもある。例えば、人は「脂肪分二五％」よりも「赤身が七五％」のほうを選ぶ。この二つの選択肢はまったく同じものだというのに。[4]

時にフレームは、事実に基づく情報さえ圧倒することがある。ある有名な研究では、被験者グループに二種類のカメラを見せ、カメラの特徴として重要な五つの点についてそれぞれ説明した。[5] 二台のうち、より豪華なサブカテゴリーである一眼レフに属するカメラは、もう一方より劣った性能であると説明されたにもかかわらず、被験者に選ばれた。顧客は、わざわざ時間を割いてまでブランドについて学ぶ動機を持たないか、または学ぶ能力やそのための専門知識を持たないのである。どちらの場合でも、フレームが示すもの（このケースでは一眼レフ）についての知識に頼るほうが楽である。このサブカテゴリーにはこのブランドがふさわしい、またはふさわしくない、という思い込みは、時に人の認識と選択を決定づける。それを覆すのは簡単ではない。

フレームが大切なのは、それが思考、知覚、態度、そして行動に影響を与えるからだ。同じ情報でも、それが判断材料になるかならないか、曲解されるかされないか、態度と行動に影響するかしないか、はフレームによって決まる。簡易補給食を買う場合でも、あなたが買うのは運動用エナジーバーなのか、職場用エナジーバーか、女性用エナジーバーか、栄養バーか、朝食用バーか、プロテインバーか、それともダイエットバーか、その違いが重要なのだ。それぞれのケースごとに、選択基準もブランドの知覚も異なっているはずだ。

サブカテゴリーのエグゼンプラーになる

最大の課題はサブカテゴリーのマネジメントである。境界線を決め、そのサブカテゴリーに結びつく視点と用語をコントロールするのだ。マネジメントの最終目標は、そのサブカテゴリーに対する顧客の知覚と態度と行動に影響を与え、市場におけるサブカテゴリー間の競争に勝つこと、しかも勝ちを収めたサブカテゴリーの中で〝我々のブランド〟が最もレレバントになるようにそれを行うことだ。

この目標を達成する最も優れたやり方は、そのサブカテゴリーの「エグゼンプラー（代表例）」、すなわち、最もよくそのサブカテゴリーを表すブランドとなることである。小型ハイブリッド車といえば、プリウスが一〇年以上このサブカテゴリーを定義している。その他のエグゼンプラーの例として、ジェロ、ゲータレード、V8、グーグル、iPhone、ホールフーズ・マーケット、エンタープライズ・レンタカー、ギーク・スクワッドなどがある。強力なエグゼンプラーの地位を築いたブランドは、そのサブカテゴリーのラベルにもなれる。顧客は〝プリウス〟型の車や〝クリネックス〟タイプのティッシュを買いたいと思うようになる。

ブランドがエグゼンプラーになると、当然ながら最も目立ち、信用されるブランドになる。他の競合ブランドはすべて、そのエグゼンプラーの正当性と優位性を肯定する形でしか自分たちのレレバンスをはっきり示すことができないという微妙な立場に立たされる。

エグゼンプラーの地位を得た企業は、サブカテゴリーのフレームを管理・発展させることができ、競合は防戦一方になる。第7章で指摘したように、ジレット、クライスラー、アップルはみなエグゼンプラーの役目を果たし、新しいモデルや改善、特徴を加えながら自ら先導してサブカテゴリーの定義を発展させたことで、競合がレレバントになることをはるかに困難にしたのである。

では、どうすればブランドはエグゼンプラーになれるのか。いくつかの指針を示す。

第一に、ブランドよりもむしろサブカテゴリー（またはカテゴリー）を推奨することである。そのサブカテゴリーに対する顧客の印象と態度を動かし、顧客の生活におけるそのサブカテゴリーの役割を変えるのだ。ブランド構築時と同じ戦術・技巧をすべて利用する。同時にイノベーションも続ける。立ち止まってはいけない。イノベーションや改善、変化によってサブカテゴリーは動き続け、ブランドはいっそう魅力的になり、エグゼンプラーの役割はより高く評価されるようになる。ディズニーランドはテーマパークのエグゼンプラーだが、常にイノベーションを続けている。ブランドのことは気にしなくていい。サブカテゴリー（またはカテゴリー）が勝てば、ブランドもまた勝つのだから。第7章で解説したビールのアサヒスーパードライは、ドライビールというサブカテゴリーの推奨者であった。そしてそのサブカテゴリーが勝利を収めたとき、アサヒスーパードライも勝利した。

第二に、可能であれば、そのサブカテゴリーを定義する助けとなるよう説明的なラベルを考え出し、そのラベルを管理していく心構えをすることだ。例としては、カーシェアリング（ジップカー）、ファスト・ファッション（ザラ）、高繊維シリアル（ファイバーワン）、ヘルシー・ファストフード・サンドイッチ（サブウェイ）などがある。そして、徹底的にこのラベルを利用し、管理することだ。自社所有できるブランド・キャッチフレーズも似たような役割を果たせる。古典的な例を挙げると、デビアスは「ダイヤモンドは永遠に」というキャッチフレーズによって、ダイヤモンドをその輝きといった機能的便益から、持続する愛の象徴へと再フレーミングしている。また、「お口でとけて、手でとけない」というキャッチフレーズは、M&Mのためのサブカテゴリーを定義する一助となり、そこでほかのチョコレートはレレバントでなくなってしまった。サブカテゴリーの説明は、ささいなことでも左右される可能性があるため注意が必要だ。ある実験において、インターネット・ドメイン名の末尾が“.org”であるために非営利とフレーミングされた企業は、末尾が“.com”のドメインを持つ企業と比べて、優しいものの、競争力には劣ると認知された。[6] ウェブサイトの末尾の使い方一つで、企業のカテゴリーが違うということをはっきりと伝えたのである。

三番目は、経営資源を投入して販売と市場シェアで初期の市場リーダーとなることだ。市場シェアがトップでない限り、エグゼンプラーになることも、その役割を利用することも、困難である。すなわち、ブランドはリスクをとって運用を拡大し、新しい〝マストハブ〟に引きつけられる顧客層を取り込む必要があるということだ。

サブカテゴリーの勝利を確実にする

エグゼンプラーの最終的な任務は、サブカテゴリーを勝たせることだ。最も巧みにそれを行っているブランドがジレットである。二〇〇八年のインドにおいて、ジレットの高級カミソリのサブカテゴリーが立ち向かった相手は、低価格の二枚刃のカミソリだった。市場シェア八〇%という強固な基盤を持ち、何人かいる無精ひげの映画スターを真似して週に一度しかひげを剃らない男性たちに代表される成長中のサブカテゴリーに戦いを挑んだのだ。

突破口となった画期的なアイデアは、ジレットの「インドを剃ろう運動」だった。このサブカテゴリーに対する知覚と態度を変えることを狙った運動だ。[7] 根拠の一つは二〇〇八年にニールセンがインドの女性を対象に行った調査で、七七%の女性が、きれいにひげを剃っている男性のほうが好ましいと答えていた。この運動では、「剃るか剃らないか、インドが投票する」と銘打ったキャンペーンを実施し、ボリウッドの魅力的な女優二人が宣伝役を担い、二〇〇〇人の男性が同時にひげを剃るという世界記録のイベントを行い、さらにソーシャルメディアやインフォマーシャルその他の手段も活用した。キャンペーンに弾みがついたのは二〇一〇年、ジレットが後援した「W.A.L.S.(だらしない無精ひげに反対する女性運動)」で、世論調査や広告、ビデオクリップを通して有名女性たちが無精ひげを糾弾した。

「インドを剃ろう運動」の勢いは確かに助けになったが、やはり新製品が必要だった。とりわけ低価格市場で対抗するための新製品だ。そのような市場環境に食い込むため、ジレットはブランド名を冠したカミソリ〈マッハスリー〉を格段に低コストにした。競争相手である二枚刃のカミソリの五〇倍だったコストを、三倍にまで引き下げたのである。おそらくそれ以上に重要だったのは、その二枚刃のカミソリと等しいコストのカミソリ〈ジレット・ガード〉を開発したことだ。加えてジレットは、都市部の外にいる大多数の利用者に販売できる地方の小売り業者を使う流通戦略を生み出した。

二〇一三年までに、インドで購入されるカミソリの三分の二はジレット・ガードになり、マッハスリーも売上げで五〇〇%程度の増加と好調だ。

ホームランを放ったこのプログラムはその後「キス&テル」キャンペーンとして米国に輸入され、女性が無精ひげを好まないという事実を、実例を挙げて示した。女性一〇〇〇人に対するアンケート調査の結果、三分の一の女性が顔ひげのある男性とのキスを避けることがわかったのだ。キャンペーンの中身としては、ユーチューブのドキュメンタリー映像(キスを語るにふさわしいさまざまな分野の専門家たちが登場)、マイクロサイト(専用サイトkissandtellus.comを設け、カップルがキスについての意見などを投稿できる)、そしてライブイベント(史上最大のひげ剃り教室と、一分間でどれだけ多くキスできるかの挑戦)などであった。

以上のことから次の教訓が得られる。「そちらのブランドよりうちのブランドのほうがいいですよ」式のマーケティングに没頭するのではなく、サブカテゴリーをつくり出して上手に管理し、それを成功させることに集中すれば、巨大な見返りが得られるのである。

第9章のまとめ

ブランドの優れた点を喧伝するのではなく、サブカテゴリーのフレーミングによって競合を排除する、または不利にさせることを考えるべきだ。強力なフレームは顧客の合理的な情報処理を押しのけ、歪めることで、ブランド選択を左右する場合もある。また、サブカテゴリーのエグゼンプラーになることは、そのサブカテゴリーを自社で仕切るための最良の道である。エグゼンプラーになるためには、ブランドではなくそのサブカテゴリーを売り込み、サブカテゴリーのラベルをつくり出して巧みに管理し、市場リーダーとの認識を得ることが必要となる。

第Ⅲ部——【活性】

ブランド優位性

Part III　Bring the Brand to Life

第10章

ブランド構築の着想をどこから得るか

Where Do Brand-Building Ideas Come From?

「優れた着想を得る最良の方法は、多くの選択肢の中から選ぶことだ」

――リーナス・ポーリング

ブランド構築において、予算規模をめぐる攻防をよく目にするが、それより何倍も重要なのは、アイデアとプログラムの中身である。この主張を裏づける逸話や事実には事欠かない。そうした証拠から導き出される結論の一つは、本当に効果的なブランド構築構想を見つけることに経営資源を注ぐべき、ということだ。もう一つは、効果的なテストと検証のシステムを導入することで、素晴らしい構想を見つけ、改良していくべき、ということだ。三つ目として、有力なアイデアを見つけて育てたときは、それを放置せず、常に新鮮な状態で身近に置いておくことだ（プログラムの継続性に関しては第13章を参照）。

ブランド構築のための創造的な着想は、あらゆる場所から得ることが可能だ。とはいえ、それらを見つける際に役立つと証明されてきた、一定の手法と観点がある。なかでも役立つのは以下の項目だ。それぞれを詳細に解説する。

- 外部のロールモデル
- ブランド・タッチポイント（顧客接点）
- 顧客の動機と未対応のニーズ
- 好機を素早く見極めること
- 既存の資産の活用
- 顧客のスイートスポット（真芯）

外部のロールモデル

ブランドやマーケティングに関するどのような問題であろうと、私が指針を求められた場合はたいてい、次のように答える。間違いなく役に立つ手法を知っていますよ――。似たような問題を見事に解決した組織を見つけ出し、彼らがしたことをとり入れるのだ。そして、そのような組織を探す際は、自社と似た組織に限定しないこと。より広い範囲から探す心構えで臨むのだ。

この場合、最終目標はコア・ブランド・ビジョン・エレメントを実現させることだ。例えばあなたのブランドが目指すのは、親しみやすく、持続可能で、グローバルなシステム・ソリューション・サプライヤーだと知覚されることかもしれない。何であれ、幅広い分野の製品カテゴリーを調査し、同じ、または似たような特徴のコア・ブランド・ビジョンを持つ一連のブランドを見つけ出す。いくつかの基本的な設問がこの調査の指針となるはずだ。自社が得たいと望んでいる知覚をすでに得ていると感服できるブランドはどれか。そうしたブランドの中で、自社が表現に苦労しているブランド・ビジョン・エレメントを最も見事に演出しているブランドはどれか。自社のビジョンを伝えるのに最も効果的なのはどの演出だろうか。

外部のロールモデルが定まったら、次のステップは、そのロールモデルからできる限り多く学ぶことだ。いかにしてそのような知覚を得たのか。いかにして正当性と信頼性を高めたのか。そのブランドのストーリーはどのようなものか。それを実証するための具体例は。組織の文化は。どのようなブランド構築プログラムによって、競合ひしめく競争環境の中から際立つことができたのか。そうしたプログラムのいずれかを自社用に修正してブランド・ビジョンの促進に利用できないか――。これらを学ぶ過程は、創造的思考の本質とも言える。多くのアイデアを収集できるよう、なるべくさまざまな視点（多様であればあるほどよい）に立ち、その後でアイデアを改良・選別する作業をすればよい。

例えば、イノベーションをコア・ブランド・ビジョン・エレメントとする企業には、３M、プロクター・アンド・ギャンブル（P&G）、ロレアル、アップル、キャタピラー、ウィリアムズ・ソノマなどがある。それぞれがお互いから何を学べるだろうか。彼らのイメージアップに効果的だったドライバーを、他のブランド環境に適用するにはどうすればいいか。ロールモデルを見つけることは、ほぼ間違いなく新鮮な思考と知見をもたらす。

多種多様な金融サービスを提供するリテール銀行で、信頼される助言者の役割を担いたいと切望しているなら、ホーム・デポをロールモデルとして見るのもいいだろう。ホーム・デポはバラエティに富んだ商品を扱っており、親しみやすく気さくな印象を与え、知識と実力で顧客の役に立っている。顧客は尊大な態度をとらない相手から専門的な助けを得られる。ホーム・デポのような観点に立って前述のリテール銀行のビジョンを考え出せば、そのビジョンはより鮮明になる。別の銀行は、多様な金融サービスを提供する能力があるチームを顧客に届けることを目指しているとしよう。その場合は広告エージェンシーのヤング・アンド・ルビカム（Y&R）がロールモデルになるかもしれない。同社は顧客を中心に多機能な仮想チームを組むことでコミュニケーション・サービスを提供している。

自社の戦略とぴったり重なる外部ロールモデルを見つけることだけでなく、「行きすぎた」または「足りない」ロールモデルによって境界線を探ることもまた役に立つ。ある百貨店は、専門店との競争に勝つためには熱気が足りないと感じていた。だが問題は、どの程度の熱気が自社に必要なのか、であった。

そこで小売業界の分析を行い、小売ブランドを熱気のレベルで色分けしてみた。「退屈」（セブン-イレブン、CVS）から「快適」（メイシーズ、ピザハット）、「満足」（サックス・フィフス・アベニュー、ユニクロ）、「興奮」（イン・アンド・アウト・バーガー、アーバン・アウトフィッターズ）、「驚き」（ナイキタウン、ヴィクトリアズ・シークレット）まで――。この観点から見た結果、その百貨店には「興奮」が適切なレベルらしいとわかった。とはいえ、すべてのレベルのロールモデルが何らかの気づきを与えてくれた。このようにロールモデルをレベルごとに分類してみることは、プログラムを企画立案するときに実に役立つ。いわば、スポーツ用品売り場で各商品に手を触れて使ってみたり、洋服売り場で本当に人が身につけて服のひらめく様を見せてもらったりするのと似たようなものだ。

ブランド・タッチポイント(顧客接点)

ブランド経験は、顧客関係の原点である。快適で、期待を上回り、そのブランドにふさわしい経験でなければならない。さらに、顧客をしてそのポジティブな経験を他人に話したいと思わせる必要さえある。イライラさせたり期待を裏切ったりするような経験であってはならない。もちろん、ネガティブな出来事として他人に話したくなるような経験であってもならない。卓越したブランド経験は、価値提案を差別化するための一因となることもある。ステイプルズはそうだった。店舗経験を「気楽な」ものにすることで、店内の多くのタッチポイント(顧客接点)に影響を与えた。

自社市場で誰かが自社ブランドとやりとりするときは常にブランド・タッチポイントが発生し、それがブランド経験を生み出す。すべてのタッチポイントは異なる影響力を持ち、実行時の弱点も、コスト構造も、それぞれ違う。次の五段階のプロセスに従えば、各タッチポイントに優先順位をつけ、改善していくことができる。[1]

1.既存のタッチポイントおよびタッチポイント候補をすべて見つけ出す：組織が管理しているタッチポイントもあるが、小売業者やソーシャルメディアといった、組織とは違う主体がタッチポイントを運営する場合もある。新たに加えてもいいタッチポイント候補を検討することも忘れないように。

2.タッチポイント経験を評価する：社内の要求水準に達していないタッチポイントはどれか。そこでの経験を改善する、もしくは必要な新しいタッチポイント経験を追加するためには、投入する経営資源とプログラムをどのように変える必要があるのか。その結果、理想的なタッチポイント経験にどれほど近づくことになるか——。また、すべての顧客セグメントを考えに入れることも忘れてはならない。ジフィー・ルーブ（自動車のメンテナンス・サービス）でのタッチポイント経験は、男性向けに男性が設計した。しかし顧客の七〇%は女性だった。女性はこのブランド・タッチポイントについて男性とは異なる感想を持ったのである。

3.各タッチポイントが顧客の意思決定と態度にどれほどの影響力を持つか割り出す：今後のブランドと顧客との関係に影響を与える、本当に重要なタッチポイントはどれか。

4.優先順位をつける：優先順位の高いタッチポイントとは、不十分なタッチポイント経験しか与えられず、顧客経験への影響度が高く、問題修正の費用対効果が高いようなタッチポイントであろう。

5.行動計画を策定する：優先順位の高いタッチポイント用に、タッチポイント経験を変えるための計画を練る。この変更計画の責任者は誰で、改善度合いをどのように測るかも定める。

前記1から3までの段階は、ＲＥＴ（リアルタイム・エクスペリエンス・トラッキング）を使うことで円滑に進められる。ＲＥＴとは、調査参加者に（スマートフォン等で使う）専用アプリを持たせて、ブランドとのタッチポイント経験が発生するたびにその場でその経験を記録・評価してもらう仕組みだ。記録・評価は次の四つの質問に答えることで行う。①少数のブランド名が記載されたリストの中から自分が関与したブランドを選ぶ、②事前に渡されたリストの中から自分が経験したタッチポイントを選ぶ、③そのタッチポイント経験によってどれほど好感を持ったか、④その経験によって、次回もそのブランドを選ぶ可能性がどれほど高まったか[2]――。ＲＥＴを使えば、人々をつけ回すことも、彼らの記憶に頼ることもなく、タッチポイントとその影響力を定量化できる。

タッチポイントではなくコースで考える

すべてのタッチポイントごとにブランド経験を改善していくのは一つのやり方だ。しかし、より大きな捉え方としてコースで考えることもできる。コースとは、顧客を動かす動機となったタスクや課題、問題などに応じて決まる一連のタッチポイントの組み合わせのことだ[3]。例えば、顧客はある製品・サービスについての情報を得る必要があるかもしれない。あるサービスを受け始めたり、変更したりする必要があるかもしれない。または、技術的問題を解決してほしいのかもしれない。それぞれのケースに応じて、複数のタッチポイントが関わってくるだろう。おそらくそれらは複数の部署にまたがっているだろう。

コースという視点を持てば、目標はそのコース全体をシンプルで簡単、かつ、理解しやすく効率的なものにすることとなる。個別のタッチポイントの経験を改善するのではなく、コース内のタッチポイントを削除したり、複数を一つに統合したりすることもあるだろう。あるタッチポイントから次のタッチポイントへと仕事を引き渡したほうがよいケースも出てくるだろう。もしくは、顧客が抱く不満の根本原因を精査した結果、一つのコースを丸ごと組み直したり、削除したりすることもあるかもしれない。前述した五段階のプロセスは、タッチポイントのレベルでなくコースのレベルで考えれば、変わらずに役立つだろう。

顧客の動機と未対応のニーズ

顧客と潜在顧客、そして彼らの製品・サービスの使い方はアイデアの源泉となり得る。それらを掘り起こす最も直接的な方法は、顧客に動機や問題点、未対応のニーズが何かを聞いて特定することだ。結果的に自社ではなかなか気づけないような鋭い答えが得られ、新しいブランド構築プログラムのきっかけとなるかもしれない。車の購入時に顧客が感じる問題点がきっかけとなり、レクサスはより協力的で情報を出し惜しみしない購入経験を生み出すに至った。ベスト・バイは、顧客が家庭用娯楽システムやコンピュータ・システムを設置・利用する手助けをするギーク・スクワッドを考案したが、これは顧客の不満に応えるためだった。

とはいえ、知見をもたらすことが顧客にできない、または、それを望まない場合もあろう。ヘンリー・フォードが述べたとされる次の言葉は有名である。もし輸送に関する未対応のニーズは何かと顧客に聞けば、彼らは「もっと速い馬を」と答えたことだろう――。また、時に顧客は自分がうわべだけで購入判断したと認めたくないため、機能面だけを基準に買ったのだと不正確な主張をするかもしれない。

この問題に対処するための調査手法の一つは、文化人類学的調査である。顧客と「一緒に生活」して、ブランドを購入・使用する様子を観察することで、彼らの習慣や手順、悩みを学ぶやり方だ。P&Gはこの種の調査に力を注ぎ、メキシコの低所得者層の家族と「一緒に生活」させるため、自社のマーケッターを送り込んだ。[4]そしてP&Gのマーケッターは次のことを発見した。人々は衣服を清潔にしておくことを重視している。洗濯には多大な時間がかかる。九〇%の家庭で柔軟剤を使っている。すすぎ（リンス）は数回行っている。水不足が深刻な問題である――。この調査結果からP&Gは〈ダウニー・シングル・リンス〉を開発した。水不足に対処するだけでなく、洗濯時間の短縮にも対応し、大ヒットとなった。

この文化人類学的手法は企業向けビジネスにおいても役立つ。金融情報企業のトムソンは、自社のデータが使われる瞬間の前後三分間を分析した。[5]そして、顧客が自分でそのデータをスプレッドシートに入力していることが判明し、その作業を省くサービスを開発できると気づいた。そうすれば価値提案を改善できる。こうした調査は時間がかかるが、スマートフォンを使って即時にオンラインで調査参加者の考えと経験を記録・コメントしてもらうことにより、効率を上げることは可能だろう。

ブランド・チームは、まったく顧客に接触せずに、顧客の動機と未対応のニーズについて結論を下すこともできる。顧客の置かれた環境を分析し、どうすればそれを改善できるか自分たちで判断するのである。アップルの顧客は、熱意ときれいなレイアウトとジーニアス・バーのある、考え抜かれたアップルストアで製品を買うという選択肢を、事前に想像すらできなかったに違いない。それでもスティーブ・ジョブズは、そのような店舗があればアップル・ブランドの真髄を示すことができ、顧客にも喜ばれるだろうと洞察したのである。

好機を素早く見極めること

ブランド構築に最も優れた者は、好機を素早く見極める。二〇〇九年の北米国際自動車ショーで、誰もが切望するカー・オブ・ザ・イヤーをヒュンダイが授賞したとき、同社は（説得のための具体例を示して）高性能の真実味を高め、スタイリングを語るストーリーも用意することで、この授賞を巧みに利用することができた。この種のチャンスを大いに活用するためには、ブランド構築チームは機転が利き、柔軟であることが必要だ。

韓国は二〇一一年、大統領主導で自国のブランド構築構想に取り組み、高官レベルのブランド構築委員会がこれを取り仕切った。この委員会は、ともすればスローガンやビジュアル面、地域イベント、そして控え目な広告宣伝を重視しがちだった（一人の委員は私に対し、適切なスローガンを見つければ成功は後からついてくると言った）。私は、そういったやり方ではなく、出来事、企業、および人を利用するべきだという考えだった。例えば二〇〇二年に、韓国はサッカーのワールドカップ開催地だった。こうした出来事を韓国ブランドの強化に利用すべきである。毎年韓国が主催している「コリアン・ナレッジ・フォーラム」には世界中から思想家が集まる。前述の委員会はその機会を生かし、どうにかして自分たちのストーリーをそのイベントにからめて語る方法を探るべきだろう。そうすれば注目度と影響力は巨大である。また、韓国人の女性ゴルファー、リュー・ソヨンが全米女子オープンで優勝したようなときに、優勝の瞬間とその後のメディア対応などをこなす助言者としてコーチ役を送り込み、間違いなく彼女が韓国出身であることを自分のエピソードの一部として語るように仕向ければ、かかるコストはどのような広告宣伝と比べても数分の一であり、見返りは十分に得られるだろう。

既存の資産の活用

ブランド構築プログラムは、なにも一から築き上げる必要はなく、既存の資産を土台にして築くことが可能だ。

話を韓国の例に戻そう――。ブランド構築委員会では、広告宣伝費やイベント費として使える予算は控え目になりそうだ。一方で、サムスンとヒュンダイは米国のメディア広告だけで一五億ドルをゆうに超える広告費をかけ、グローバルなマーケティング予算で見ればその何倍にもなるだろう。仮にその予算のほんの一部でも、韓国ブランドの課題を前進させるために割けるとすれば、あらゆる政府委員会の取り組みなどちっぽけに見えるほどの影響力を持つことだろう。実のところ、一国のイメージを大きく左右するのは、その国で最大級の企業のイメージなのだ。シンガポール航空がシンガポールの印象に、メルセデスがドイツの印象に及ぼす影響の大きさを考えてみてほしい。

もう一つの資産は、すでに定着しているシンボルだ。国ならば、ビルバオのグッゲンハイム美術館、エジンバラ城、ネパールの山歩き。ブランドならば、ウェルズ・ファーゴの駅馬車、バドワイザーのクライズデール（馬の種類）、ディズニーのキャラクター、ベティ・クロッカー（架空の家事アドバイザー）、などなど——。象徴となるシンボルがあるなら、特にそれ自体がブランド・ストーリーを語るシンボルであるならなおさら、利用しない手はない。

顧客のスイートスポット（真芯）

ブランド構築とは、要するにブランドとそのビジョンを顧客に伝えることである。前記の手法とはまったく異なる一つのやり方は、顧客が興味を抱いている分野、または情熱さえ注いでいるような分野において、ブランドを顧客の積極的なパートナーにさせるのである。第11章において、このやり方が効果的になり得る理由と実際の導入方法について考察する。

それ以外の手法

ここまでに紹介した六つの手法はうまくいく。ほとんど保証付きと言っていい。だが、それ以外にも役立つ可能性のある手法は数多く存在する。以下に一部を示す。

- 特定のブランド構築の競争領域で勝つことを目標に、創造的思考の訓練手法を利用する。創造的思考の訓練時間を効果的なものにするためには、明確な目標を定め、アイデアの発案・改善プロセスの最中にはいっさい評価をせず、水平思考を導入するとよい（普段とは違った、時に風変わりでさえあるような基準点からプロセスを始める）。一般に、新たな視点を得るためにフィールド調査に出かけるなど、ルーチンワークから外れたほうが創造性を発揮しやすくなる。
- 顧客の経験、社員の活動、または創業期のエピソードなどのストーリーを見つけ、活用する。例えば、電球、輸送、電力、医療機器など一連のイノベーションを土台に、トーマス・エジソンがいかにして一八九〇年にゼネラル・エレクトリック（GE）を創業したかというストーリーは、今日のGEを生き生きとさせる。どのようなメッセージであれ、それをなるべく鮮明に、由緒正しく、記憶に残りやすいものにすることで、ストーリーは効果を発揮する。ストーリーの持つ力については、第14章で社内向けブランディングの観点から取り上げる。もちろん、その話は外部に向けたブランド構築についても適用できる。

- アイデアを提案する権限を組織内のすべての部署に与える。素晴らしいブランド・アイデアは、他の国から生まれるかもしれないし、同じブランドを冠した他の製品種目、デジタル・チーム、後援活動といった場所から生まれることもある。パンテーンの「健康的に輝く髪」は台湾で生まれ、ネスレのアイスクリーム・スナック〈ディブス〉は米国で生まれ、リーバイスのブランド〈ドッカーズ〉は南アメリカで生まれた。カギとなるのは、アイデアを出すよう刺激を与えるだけにとどまらず、傑出したアイデアがあれば急いでそれを試し、活用し、拡張することだ。サイロ問題を扱う第20章で、この点は詳しく掘り下げる。
- クラウドソーシングを利用する。多数あるクラウドソーシング・サイトの一つに課題を投げかけてみる。例えば、狙いどおりの客層を魅了するような販促活動またはイベントの企画を練る、といった課題だ。望ましい結果を得るための秘訣としては、課題の概要説明を十分明確にする、参加しようと思える魅力的なインセンティブを用意する、上がってきた企画を評価する方法を確立する、などがある。
- 競合の弱点を調べる。潜在的な「買わない理由」であってもいい。それらを自社ブランドとともにポジショニングしてみるのだ。クリフバーの〈ルナ〉（初めての女性用エナジーバー）に対抗して、パワーバーが〈プリア〉を開発したとき、プリアはルナよりもさらに小さくてカロリーも控え目で、味と口当たりもルナとは違い、よりおいしいと伝えることができた。
- 新しく登場した使い方や市場セグメントを吟味する。というのも、成長への経路だけでなく、ブランドを再活性化する道も示してくれるかもしれないからだ。アームアンドハンマーの重曹が冷蔵庫の消臭剤として使えるという古典的な発見を思い出してほしい。この発見はブランドを永久に変えることになった。

- 改良、改良、また改良。素晴らしいブランド構築プログラムは、初めから磨き上げられた最終形で登場するわけではない。むしろ、可能性を秘めたアイデアを、時間をかけて磨き上げて、最終的に素晴らしいアイデアとなるまで変化・改善させることが必要だ。さらにそれを実施する際にも、通常は何度にもわたってテストと修正を繰り返す段階が必要になろう。

第10章のまとめ

ブランド構築予算を使い切るだけで仕事をしたつもりになってはならない。そうではなく、画期的なアイデアを追い求めるのだ。あらゆる場所から着想が生まれる可能性はある。しかし、アイデアが生まれやすくなるための手法とプロセスは多数ある。外部のロールモデルを探す、ブランド・タッチポイントを分析する、顧客の動機や未対応のニーズを見つけ出す、既存の資産を活用する、好機を素早く見極める、などだ。これらと同様に重要なのは、ブランド・ビジョンを後押しする投資を積極的に行う姿勢、そのビジョンを実現しようという意欲、〝偉大な〟ブランド構築アイデアを生み出そうという大志である。

第11章

顧客のスイートスポットに注目する[1]

Focus on Customer's Sweet Spots

「川に対して流れるなと言っても無駄だ。
最良の道は、川の流れに沿って泳ぐ術を身につけることである」
――作者不詳

マーケティング戦略を策定するとき、本能的にこう問いかけたくなる。どうすればこの製品・サービスとブランド、そして自社を前進させることができるのか。知名度を高めるには、ブランド連想を強化するには、顧客ロイヤルティを増すには、どうすればいいのか――。このような姿勢を後押ししているのは、一つに財務実績の目標値、もう一つは、顧客は合理的であり、製品・サービスに関する情報を知り、それに基づいて行動したいと考えるだろうという思い込みである。問題は、このような製品・サービス中心のブランド構築とマーケティングはたいがい効果がないことだ。その理由は、顧客を巻き込まないからである。とりわけその製品・サービスが顧客のライフスタイルと重要な関係を持たない、ほとんど接点がない、または、切り離されているといった場合はなおさらである。活発なコミュニティを生み出すことを狙ったデジタル戦略などで、まさにこのとおりのことが起きる。

違うやり方がある。顧客の「スイートスポット（真芯）」を探し出し、「共通利害」を生むアイデアやプログラムを見つけることで、自社ブランドとそのスイートスポットを結びつけるのだ。スイートスポットは、それがニューヨーク市の危険な楽しみ方だろうと、健康的生活やロッククライミング、持続可能性、はたまた大学のフットボール・チームであろうと、何であれ顧客にとって大切であり、顧客を巻き込むものに関係していなければならない。それについて話したい、と顧客に思わせるものである。理想的には、顧客のアイデンティティとライフスタイルの、中核とまではいかなくとも一部であるのが望ましい。そして（または）顧客がこうありたいと望む、人生のより高い目標を象徴することが望ましい。

顧客と「共通利害」を生むプログラムは、製品・サービスもしくはブランドの周辺でつくり出すことができよう。とりわけテスラやＸｂｏｘといった、顧客が検討を重ねたうえで購入する製品だとそれが可能である公算が高い。とはいえ、ほとんどのブランドや企業の場合、製品・サービスが潜在顧客まで含めて誰のスイートスポットにも関係ないことが大半だ。その場合、顧客の真のスイートスポットに実際に結びつくイベント、活動、興味分野、主義などを、生み出すか見つける必要がある。それは顧客の共感を呼び、競合ひしめく競争環境の中で際立ち、それを中心にしてお互いに連動する一連のブランド構築プログラムが開発できるようなハブとなるものでなければならない。以下ではパンパースとコカ・コーラ、およびダヴの「本当の美しさ」キャンペーンの実例を紹介するので参考にしてほしい。

パンパースは〈パンパースビレッジ〉というウェブサイトを〃所有〃することにより、単なるオムツを超える存在となった。このサイトは、赤ちゃんや幼児の育児に関するあらゆるテーマについて参考情報を提供し、毎月六〇万人を超えるユニーク・ビジターを集めている。七つの大項目（妊娠、新生児、赤ちゃんの発達、よちよち歩きの時期、プレスクール、自分、家族）の下にはさらに多くの小項目が用意されており、例えば「赤ちゃんの発達」の下には五七本の記事と二三〇のフォーラム、二三の遊びながら学ぶアクティビティがある。このサイトのオンライン・コミュニティのおかげで、ママやもうすぐママになる人々が互いにつながり、健康で幸せな子どもを育てる方法について、みんなの経験と考えを共有することができる。このプログラムがはっきりと示しているのは、パンパースが母親のことを理解しており、ブランドと母親との間に、場合によってはその母親が紙オムツを買う人生の一時期ずっと続くかもしれない関係を築くべく努力をしているということだ。

コカ・コーラは、水資源保護や炭酸ガス排出削減、シロクマ保護などの大がかりな自然保護活動に取り組む世界自然保護基金（ＷＷＦ）のパートナーとなることで、大いなる目標を世間に知らしめた。コカ・コーラの目立った貢献の一つは、調査研究（顧客は募金することで北極の仮想の土地を一区画手に入れ、そこからシロクマを観察できる）やプロモーションによってシロクマに世間の関心を集める取り組みだ。プロモーションというのは例えば友達にコカ・コーラを一本プレゼントできる〈北極の元気ドリンク〉などだ。三五〇〇万の「いいね！」を集めたコカ・コーラのフェイスブック・ページも、このキャンペーンと連動している。フェイスブックのコミュニティは、好感と熱意、そして顧客の関わりをコカ・コーラに提供している。WWFとのパートナーシップは、コカ・コーラにとって大切である一部の顧客層の共感を呼んだ。その層はおそらく、「コカ・コーラの幸せ」をテーマにした一連の愉快なコマーシャル映像に反応した顧客層とは異なる人々だろう。

ダヴによる「本当の美しさ」のためのキャンペーン

ダヴによる「本当の美しさ」のためのキャンペーンが生まれたのは二〇〇四年、ブラジルでオグルヴィ・アンド・メイザーが考案した。その狙いは、女性たちに自分が本当の美しさを持っていること——それは、若くてモデルのようにスリムな体型と過剰な化粧に基づく美とは違う、と気づいてもらうことだった。最終目標は、女性への見方および女性自身の自己評価のしかたを根本的に変えることにあった。キャンペーンの第一弾となった広告では、〝理想〟の女性よりは年配だったり、太めだったりするかもしれないが、それでも美しさを発揮している一般の女性たちが登場した。大型の広告看板を使ったこの広告は通行人に参加を呼びかけ、広告に登場するそれぞれの女性について「太い？・それとも、きれい？・」、もしくは「小じわが目立つ？　それとも、素敵？・」などの選択肢に投票してもらい、刻々と変動する投票結果が見えるようにした。

このキャンペーンの別バージョンでは、犯罪捜査用に使う似顔絵の専門家が何人かの女性の似顔絵を描いた。最初は、それぞれの女性が自分の顔を自分で説明し、その説明だけに頼って似顔絵を描いた（専門家は女性の顔を見ていない）。次に、今度はそれぞれの女性を初めて見る赤の他人がその女性の顔を見ながら専門家に説明し、それに基づいてもう一つの似顔絵を描いた。こうしてできた二枚の自分の似顔絵を並べて見比べ、モデルとなった女性は気づく。自分が思っている自分の姿より、赤の他人が説明した自分の姿のほうがはるかに美しいと――。このキャンペーンに使われたキャッチフレーズは「あなたは自分で思っているより美しい」。このシリーズの最初の二本となった三分間の広告映像「ダヴ・リアルビューティー・スケッチ」は、ユーチューブに投稿されてから二週間で、それぞれが三五〇〇万人以上の視聴者を得た。

「本当の美しさ」キャンペーンには、少女を主要なターゲットとした継続的なプログラムもある。ダヴは米国のガールスカウトと手を組み、一〇歳からティーンエイジャーの少女向けに自尊心とリーダーシップを育てるための学習プランを推進した。「誰とも違う私！」や「あなたの物語を聞かせて！」といったプログラムである。また、毎年開催される「ダヴ　自尊心の週末」の目的は、少女の母親やメンター役自らが、自分の人生にとっての美しさや自信、自尊心について少女と話し合うよう勧めることにある。議論の手助けとなる材料も提供している。

「本当の美しさ」キャンペーンは、いくつかの次元で人々の心に響いた。まず、顧客基盤が深い関心を持つテーマ、すなわち、自分の外見と自尊心、とのつながりをダヴにもたらした。加えて、少女たちの自信のなさと自尊心という問題に対処したが、この問題は顧客にとっても身に覚えがあり、共感できたことだろう。キャンペーンは複数の心の琴線に触れ、和音を奏でたのである。ブランドに大いなる目標を与え、顧客との共通利害をもたらしたのである。

このキャンペーンのいくつかの取り組みについて、もし同程度のインパクトを主要メディアへの広告で生み出すとしたらいくらかかるか試算したところ、三〇倍の費用がかかるとされた。このキャンペーン広告の一つである「進化」は、〝人工的なモデルの外見〟をつくり出すため、裏ではどれほどの手間をかけているか見せる内容であるが、複数の広告賞を受けた結果、費用ゼロで多くの人の目にさらされ、その効果は一億五〇〇〇万ドルを超える価値があったと見られている。このキャンペーンのおかげで劇的に売上げが増えたという逸話には事欠かず、ダヴの取り組みを知った人は、ダヴ製品を使ったり他人に勧める確率が高まったりするという調査結果も複数ある。しかし、このキャンペーンの影響力を示す最大の証拠は、三〇億ドルを超えると推計される巨大な事業基盤を生み出したことだ。

このダヴ・ブランドの成功は偶然ではない。美しさのとらえ方とダヴ製品に関して女性が直面する問題を理解するために多彩な手法をとり入れ、調査研究に基づいて成功を生み出したのだ。顧客調査を補完するために、専門家による指導も受けている。例えば「ダヴ自尊心プログラム」には、一一人の委員からなるグローバル諮問委員会が設置されている。また、世界中から創造的思考が生まれるよう刺激を与え、そうして生まれたアイデアを拾い上げ、その後に最良のアイデアを形にして市場にもたらす能力と意欲もある。ほとんどの企業にとって、アイデアを表面化させ、その結果として成功を収めるというのは、放っておいて自然にできることではない。ダヴの取り組みは特筆に値する。

顧客主導型のスイートスポット・プログラムがもたらすもの

ほとんどのブランドで、製品・サービスに基づく顧客関係は機能的便益が推進役となり、その関係は比較的浅くて脆いものとなる。一方、顧客のスイートスポットと結びつくことで、はるかに豊かな顧客関係への道が開ける。具体的には、スイートスポット・プログラムで以下のことを実現できる可能性がある。

ブランドへの熱気と興味を生む

世界中のブランドにとって一つの大きな課題は、人々の熱気と注目を生み出すことだ。例えばエイボンの場合、製品ラインナップは熱気の源泉にはならない。しかし「乳がんのためのエイボン・ウォーク」は、人々を巻き込み、狙った顧客層が強い感情を持つ分野とのつながりを生み、エイボン・ブランドに大いなる目標を付加する。二〇年間で数百万人の女性が直接・間接に関与し、このプログラムががん研究のために六億ドルを超える資金を集めたことを誇りに思っている。まさにこれが熱気である。

ホットドッグをつくる会社が熱気を製造するのは難しい。しかし、子どもにとって大きな意味のあるイベントやパーティーを重視し、オスカーメイヤーのウィンナーモービル（ソーセージの形をした宣伝用の愉快な車）のようなものを用意し、ジングルコンテスト（テーマ曲のコンテスト）を開催すれば、本物の熱気を生み出せる。ホットドッグに関するイノベーションをどれほど重ねたところで、この種の熱気には及びもしないだろう。

ブランドへの好感度と信頼性を高める

ブランドを顧客のスイートスポットに結びつければ、「そのブランドよりうちのブランドのほうがいいですよ」と大声で叫ぶ企業たちの雑音が届かないほど、はるか上空にまで自社ブランドを高めることになる。顧客と共通利害を持つ分野が生じたことで、顧客がその分野に対して抱く前向きの感情を、結果的にブランドに対しても抱くようになる可能性がある。人は、自分と共通の利害を持つ好ましいブランドに対しては、あらゆる種類のよい特徴を見出すものだからだ。

業務用高級厨房機器メーカーのホバートは、優れた社員の発見・訓練・雇用維持や、食品の安全な保管、魅惑的な外食経験の提供、コスト削減、内部盗難による在庫減の発生防止、といったテーマに関する思想的リーダーとなり、情報の発信源となった。「優れた機器と優れた助言」を提供する会社になったのである。このプログラムは同ブランドに対する認識と態度に影響を与え、ホバートを指導的な地位に就かせる推進力となった。同社はのちに、より大きな企業に買収されてその一部となるまで、優に一〇年以上は業界リーダーを続けた。

前向きで人を巻き込む共通利害のプログラムは、ブランド・イメージの向上をもたらすだろうとの仮説は、ハロー効果によっても裏づけられる。ハロー効果とは、一九三〇年代に心理学者のエドワード・ソーンダイクが見つけたもので、ある人の魅力的な性質が、その人のその他の性質に対する認識にどのような影響を及ぼすかを調べる中で初めて究明された。ハロー効果をブランドやマーケティングに適用すれば、あるブランド連想は他のブランド連想の認識に影響を与えるのではないか、ということになる。これは、有名人のエンドーサーがプラス効果をもたらすことや、効果的なブランド拡張がなぜブランド・イメージを向上させるのか、そしてブランドが共通利害に誠実に関わることでなぜそのブランドの好感度とイメージが向上するのか、といった理由を説明する一助となる。人は、自分と同じ価値観と興味を共有する主体を、好意的に認識する傾向があるのだ。

友人か同僚、またはメンターのようなブランド関係を築く

スイートスポット・プログラムがあることで、友人か同僚、またはメンターになぞらえた関係を適用できる見込みが高まる。[2] 教師向けに特化した自動車・住宅保険のカリフォルニア・カジュアルティは、職員室を改善する必要性を十分に説明できる学校に対し、その費用として七五〇〇ドルを提供する「職員室改装プログラム」を用意している。こうした平凡ながらも大切な問題に関心を持つのは友人だけだろう。また、カリフォルニア・カジュアルティは同僚としての行動もしている。ティーンエイジャーが携帯電話を使用しながら不注意運転する問題に対処することを目的として、学校内での教育的参加型プログラムを実施するＩＭＰＡＫＴという組織を後援し、パートナーになっているのだ。最後に、ブランドはメンターのようにもなれる。例えばゼネラル・

ミルズは、グルテンフリーの（麩質を摂取しない）生活への関心を自社のウェブサイト（GlutenFreely.com）で人々と共有しており、グルテン問題に関わるコミュニティを助言と励ましで支援する立場にいる。

ソーシャルネットワークを活性化する

ソーシャルメディア疲れが指摘されるこの時代、活発な社交活動は日に日に実現が困難になっているが、スイートスポット・プログラムによって結びついた社交コミュニティは、活発な社交活動となる可能性を持つことが多い。パンパースビレッジが扱う育児や、ハーレーダビッドソンのサイトが扱うオートバイの旅のように、人が情熱を注ぎ込める何かに焦点を絞れば、利用者は情報を得るため、または自分の経験と考えを伝えるため、わざわざそこで交流しようという動機を得る。スイートスポット・プログラムは、社交を活性化させる主要な要因を刺激するのだ。その要因とは、内容による参画（非常に魅力的または有用な情報を得たい、または広めたい）、自分自身のための参画（注目を得たい、知識を示したい）、または、その他の理由による参画（コミュニティに帰属したい、他人を助けたい）である。

次の段階に進むために

共通利害のプログラム（**図4**参照）で成果を上げるためには、まず顧客のスイートスポットを突き止め、次にそれと結びつくためのプログラムを探し出す、または生み出す必要がある。それ

図4｜共通利害プログラム

共通利害を見つける

- 製品・サービスは不可欠の要素
- 自然なつながりのフィット感
- ブランドと切り離し、支援するだけのモデル

プログラムを策定する

外部の既存の共通利害プログラム

- そのプログラムは強力か？
- プログラムとブランドはリンクできるか？

社内の新規の共通利害プログラム

- 市場にニーズはあるか？
- 自社で実現可能か？
- プログラムに駆動力が得られるか？
- 十分な利用者はいるか？
- プログラムとブランドはリンクできるか？

ぞれの段階において、かなりの不確実性と困難がある。

相手を巻き込む共通利害を突き止める

最初の難題は、顧客を深く理解して複数のスイートスポット候補を見つけることだ。充実した時間は何をして過ごしているのか。どんな活動を楽しんでいるのか。自分の個性とライフスタイルを反映する、大事な所有物はどんなものか。よく話題にするテーマは何か。どんな問題に心を奪われているのか。はっきりとした意見を持つのはどの分野か。価値観と信念は何か。大いなる目標は何か――。

手に取るように顧客のことを理解することで、正しい共通利害プログラムの発見に至る高速道路への入り口が三つ得られる。

1　製品・サービスは不可欠の要素

第一の入り口は、ブランドをスイートスポット・プログラムと一体化し、資産と実質的な中身で貢献する全面的パートナーになれるかどうか決めることだ。例えば医療組織のカイザー・パーマネンテは、自分たちのブランドの位置づけを、医療中心（官僚的、病気というイメージにつながる）から、健康的なライフスタイルへの共通利害（自己管理と健康増進）へと変えた。共通利害プログラムとしては、参加者が自分の健康を自己管理するために多種多様な予防措置計画に取り組み、それら計画への参加・進捗の様子を記録してチェックするための「マイ・ヘルスマネジャー」も利用できる仕組みなどがある。予防措置の分野は、体重管理、ストレス管理、不眠、喫煙問題、健康的な食事、およびその他と多彩だ。こうしたプログラムは、それぞれが独自の重点分野と目的を持っており、それは優しい看護スタッフと清潔で効率的な病院を売り込むという目的とはまったく違っている。

2 自然なつながりのフィット感

第二の入り口は、ブランドと自然なつながりを持つスイートスポットを基盤にすることだ。ブランドとつなげることができる基盤は多数ある。例えば、ライフスタイル（ジップカーと都会的ライフスタイル）、製品の使い方（ハーレーダビッドソンとバイクのツーリング）、活動（アディダス・ストリートボール・チャレンジ――地元で開催される三人チームによるバスケットボール大会で、音楽やダンスなどを楽しむ週末のパーティーの一部として行われる）、ターゲット顧客（パンパースと赤ちゃんの世話）、国（ヒュンダイは、韓国料理を広げる四〇〇日間の取り組み「キムチ・バス」を立ち上げ、支援している）、価値観（美しさを再定義したダヴ）、興味・関心（美容のコツと問題に関心を持つ人のためのセフォラのウェブサイト「ビューティー・トーク」）など。こうしたフィット感があればうまくいくはずだ。ブランドとスイートスポット・プログラムとの間に違和感があってはならない。

3　ブランドと切り離し、支援するだけにする

第三の入り口は、まったくつながりがないか、非常につながりの弱いスイートスポット・プログラムを見つけるかつくり出すことだ。「乳がんのためのエイボン・ウォーク」はエイボン製品とほとんど関係がない。「レッドブル空中レース」など、エナジードリンクのレッドブルが行うイベントの大半も、やはりレッドブルとつながりがない。必ずブランドとのフィット感やつながりのようなものがなくてはならないという、広範に信じられている鉄則を緩めると、顧客を本当に巻き込むことのできるスイートスポット分野を探す作業を、のびのびとした自由なものにすることができる。あらゆるものが検討対象となり、それゆえ勝利をもたらすアイデアが見つかる可能性も高まる。しかしながらこの手法の場合、ブランドと切り離されたスイートスポット・プログラムを、いかにブランドとリンクさせるかという点が難題となるかもしれない。

自社固有の共通利害スイートスポット・プログラムを生み出す

パンパースビレッジや乳がんのためのエイボン・ウォークといった固有で自前の共通利害プログラムには、有無を言わせぬ優位性がある。とりわけ、プログラムの内容や進化、投資について自社で管理できることは大きな優位性である。しかし、新しいプログラムを築き上げる費用と難しさは手に負えないほど大きくなることもある。そこで、予想実現可能性とプログラム成功の見込みを、以下の五つの質問から確かめるべきである。

1 新しい共通利害プログラムの必要性があるか

共通利害の分野が魅力的なものであるほど、他社がすでに参入している可能性が高い。そうした参入者は競合ブランドではなく別の組織かもしれない。素晴らしい内容と強力なブランド力を持つレシピのトップ・ブランド、フードネットワーク・ドットコムとオールレシピズ・ドットコムは、どちらも食品ブランドではなくメディア企業が運営している。ここでカギとなるのは次の問いかけだ。何らかの優れた点によって既存の取り組みを上回るか、もしくはより焦点を絞ったニッチ戦略によって既存の取り組みを色褪せたものにすることができるか。新たな取り組みが入り込む余地はあるか。既存の取り組みには何が欠けているのか――。新たに参入するなら、何らかのチャンスがなければならない。

2 自社で実現できるか

共通利害プログラムには本物の中身が必要であり、しかもそれには内容であれ見せ方であれ、何らかの独自性がなければならない。自社開発か外注によって強みと専門能力を持たせる必要が出てくるだろう。また、途中で挫折や経営資源の奪い合いなども起きるだろうが、長期間にわたる組織的支援も必要となろう。

3 プログラムは駆動力を得られるか

狙った層の人々に相手にしてもらうためには、共通利害プログラムに知名度と信頼性が必要となる。彼らから見てレレバントでなければならない。多数の訪問者がいるウェブサイトといったブランドの既存資産を利用できるならば、この作業が少しは簡単になる。例えば、前述のセフォラのサイトにはもともと多数の顧客が訪れていたため、セフォラ・ブランドの信頼性に加えて、これが共通利害のサブ・サイト「ビューティー・トーク」（〝質問への即時回答、専門家の助言、コミュニティへの参画、美にまつわるあなたの問題すべての解決策〟を提供）の閲覧者の基盤となった。また、人々に何度も繰り返しプログラムを利用してもらうための手段を見つける必要もある。そのためには、常にコンテンツの更新を怠らず、また人々が積極的に参加でき、それを促すような仕組みを用意するのを忘れないことだ。

4 プログラムの利用者数は十分か

最終的な利用者数は、事業にとって有意義な規模となる必要がある。とはいえ、ただの数値以外にも判断基準はある。利用者の質は、量と同じだけ重要だ。実際、「多数に好かれるよりも少数に愛されるほうがよい」という名言もある。

5 プログラムとブランドはリンクできるか

プログラムによってブランドを増強するつもりならば、その二つはリンクされる必要がある。プログラムの名称にブランド名が含まれていれば、普通はそれでリンクが発生することになるが、一方でそのプログラムの信頼性と正当性が疑われるかもしれない。プログラムの名称にブランド名を使わない場合、リンクを発生させるための何らかの方策を考える必要がある。

外部の既存プログラムを見つける

昔ながらの「買うか、つくるか」という選択は検討課題にすべきだ。固有で自前のスイートスポット・プログラムならば、その内容や進化、投資について自社で管理できることになる。とはいえ、新たなプログラムの構築は、コストがかかり、困難で、場合によっては不可能なことさえある。特に、スイートスポット・プログラム候補が市場で他社に先取りされていたり、自社に競争力のあるプログラムを生み出す経営資源が欠けていたりする場合などだ。

その場合に選択肢の一つとなるのは、すでに確立されてブランド化されたスイートスポット・プログラムで、知名度と有効性に折り紙付きのものを見つけ出し、それにリンクするやり方だ。ホーム・デポは、社会的に恵まれない人々が自宅を建てたり改築したりするのを支援する手段と専門技能を持っており、それを活用するプログラムを求めていた。この解決策となったのが、支援を必要とする人々のために家を建ててきた素晴らしい実績を持つ、ブランド力のある既存のプログラム、「ハビタット・フォー・ヒューマニティ」と結びつくことだった。ホーム・デポは、建築資材の提供や知識を持つ社員のボランティア派遣、自社の店舗やウェブサイトでの告知といった、目につきやすく具体的な支援を行った。ホーム・デポの顧客の多くは、このつながりのことをよく知っている。余談になるが、ハビタット・フォー・ヒューマニティからホーム・デポへのリンクがあるかどうかは重要ではない。逆方向のリンクのみが重要である。なぜなら、このリンクの目的はホーム・デポ・ブランドに影響を及ぼすことだからだ。

第11章のまとめ

製品・サービスやブランド、または企業を売り込む取り組みは、ほとんどのマーケティングの基盤であるが、顧客はそうしたことに興味を持たない。代わりとなる一つの方法は、顧客が実際に熱中している活動や関心事、すなわち、スイートスポットに焦点を当てることだ。この際に難しい課題となるのは、自社ブランドが顧客から共通利害を持つパートナーだとみなされるようなスイートスポット・プログラムを生み出すことだ。これは遠大な計画であり、結果としてブランドに対する熱意・好感・信頼性と、より深い顧客関係の基盤、および活発な社交のネットワークをもたらすこともできる。共通利害プログラムに至る高速道路の入り口は三つあり、製品・サービスがそのプログラムに埋め込まれているのか、それともリンクしているのか、それとも切り離されているのかによって入り口が異なる。固有で自前のプログラムなら自社でそのコストや進化を管理できるが、すでにブランド力も実績もある外部の既存プログラムを利用するほうが、効果的で現実的な場合も時にはある。

第12章
デジタル——ブランド構築の必須ツール
Digital—A Critical Brand-Building Tool

「不可能なことを実行するのは、なかなか楽しい」
——ウォルト・ディズニー

ウェブサイト、ブログ、ソーシャルメディア、オンライン・ビデオ、スマートフォンの世界、その他多数のデジタル機能は、ブランドの構築や改善を望み、画期的なブランド・プログラムを生み出したいと考える組織にとって不可欠になった。ブランドおよびブランド構築にとってデジタルがとりわけ強力なツールとなる理由は、デジタルが以下の特徴を持つからだ。

● 人を巻き込める。デジタル・プログラムは、とりわけコミュニティを巻き込む場合、人にコメントやお勧めをさせるきっかけとなる。単に受動的に広告を見たり、イベントで後援組織の名前を目にしたりする場合と比べて、熱心なプログラムの参加者になると、そこで交わされる内容に耳を傾け、学び、信じる傾向が高まり、感化されて行動を変えやすくなる。

- コンテンツを豊かで深いものにできる。ソーシャルメディアは、コンテンツの量に限界がない。一つのウェブサイトに掲載できる情報量は膨大であり、例えば、四分間のビデオ映像なら奥行きのあるストーリーを物語ることができる。
- 狙いを定めることができる。ほとんどのデジタル・メディアは、機能的に、個人のレベルにまで狙いを定めることができる。例えば同じウェブサイトでも、その訪問客ごとに特別なあつらえの異なる経験を提供することができる。
- 信頼を得られる。有料メディアでのテレビCMや印刷広告と比べ、ウェブサイトのコンテンツとオンライン上の顧客コメントはより信頼される。なぜなら、より多くのコンテンツがあることで実質的内容もあると示唆できるし、また「売り込み中の対象物」がそれほど露骨でないからだ。[1]

デジタルはこうした特徴を結集して、四つの方法でブランドを構築する。すなわち、**図5**に示すように、デジタルは製品・サービスを膨らませるか、製品・サービスを支援するか、ブランド構築プラットフォームを生み出すか、または、他のブランド構築プラットフォームを増強することができるのだ。

図5 | デジタルの役割

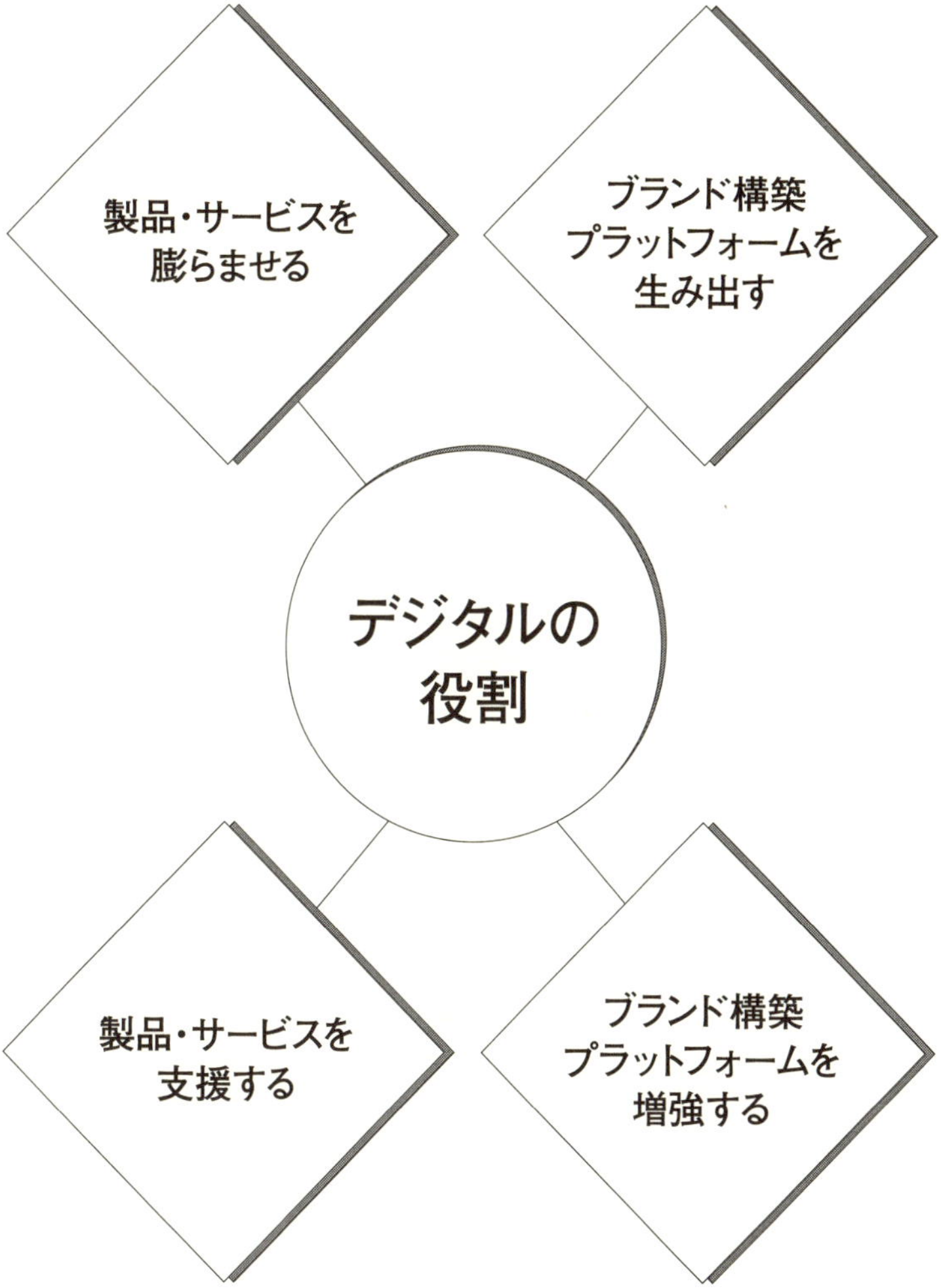
製品・サービスを
膨らませる
ブランド構築
プラットフォームを
生み出す
デジタルの
役割
製品・サービスを
支援する
ブランド構築
プラットフォームを
増強する

製品・サービスを膨らませる

デジタル・プログラムは、機能的便益を加えることで製品・サービスを膨らませることができる。〈ナイキ・プラス〉を考えてほしい。靴に埋め込まれたチップによって運動する人の活動を記録することが可能になった。一部の美術館・博物館は便利なツアーガイドをアプリで提供し、経験をより豊かなものにしている。NASCAR（全米自動車競技協会）が提供するアプリでは、レース観戦者がドライバーとピット・クルーの会話を聞くことができる。今や観戦者も〃内輪のスタッフ〃になれるのだ。ロンドンやその他の都市では、タクシーに装備されたアプリによって、利用者が最も近くにいるタクシーに連絡して拾ってもらうことができる。航空会社によっては、搭乗手続き、フライトの確認、そして予約変更ができるアプリを用意している。フェデックスのアプリでは、顧客が配送状況を確認できる。これらすべてのケースで、デジタル・プログラムは製品・サービスの一部となり、その価値を増強している。さらに、そのブランドは熱気があり、革新的であり、新たなサブカテゴリーを形成する〃マストハブ〃を生み出しているという認識さえ付加することになる。

製品・サービスを支援する

デジタルは製品・サービスのわかりやすさと信頼性を増すことで、また、購入手続きのストレスを減らすことで、製品・サービスを支援できる。さらに、新たな利用法を推奨したり、その製品・サービスを改善する仕組みを提供したりすることもできる。

製品・サービスを伝え、支える

最も基本的なツールとして、製品・サービスを伝えるウェブサイト、またはフェイスブックなど、その他プラットフォームがある。ウェブサイトは顧客が製品・サービスについて知る助けになる。特に複雑な、または変化する製品・サービスに有効だ。例えばサブウェイは、販促活動の一環として新規・既存のサンドイッチのメニューを伝えることが多い。彼らのフェイスブックには二二〇〇万人近くのフォロワーがいるが、その数よりも重要なのは、滅多にみられないほど熱心な利用のされ方だ。利用者は新しいサンドイッチと本日のお買い得品を知るために訪問する。このウォルマートのサイトでは製品情報を入手でき、しかも莫大な種類の製品を扱っている。このサイトは、大量の情報の中から自分が興味を持つものに瞬時にたどり着けるよう見事にナビゲートしてくれるため、サイト訪問者は熱心に利用するようになる。いずれの場合も、サイトに取り込まれ、再び利用するようになるのは機能的な理由のためだ。

サブウェイやウォルマートのように製品・サービスを中心とするウェブサイトの場合、きれいで使いやすく、目的地への誘導に優れた設計であることが必要だ。シンプルさが強い力を持つことは、顧客の意思決定に及ぼす影響から読み取れる。ハーバード・ビジネス・レビューに掲載された研究によれば、シンプルで適切な情報を提供していると評価の高かった上位二五%のブランドは、そうでないブランドと比べ、購入される確率が八六%高く、他人に薦められる確率が一一五%高かった。[2]

顧客がデジタル・プログラムを通して、ブランドの背後にいる組織や他の顧客と対話できると、デジタルによるブランド支援の効果が高まる。例えばデルは、対話の要素もある多様なサポート・フォーラムを用意している。デルのオーナーズ・クラブもあれば、企業のＩＴ活用など関心分野を扱うブログのDirect2Dellは尊敬に値する内容だし、その他にも多数ある。

製品・サービスに信頼性を与える

顧客はまた、ブランドに関する適切で信頼できる情報と、その比較方法の指針を知りたいと思うものだ。顧客が自身の実体験に基づき、営業目的を持たずに情報提供することは頻繁にある。例えばディズニー・ワールドの「マムズ・パネル」では、（利用者が）ディズニーの世界で過ごした休暇に関して質問に答える。J・C・ペニーでは、一〇代の少年少女が自分たちの買い物（〝獲物〟と呼んでいる）について話す様子をビデオで投稿しており、何が売れているのか、それはなぜか、について洞察を得ることができる。ターボタックスは自社製品のユーザー・レビューを一〇万件以上、取捨選択せずに掲載しており、顧客は自分のニーズに最も役立つレビューを探し出すことができる。

専門家による適切な解説もまた、信頼向上への道となる。サックス・フィフス・アベニューは専門家による解説に頼り、ファッション・ライターのダナ・リッグスによるファッション・アドバイスを顧客に提供している。ベティ・クロッカーは「ベティに聞こう」というフォーラムを主催し、同社の伝統である架空の家事アドバイザー〝ベティ〟のイメージを提供している。デジタル・フォーラムのおかげで、ベティの助言に人間味が増すことになった。

購入プロセスを簡素化する助けとなる

顧客がブランドの情報を探しているとき、その意思決定プロセスの手助けをすれば喜ばれることが多いだろう。製品情報のフォーマットの使い勝手がよくないせいで、顧客はイラつき、混乱しているかもしれない。こうした現実に気づいた複数の自動車ブランドは、自社ブランドを他のレレバントなブランドと比較できるようにし、今ではこれが意思決定の業界標準となっている。

意思決定の複雑さを減らすことができるものなら、何であれ顧客に歓迎されるだろう。デビアスは〝4C〟（カット、カラー、クラリティ、カラット）の考案によって複雑な購入過程に選択のための枠組みを設置し、業界リーダーであることを示している。レレバンスの度合いに応じて選別された情報も有り難いと思われるだろう。ハーバルエッセンスは、顧客がカラー・トリートメントの必要性の有無と髪質を決めれば、それに基づいて選択の指針を示すことで、ヘアトリートメント選びを容易にしている。シューダズル・ドットコムは、お気に入りのファッションリーダーやヒールの好みといった顧客の個性に関する情報に基づき、お勧めの靴を提案する。

製品・サービスの利用法を推奨する

ブランドの新たな利用法を見つけ、それを利用者に勧めることが成長の秘訣となることもある。第8章で触れたように、ハーレーダビッドソンのサイトではユーザーがお気に入りのツーリング・ルートを地図や見どころ付きで投稿できる。ホーム・デポは、複数のソーシャルメディア・プラットフォームと自社ウェブサイトを活用することで、顧客が自宅の改装を検討するよう仕向けている。化粧品会社は、自社製品をいつ、どのように使うべきか解説している。デジタルが使えなければ、こうした取り組みを実現するのは困難だったことだろう。

製品の開発・進化に顧客を巻き込む

顧客とのやりとりでウィン・ウィンの関係が築ける場所がある。それは、新しい製品・サービスのアイデア、または既存の製品・サービスの改善案を、顧客に考案してもらったり評価してもらったりすることだ。二〇〇八年に始まった「マイ・スターバックス・アイデア（MyStarbucksIdea）」はスターバックスを変えた。顧客を守るために熱い飲み物が容器からこぼれるのを防ぐスプラッシュ・スティック（飲み口に差し込んで塞ぐための棒）や、携帯電話による支払い、ダイエット用飲料、ポップケーキ（棒付きケーキ）のサービスなどはみなこのサイトから生まれた。すべてのアイデアがうまくいったわけではない（香りを楽しむための挽き立てコーヒーを別メニューで用意するアイデアなど）。しかし、そのようなアイデアでさえ、ブランドに活気とつながりをもたらす。ハイネケンはフェイスブックで一一〇〇万人のファン（バドワイザーの三倍以上）を集めたが、その一因となったのが瓶のデザイン見直しという課題だった。翌年に発売する限定版の瓶のデザインを毎年公募しており、初回には三万人以上から応募があった。これらブランドが実施したアイデアよりも重要なのは、顧客と継続的な対話を続け、社員に顧客と直につながる接点を与えることなのかもしれない。

ブランド構築プラットフォームを生み出す

デジタル版ブランド構築プラットフォームは中核的役割を担える。場合によっては、他のマーケティングの取り組みを支援役にまわらせて、自らが最重要の手段にさえなれる可能性を持つ。例えばシンガポール航空は、アジア圏内でバケーションを過ごすお気に入りの滞在先をビデオ投稿するコンテストを後援した。受賞者には飛行機のチケットと四つ星ホテルでの滞在がプレゼントされた。ＥＳＰＮ（スポーツ専門チャンネル）の提供するアプリによって、ファンは応援チームの得点や通算成績を即時にチェックできるようになった。どちらの場合も、他のプラットフォーム形態に支援されたブランド構築プラットフォームであると言える。

顧客のスイートスポットを見つけ、その中心に位置することは、しばしばブランド構築プラットフォームの土台となる。第10章では、コミュニティを巻き込むきっかけとなったウェブサイト中心のブランド構築プラットフォームの例を複数紹介した。以下のような取り組みだ。

- 赤ちゃんの育児にまつわるすべての参照場所となった、パンパースビレッジのウェブサイト。
- 自社の業務用厨房機器の顧客のため、思想的リーダーおよび情報発信源となったホバートの取り組み。自社サイトで白書の公開も行っていた。
- 美容に関するすべてを扱うセフォラのビューティー・トーク。

オンラインのバイラル（口コミで広がる）ビデオ

オンライン・ビデオも大当たりすればブランド構築プラットフォームとなり得る。簡単には実現できないものの、うまくいったときは、極めて高い世間の注目を集め、狙いどおりのターゲット層を巻き込み、しかもコストは有料メディア広告の数分の一ですむことが多い。スケートボーダーとスノーボーダーに狙いを絞ったシューズその他のメーカー、DCシューズは、二〇〇九年からビデオの公開を始めた。サンフランシスコの通りなど見慣れた風景の中を、スタント・ドライバーが曲乗りする映像で、四年間で一億八〇〇〇万回の視聴を達成した。有料のオンライン・メディア広告に換算すれば、少なくとも五〇〇〇万ドルに値する。[3]

また、コカ・コーラの「幸福の自動販売機」もある。一〇〇〇万人以上の消費者に視聴されたビデオだ。セント・ジョーンズ大学の学生たちのたまり場で、一人の女子学生が「幸福の自動販売機」からコカ・コーラのボトルを一本買う。ところが一本ではすまなかった。驚いたことに、何本ものコカ・コーラが続々と出てくるのだ。次に、花束を抱えた腕が出現する。続いて、氷入りのグラスに満杯のコカ・コーラ、犬の形をした風船、ピザ。そして最後には、何メートルもの長さのサブマリン・サンドイッチ――。みんなが大笑いして、学生の一人はこの自動販売機を抱きしめようとした。

ソーシャルメディア志向の販売促進

デジタルによって企業は、以前なら不可能だった販促活動を行えるようになった。フォード・フィエスタは二〇〇九年、欧州発のデザインをベースにした二〇一一年型モデルをミレニアル世代（一九八〇～九〇年代生まれでデジタル・ネイティブの世代）に広く認知させ、購入検討対象にしてもらいたいと考えた。そこでとった手は、デジタル活動に活発で影響力のある全米の〝有力者〟一〇〇人の手に一〇〇台のフィエスタを与えることだった。このプログラムの期間は半年で、期間中は毎月それぞれの〝エージェント〟はフォードが考案したテーマごとの任務を完遂し、その経験と感想をビデオやツイッター、ブログなどで投稿する。このプログラムは五億回のインプレッション（ネット上の広告表示回数）を獲得し、ブランド認知は四〇％以上に達し、発売前の注文は数千にのぼった。これらすべてをメディア広告なしで実現したのだ。

このプログラムは「ネクスト・フィエスタ・ムーブメント」として知られる毎年恒例の企画となり、毎年新たに一〇〇人の〝有力者〟が選ばれている。一つひねった工夫としては、このプログラムはソーシャルメディアを基盤としながらも、その結果をフィエスタの広告に利用している点だ。もう一つの工夫は、顧客の投票で選ばれた二人のコメディアンを使ったことだ。二人はフィエスタに乗ってロサンゼルス周辺を回り、その場に居合わせた人々の前でシナリオなしの即興の独演をし、どちらが優れたパフォーマンスかを競う。この様子はユーチューブその他で販促に使われている。

ブランド構築プラットフォームを増強する

デジタルは他のブランド構築の取り組みを増強するのに適している。ブランド構築プラットフォームのすべての構成要素が、より活発に機能するよう、より効率的になるようにするからだ。とりわけウェブサイトは、後援やメディア広告から販促活動、イベント、その他に至るまで、ありとあらゆるブランド構築プラットフォームを増強するため、中核的な結節点となる。また、モバイル・アプリはスマートフォンの世界に向けたプログラムを強化する。ツイッターやメールマガジンといったソーシャルメディア経由では、人々をイベントに誘致したり、後援活動を知らせたりできる。ソーシャルメディアの世界では、画期的な広告は長い寿命を持つ可能性がある。

これを説明するため、後援活動がデジタルの支援でどのようなメリットを得るかを紹介しよう。

後援活動を支援・増強する

「乳がんのためのエイボン・ウォーク」がデジタルによっていかに増強されたか考えてほしい。専用ウェブサイトでは、参加者とその友人、サポーターたちが、競技やスケジュール、参加手続き、募金方法について知ることができる。また、NASCAR（全米自動車競技協会）のスポンサーなら、参加型で情報の豊富なウェブサイトを用意することで、自社とNASCARとのつながりを増強し、販促活動を支援することも考えられる。

カフェイン豊富なエネルギー飲料、レッドブルは、毎年数百ものイベントや競技会を主催・後援しているが、同社の後援活動もデジタルによって増強されている。最大の成功例は二〇一二年、八〇〇万人を優に超える人々がデジタルを使ってリアルタイムで視聴したイベントだ。五五階建ての高さを持つ非常に薄いヘリウム気球「レッドブル・ストラトス」に乗ったフェリックス・バウムガルトナーが、米ニューメキシコ州にある砂漠の上空二四マイル（約四〇キロメートル）まで上昇し、そこからスカイダイブを行い、九分間の落下中に最大時速八三〇マイル（約一三四〇キロメートル）にまで達したイベントである。その後も現在まで、ユーチューブだけで四〇〇〇万人がこのイベントを視聴している。このスカイダイブの前と後のデジタル活動およびドキュメンタリーは、合計で一〇億インプレッションを超えた。すなわち、レッドブルの投資額は四〇〇〇万ドルを超えていたにもかかわらず、信じられないほど高いROI（投資利益率）をもたらしたことになる。デジタルがなければ、この効果は数分の一にとどまったことだろう。

デジタルを構築する

しっかりとして、かつ柔軟なデジタル・ケイパビリティを生み出すのは簡単なことではない。以下にいくつかの指針を示す。

幅広いデジタル手法によってケイパビリティを構築する

デジタルはただ一つの手法だけではなく、多くの手法が組み合わさっており、お互いがシナジー効果を生む。通常は、相互に連鎖した異なるデジタル手法の組み合わせこそが、顕著な数と影響力を生み出す。いくつかのデジタル手法を除外したままだと、全体的な効果は弱まるだろう。

デジタルをマーケティングの取り組みと統合する方法を学ぶ

組織的にも概念的にも、デジタルはなんとなく独立したマーケティングの伝達手段として扱われることが多い。しかしそうではなく、企業はブランド構築とマーケティングの総合的な取り組みの一環としてデジタルを統合する必要がある。デジタルの主要な役割の一つは、プログラムを増強し、製品・サービスを支援することにある。これは技術的に難しいだけでなく、組織的にも難題である。あらゆるタイプのマーケティング・チームと協働し、それぞれの環境でデジタルがいかに増強できるかを理解しなければならないからだ。組織の手続き、構造、人々、文化などに調整が求められるかもしれない。統合マーケティング・コミュニケーション（ＩＭＣ）を生み出すために部署ごとのサイロ化を克服する方法については第20章で扱う。

戦術だけでなく戦略的にも考える

デジタルは戦術的な視点で扱われがちだ。製品・サービスを支援する場合や他のブランド構築プログラムを増強する場合はそれでよい。だが、デジタルを使った製品・サービスの増強により、価値提案を拡大できたり、デジタル・ケイパビリティ主導型の新たなブランド構築プラットフォームを生み出したりできる可能性を忘れてはならない。いずれの場合も、そのデジタル・プログラムは戦略的なものになるかもしれない。すなわち、経営資源の割り当てと評価方法をそれ相応に考える必要があるということだ。

実験を活用する

デジタルにより、実験が行いやすく、また報われやすくなる。アイデアは少額の予算で試すことができる。一部はクラウドソーシングしながら複数の実験を同時並行で進展させ、素早く効率的にテストもできる。他の手段では不可能なような、少数のニッチな顧客層を狙うこともできる。時にこうしたニッチ層が、主要な顧客セグメントへと拡大することも起きる。

耳を傾ける

デジタル・メディアの世界はブランドのコントロールが及ばない。誰であれブランドとブランド経験について意見や問題提起を投げかけることができる。ブランドが攻撃されることもあり、時にはそれが、間違った主張に基づく非難であることもある。ブランド・チームはこうした事態に対処すべき立場にあり、最低でも攻撃について知っていなければならない。試合に〝参加〟することが必要不可欠であり、競技場の外側で観戦していてはならない。加えて、顧客と現在進行形でやりとりする機会を持つことには数多くのメリットがある。ゲータレードをはじめ多くの企業はソーシャルメディア司令部を設置し、自社ブランドに関するすべてのコメントに耳を澄ましている。一つの否定的なコメントに対する肯定的なコメントの数といった、ネット上の感情からは多くのことがわかる。内容の真偽にかかわらず、論争が持ち上がればすぐに気づくことができ、ブランドに損害を与えるような内容なら議論がヒートアップする前に根絶することもできよう。耳を傾けることで、役に立つストーリーや新しい製品・サービスの利用法、新製品のアイデアなどが収穫できることもある。

機会を捉える

ブランド・ビジョンは指針と規律を与えてくれるが、組織が自ら素早く動く必要もある。つまり、適応力だ。デジタルの世界は変化のスピードが速く、チャンスは急に現れ、素早く消える。新しいブランド構築プラットフォームが出現したときは、それがデジタル世界の内か外かに関係なく、デジタル手法は蜜に群がる蜂のように素早くそれに飛びつく用意をしておく必要がある。

コンテンツを考える

すべてはコンテンツにかかっている。しっかりとしたブランド・ビジョン、デジタル・ケイパビリティ、そして予算があるだけでは不十分だ。画期的なプログラムにつながる創造的なアイデアが必要である。そのためには、着想を生み出すことに今より多くの経営資源を投入し、より多くのアイデア源にアクセスすべきであることが多い。例えば、コカ・コーラの「幸福の自動販売機」のきっかけとなったアイデアは、ブレインストーミングの会議から生まれた。第10章で紹介したように、クラウドソーシングの手段を用いた例もある。参加者に創造性を要する課題を投げかけ、解決してもらうのだ。

ソーシャルメディアを加速させるのはコンテンツだ。コンテンツが楽しいか、役に立つか、問題解決を促進させるか、もしくは興味分野に共鳴する場合にのみ、それは伝播していく。また、消費者がソーシャルメディアのコンテンツの多くをつくり出すことも珍しくない。コカ・コーラに関連する一億五〇〇〇万ビューのうち、同社によって作成されたものは二〇％未満だ。[4] この意味するところは、ブランドはソーシャルメディアで広まるようなコンテンツをつくるべし、ということだ。もう一つの含意は、自社ブランドにふさわしいコンテンツが実際に市場で作成されたら、その拡散を後押しすべし、ということだ。

目標を設定する――できれば計測できるものを

デジタル・プログラムの目標は明確でなければならない。目標は、売上げ増加なのか、知名度の向上なのか、熱気を生み出すことなのか、イメージを支えることなのか、ロイヤルティを高めることなのか、それとも世の支援を増すことなのか――。そして、デジタル・プログラムの成果をいかに測るべきかという問題もある。評価に多額の費用がかかり、短期的な結果で判断するのは適切でないと思われ、また、広告か後援活動かといった手段によっても成果が違ってくる場合、どのような計測手法をとるべきだろうか――。それでも、目標をはっきりと心にとめておくことは役に立つだろう。

評価可能なものは何かといえば、そのプログラムが生み出せるインプレッションの数だ。しかしインプレッションは受け身である。顧客の巻き込み度を測れる指標、例えばコメント数、リツイート（ツイッターでの引用）数、リンク数、購入数などのほうが、ブランド推進および顧客基盤増強という最終目標に、より深く結びついている可能性が高い。

第12章のまとめ

デジタルは人々を巻き込み、豊富なコンテンツを可能にし、狙いを定め、信頼を生み出す。ブランド構築のために、製品・サービスを膨らませ、製品・サービスを支援し、ブランド構築プラットフォームを新たに生み出すか、もしくはその他のブランド構築プラットフォームを増強する（その両者を同時に行うこともある）。デジタルで成功するためには、多種多様な手段に手を出し、統合マーケティング・コミュニケーションを実現し、デジタルは単なる戦術にすぎないとは考えず、実験し、プログラムに耳を傾け、好機を逃さず、コンテンツを充実させ、評価を行うことが必要となる。

第13章 一貫性が勝利をもたらす

Consistency Wins

「ダイヤモンドとは、粘り強く仕事をした石炭である」

——トーマス・A・エジソン

ブランド戦略家が下す判断で最も重要なものの一つは、ブランド戦略またはその遂行方法の変更である。浅はかな変更、またはタイミングの悪い変更は、ブランドと事業にとって障害になる。また逆に、環境の変化への適応が不可欠なときに、ブランド戦略や遂行方法を修正できないと、やはりブランドと事業に損害を与える。したがって、どんなときならば変更が正当化されるのか、そして、なぜ、変更の根拠を客観的かつ徹底的に公表する必要があるのかを理解することが大切である。

変更の誘因

変更を必要とさせ得る誘因は五つある。

一番目は、現行のブランド戦略がおざなりにつくられている、または、遂行不可能だという証拠があるとき。目標とする顧客層、価値提案、または、利用法が間違っているといった場合だ。または、その価値提案ではどう頑張っても顧客を動かせそうもないというケースもある。ずれていたり、役に立っていなかったりする戦略をいつまでも引き延ばすのは無駄であり、場合によっては危険でさえある。ブランドおよびその事業は損害を受け、より優れた方法に切り替えるのが遅れることになろう。これは、ブランド戦略の舵を切り直すべき明白な徴候である。

とはいえ――現行の戦略を捨て去るタイミングを決めるのは常に簡単なわけではない。市場での短期的な業績指標から、長期的には成功すると読み取れるだろうか。それとも、成功には忍耐力が必要だろうか。さらにいえば、業績と見通しが思わしくない理由は、ブランド戦略の問題というよりも、ひょっとして製品・サービスの限界やイノベーションの欠如のせいではないだろうか。劇的なイノベーションなしでは、大半の企業が成長に苦労するだろう。市場とは、なかなか現状維持を変えず、惰性が非常に大きく働く場所だ。はたまた、本当は戦略遂行に問題があるのに、戦略が非難されているということはないだろうか。

二番目は、市場の雑音を突き抜けるほどの戦略遂行ができていない、という場合だ。顧客の心に届いていないのである。戦略を実現させるには、もっと革新的で人を巻き込む戦略遂行が必要だ。これは困難ではある。しかし、説得力を持つ価値提案があり、戦略遂行チームが創造的で迫力があり印象に残るプログラムを生み出せるなら、実現は可能だ。

とはいえ——戦略遂行はあと一歩で機能するのかもしれない。微調整や修正、拡大が必要なだけで——。それか、戦略遂行がしっくりとなじんで駆動力を得るまで、もう少し時間がかかるだけなのかもしれない。さらに、この製品・サービスと価値提案では、これ以上優れた戦略実行は実現不可能というケースもあろう。その場合、新たな戦略遂行を試しても徒労に終わりかねない。

三番目は、市場に根本的な変化が生じ、現行のブランド戦略と戦略遂行の基盤となっていた想定がもはや通じないときだ。顧客は次の場所へと去ってしまったのだ。戦略やその遂行に罪はないかもしれないが、狙った市場は消えつつあるか、もしくは製品・サービスが以前ほどレレバントではない。もしフライドチキンやSUV、個別株を購入する顧客の数が減っていれば、そのブランドのポジショニングを見直し、戦略遂行をやり直す必要があるかもしれない。参考例として、ケンタッキーフライドチキンにブランド見直しの必要が生まれたとき、名前をKFCに変えて「カーネル・サンダースのフライドチキン」からポジショニングを動かしたケースを考えてほしい。

とはいえ——流行の移り変わりや競合のイノベーションが表面上は脅威に思え、そのときは大騒ぎされたとしても、結果的に短命に終わることもある。今までも、市場を動かす力やイノベーションはいくつも現れては世間を騒がせ、そして消えていった。一九三〇年代に電動シェーバーが開発されたとき、安全カミソリは過去の遺物になると思われたものだが、実際は違った。さらにいえば、脅威が本物だった場合でも、必ずしもブランド戦略を変えるべきかどうかは明確ではない。新たに戦略を変更するよりも、今までうまく機能してきた「自分のことだけに集中する」という理念を持つ従来の戦略のほうが優れていることもある。第15章では、市場の脅威への対処法を詳しく述べる。

四番目に、事業戦略が進化したり、時には変化したりすることさえあるだろう。新しい顧客層が追加されるかもしれない。例えば、ジレットは今や女性も対象にしているし、フォードはより小さく安価な自動車を望む顧客を獲得しようと真剣だ。また、ブランドが拡張されることもある。GEはエネルギーの分野に進出したため、同社のブランドがこの新事業でよりレレバントになるよう、そしてより現代的になるようにする必要が生じた。ブランドの価値提案が変わることもある。シュルンベルジェは今や、個別のサービスを提供するのではなく、サービス・システムを売っている。こうした事業戦略の変化によって、現在のブランド戦略とその遂行では、新たな戦略を必要とするサポートを提供できないかもしれない。ブランド戦略は、事業戦略に後押しされると同時に、その事業戦略を支援するものでなければならない。事業戦略から独立して別個にブランド戦略をマネジメントするほどの余裕はないのだ。

とはいえ――どの程度の変更が実際には必要だろうか。ブランド・ビジョンとその遂行を最初からやり直す必要があるのだろうか。小さな変更や軌道修正で適応できないだろうか。既存のブランド・ビジョンのエクイティやその遂行を修正することで、ブランドの新たな方向性の土台とすることはできないだろうか。新たな手段に全面的に乗り換えるのではなく、単に方向性を変えるだけで対応できないだろうか――。

五番目は、ブランドと製品・サービスに熱意と知名度がなく、陳腐で古くさいと感じる場合だ。その結果、ブランドは次第にレレバントでなくなる。とりわけ若い消費者と、競合の顧客でブランドの変化に敏感な顧客に対してそうなる。であれば熱意を生み出すことを最優先事項とする必要が生じ、既存のブランド・ビジョンとその遂行は用済みとなるかもしれない。第16章ではブランドが熱意を欠くケースを扱い、熱意を加える手法について論じる。

とはいえ――ブランドの全面的なやり直しと再立ち上げは不必要、もしくは不可能な場合もあろう。ブランド・ビジョンまたはその遂行を比較的小規模に増強するだけで、違いをもたらすには十分なだけの熱意を生み出せるかもしれない。熱意の問題はどれほど根深く、どれほど蔓延しているのか。ほかにはどんな対策が選べるのか。問題は製品・サービスに由来しているのではないのか。もしそうなら、ブランドのためのあらゆる取り組みが無駄に終わるのではないだろうか――。レレバンスを失い、全面的なやり直しが必要な自動車ブランドの場合、技術的にも機能的にも明らかに進んだ新型モデルの投入が通常は必要になる。そうした具体的な裏づけがなければ、ブランド構築プログラムにどれだけ取り組んでも役に立たないだろう。

一貫性がもたらす力

コカ・コーラなど強いブランドの大半には、ブランド・メッセージの一貫性が見られる。同社のジョー・トリポディCMOは、コカ・コーラ・ブランドの成功の理由を長期間に及ぶ一貫性の賜物だとする。[1] ロゴマークや瓶・缶の外見という物質的な部分は一世紀以上の歴史を持ち、前向き、楽観的、幸福というブランド理念も同じだけ長く変わらないできた。後援活動も長期間続く。オリンピック委員会への後援は一九二〇年代から続いているし、サッカー連盟への後援は一九五〇年代からだ。また、家族の誕生会や長期休暇、夏のイベントといった祝典の場に、昔から常にコカ・コーラの居場所を確保してきた。瓶・缶のデザイン刷新や新たな販促活動、そして第12章で触れた「幸福の自動販売機」のような取り組みまで含め、コカ・コーラは常にブランドを活性化し、時代に遅れないよう努力を続けている。しかし、その中核は変わらないままで、昔ながらのプログラムが今でも続いている。

一貫性が勝利をもたらす理由はいくつかある。まず、どのようなブランド・ポジションであれ、ブランド構築プログラムであれ、それが定着するには時間がかかる。ポジショニングに成功しているブランドを思い浮かべてほしい。コロナビール、ピザ、BMW、ホールフーズ・マーケット、シンガポール航空、無印良品――。いずれも、数十年におよぶ一貫性が効果を生み、明確かつ強力なブランド・エクイティと忠実な顧客基盤という結果をもたらしている。競合ひしめく市場環境において、短い時間軸の中で新たなポジションを築く、または現在のポジションを変更するのは、たとえどれほど戦略遂行に優れ、どれほど予算が大きくても困難である。

第二の理由として、長期間にわたる一貫性があるブランド・プログラムは、特定のポジションの実質的な所有権をブランドにもたらすことができるからだ。長年かけて築き上げられたブランド・エクイティを模倣するのは簡単ではない。四輪駆動にはスバルが君臨し、広範な補償範囲はビザのものだ。トイレットペーパーのチャーミンは柔らかさの代名詞である。先を越された競合は多くの場合、効率面で劣った他の道を選ばざるを得ない。ライバル社が柔らかさという側面でチャーミンのポジションを奪い取ろうとすれば、大変な努力が必要となろう。最悪の場合、そのライバル社が柔らかさを伝えようと努力しても、顧客はその取り組みをチャーミンによるものだと勘違いしかねない。

第三の理由としては、どのような変化であっても、それまで築き上げてきたものを薄めてしまう可能性が残るからだ。一般に顧客というものは変化についていけない、またはその意志がないものであり、自分がなじんでいた何かが失われると憤慨することが多い。ロゴをわずかにいじっただけで公然たる反対が巻き起こったケースはいくつもあり、以前に、ギャップがより現代風にと考えてロゴを変えたときも、結局は元に戻すはめになっている。

最後に、一貫性はコスト面で効率的だという理由もある。ひとたび強固なポジションを築いたら、それを動かすのは難しく、維持するほうが簡単で低コストだ。新たに開拓するのではなく補強するだけですむからだ。ブランドとしっかり結びついてきた、イメージどおりのイベントや代弁者であれば、理解しやすく、記憶に残り、容易にブランドを思い出せる形でそのブランドを主張できる。そのうえ、新たなポジションを見つけ、新規の創造的な戦略遂行を支援するという、高コストで不確かな作業に投資する必要もない。

前記の理屈には有無を言わせぬ強い説得力がある。一貫性は強いブランドを構築するカギなのだ。ブランド戦略またはその遂行を変更するならば、そこには十分に検討された、相当の理由がなければならない。本当の問題点は、製品・サービスでもなければ、競争上のイノベーションでもなく、市場の変化でもないことをブランド戦略家はよく確認する必要がある。それらが問題なら、ブランド戦略またはその遂行を変更しても問題解決にならない。

変更バイアスに注意せよ

最終目的は、真に効果的なブランド・ビジョンおよびその遂行を生み出すことだ。この点に疑問の余地はない。この二つがブランドを成功に導く太鼓判である。この事実を踏まえると、ではなぜ根拠となる理由が脆弱なときでさえ、ブランディングを変更しようという試みがこうも数多くなされるのだろうか――。一つの答えは、変化に対する組織的なバイアスである。このバイアスについてきちんと理解し、堅固かつ客観的な分析によってこれに対抗する必要がある。

ブランディングの専門家は変化を望む。彼らは変化を起こすために訓練を積んできたからであり、また純粋に変化があったほうが面白いからだ。頭がよくてクリエイティブな彼らは、問題を発見して解決し、市場のトレンドを察知して対応し、効果的なマーケティングを生み出すことを重視するカルチャーの中で仕事をしている。去年と同じことをしていたのでは〝あまり楽しくない〟のである。ウェルズ・ファーゴの幹部の間からは、「駅馬車」のシンボルを廃止しよう、または目立たなくさせよう、という提案が定期的に出てくる。ウェルズ・ファーゴ・ブランドにとっては有り難いことに、彼らがその議論で勝ったためしはない。

そのうえ、ブランディングの専門家として出世するには、他人の考えた戦略を見事に遂行することよりも、マーケティング戦略で頭の切れを見せつけることが必要だと思われている。だからブランド・ビジョンを練り直し、その執行も手直しするという事態がしょっちゅう起きることになる。おそらくは広告代理店やイベント戦略もそのたびに変更されるだろう。大当たりを取って、それにより職業人生と自己イメージの両方を高めることが最終目標となっているのだ。

ブランド・チームは、既存のブランド戦略とその遂行にあまりにも長く付き合いすぎている。その結果、それらに飽きており、いら立ちさえ覚えている。そして顧客もきっとそうだろうと間違った思い込みをしている。広告業界の巨人ロッサー・リーブスはかつてこう言い切った。二番目によい広告を手に入れれば常に勝てるであろう。なぜなら、（仮に最高の広告であっても）競合他社は自社の広告に飽き、そのうち変えてしまうからだ――。しかし、クライアントがずっと同じアナシン（解熱薬）のCMを繰り返し使い続けるとしたら、担当の広告代理店は何に対して料金を請求するのですか、と聞かれてリーブスはこう答えている。広告を変えないようクライアントのマネジャーを説得するのは値の張る仕事なのだ、と。

また、ブランド担当マネジャーは、市場での実績を求められる。そして市場での実績というのはほぼ常に不十分なものだ。売上げ増加は計画を下回り、収益性は――とりわけ評価指標としてROA（総資産利益率）が使われる場合は――いつも課題となる。こうして、変化が必要だという結論にたやすく到達するのである。業務運営や製品・サービスを変えるのは困難かつ高コスト、場合によっては不可能でさえあろう。ゆえに、ブランド戦略とその遂行を変えようという話になるのだ。

高望みの罠もある。達成できる見込みは非常に少ないのに、ブランド・チームが完璧さと成果の劇的な改善の両者を追い求めて、徒労と失敗に終わるケースだ。これはほとんど若さの泉を探し求めるようなもので、求めずにはいられないが、実りのない資源の浪費である。偉大なアイデアを生み出せる能力のある人は滅多にいない。そして、そのような人々に成功をもたらすことができる製品・サービスと市場環境はさらにまれである。そのうえ、市場の勝者となれそうなアイデアが実際に出現すれば、高額の費用とリスクを負って市場に投入し、本当にそうかを証明しなければならない。その結果、大きな進歩を達成できなかった、もしくはもっと悪いことに、失敗にすらならなかった場合、ブランドは大きく後退しかねない。

第13章のまとめ

ブランドが一貫性を持つことで、効率的なポジションを築くことができ、特定のポジションを所有でき、顧客を快適にし、コスト効率も改善できる。革新的で新鮮で現代的なブランド・プログラムを支え、後押しする、明快で説得力のあるブランド・ビジョンを最終目標とすべきである。すべてのブランドがそのすべてを達成できるほど恵まれているわけではないが、それでもメリットはあまりに明白だ。

一貫性とは、何が何でもビジョンを変えないという戦略上の頑固さとは違うし、不十分な戦略遂行にこだわって執拗に繰り返すことでもない。ブランド戦略やその遂行を変更するには非常に現実的な根拠がある。例えば、戦略やその遂行が弱い、もしくは機能していない、市場や事業戦略が変化している、熱意に欠けている、などだ。とはいえ、変更の正当性はしっかり確認すべきであり、変更へのバイアスを見つけ出し、それに対抗することも必要だ。早計な、または正当とされないブランド戦略変更が決定されるのを防ぐため、変更が必要であるとの証明は可能なかぎり客観的かつ包括的であるべきだ。誰かの直感に任せてはならない。

第14章 社内向けブランディングがカギとなる

Internal Branding : A key Ingredient

「文化が戦略を食う」

――ピーター・ドラッカー

社員に次の二つの質問をすることで、組織の状態をテストできる。

「当社のブランドは何を表していますか?」

「それを意識していますか?」

両方の質問に社員がはっきりと答えられない限り、現在の事業戦略が成功裏に実践できる見込みはほとんどない。社内向けブランディングの目標は、間違いなく社員がブランド・ビジョンを理解し、さらに決定的に重要な点として、それを意識するようにさせることにある。

強力な社内向けブランディングは複数のメリットを生む。

第一に、明快で説得力のある社内向けブランディングは、社員と事業パートナーに方向性と意欲を与える。ブランドの実践はさまざまな方向性を含む作業であり、その際にブランドの明快さが指針を与えてくれる。ある方向性やプログラムが〝ブランドに沿う〟ものかどうか、社員やチームが理解できる可能性が高まる。その結果、ブランドにふさわしくない連想やプログラムでブランドを危険にさらす傾向は減るだろう。

第二に、社内向けブランディングによって社員に刺激を与えれば、創造的で画期的なブランド構築プログラムを発見・導入させる可能性を高めることができる。「偉大な」アイデアに手が届くよう社員を背伸びさせるのだ。前と同じプログラムや予算割り当てを未来へ向けた行程表にしようとする傾向は常にある。だが、社員みんなの意欲が高く、ブランド・メッセージやその実現が届いていない場所が市場のどこにあるのかを見て取れるようなら、違いをもたらす革新的なプログラムをつくり出せる。

第三に、強力なブランドが社員基盤を活性化すると、彼らはブランドについて他人に語りたいと思うようになる。その社員が小売店の購買担当者に売り込む営業担当だろうと、顧客に寄り添うコンサルタントだろうと、顧客とやりとりをする銀行窓口係だろうと、自分のツイッターのフォロワーに話しかける自動車会社のエンジニアであろうと、隣人と雑談する家電企業の幹部だろうと、その会話が大きな影響力を持つブランド・コミュニケーションになるチャンスがある。口コミが広がる第一歩となる可能性さえある。しかしそのためには、社員がブランドを知り、意識している必要がある。

第四に、大いなる目標を含むビジョンのあるブランドは、仕事上の意義と達成感さえも社員に与える見込みが大きい。大いなる目標は、〝途方もなく〟すごい製品を生み出すことでもいいし、顧客の生活をよりよくすることや、持続可能性へ向けた前進でもいい。それは、社員に活気を与える共通目的となり、社員をより生産的に、より熱心にさせることにつながる。

第五に、社内向けブランド戦略の活性化によって、戦略とその実践の基盤となる組織文化を支援できる。ここで言う文化とは、製品・サービスの根底にある一連の価値観を含む。ブランド・ビジョンは、製品・サービス中心の側面だけでなく、こうした価値観の一部または全部を含むことが多く、それゆえ単に文化を支援するだけでなく、それを顧客と事業戦略に結びつけることによって、その文化に根拠を与えることもできる。

社内向けブランディングは常に大切であるが、特定の状況においては、企業の成功、時には生き残りさえも左右する極めて重要な要因となる。その状況とは、例えば以下のような理由のため、新たなブランド・ビジョンが生み出されたときなどだ。

- ブランド・ビジョンの欠如、または、現行のブランド・ビジョンが有効でないとの判断により、事業戦略の成功の見込みが低いと考えられるため。
- 買収または合併があったため、二つの戦略・文化・ブランドを統合する必要があるため。急いで統合しなければならない場合もある。
- 事業戦略が（時にはシニア・マネジメント・チームも一緒に）変わったため、組織は新たな方向に向けて仕切り直しが必要なため。

前記のどのケースでも、難題と同時にチャンスが生まれる。関係者全員が注目する中で新しい社内向けブランディングを立ち上げる、または再立ち上げするというのは一つのチャンスだ。一方で難題となるのは、それを適切に、最後までやり抜き、ブランド・ビジョンが口だけの約束にならないようにすることだ。

社内向けブランディングを実現するには、次の二つが絶対に欠かせない出発点となる。一つ目は明快で説得力のあるブランド・ビジョンで、それが実行可能であり、うまくいくことを市場に示す必要がある。二つ目に、経営トップ層からの支援が不可欠である。トップ層が、強力な社内向けブランディングこそ事業戦略の成功を左右すると確信していなければならない。CEOと経営トップ層が同じ船に乗っていなければ、その取り組みは長続きしない。船に乗せるためには、経営トップ層をブランド・ビジョン策定に巻き込んで関わりを持たせたり、顧客と接触させることで競争環境を認識させたりすることも必要かもしれない。

社内向けにブランドを伝える

ブランドをどのように社員に伝えているだろうか。まず、組織内での役割と職権レベルによって決まる社員セグメントに応じて異なるプログラムが必要になる。例えば、トップレベルの経営幹部と、顧客と直に向き合う社員、そして社内でブランド・アンバサダーの役目を担う社員とでは、それぞれ異なるブランド伝達プログラムが必要になる。

どのセグメント向けのプログラムであっても、社員が通るべき三つの段階がある。この事実をプログラムに反映しなければならない。最初はブランド・ビジョンについて「学ぶ」段階だ。何が必要とされるのか、他ブランドとは何が違うのか――。次は「信じる」段階だ。ビジョンの背後にあるものをブランドが実現でき、そのビジョンが成功につながるという考えを受け入れるのだ。三番目はブランドを「演じる」段階だ。ビジョンを実現できるよう活気と力を与えられ、社内でも社外でもビジョンを喧伝する役目を担うのである。

「学び」の段階では、手に入るあらゆる伝達手段を利用できるし、また、利用すべきである。ニュースレター、ワークショップ、そしてブランド・アンバサダーから上級幹部、有力者、その他の人々の個人的努力も――。適切な文化のもとではブランド・ブックやブランド・カードも役に立つ。印刷された本やビデオ形式のブランド・ブックとは、使うべきフォントについての「べからず集」をまとめたルールブックではなく（とはいえそうした「べからず集」にも一定の役割はある）、ブランド・ビジョンに手触りを与える視覚的・概念的なメタファーとストーリーを基盤とした、刺激と情報を与えるコミュニケーションである。これを社内研修やプレゼンテーションの際に使われるイントラネットの一部に組み込めば、利用を促進できる。ブランド・カードには、中核的ビジョン・エレメントが明記され、使いやすい形で説明されている。CEOが定期的にこのカードを参照するなど、使い方によって強力なツールとなる。

学びの取り組みは、ビジョンを伝達するだけで終わるべきではない。そのビジョンを事業戦略と結びつけ、ビジョンを生かすべき理由があることをはっきりと示すべきだ。事業戦略の背後に

「何が」、「なぜ」あるのか、そして社内向けブランディングの役割について、経営幹部が印刷物や映像で、または本人の口から説明することで、中核的な役割を果たすべきである。学びの取り組みは、高い理想を掲げたブランド・ビジョンと実際の現状とのギャップを強調することで、社員のやる気を高めることができる。現状の課題として、「顧客経験がブランドにふさわしくない」「イノベーションの連続するペースが不十分」「大いなる目標を普及させるためのプログラムが必要」などが提起できるだろう。学びがビジョン自体に集中しすぎると、社員を「私はそうは思わない」という立場にせき立てるリスクが生じる。

「信じる」段階になると、より多彩なコミュニケーション・イベントの組み合わせが必要となるが、なかでも重要な施策は、中身よりもブランド・ビジョンを先に打ち出すことで組織の本気度を知らせることだ。次の二つの手順でこの点をはっきりと示すことができる。

第一に、ブランド・ビジョンと関連する事業戦略を実際に成功させるための、目につきやすいプログラムを導入する。それは組織文化を変える研修プログラムかもしれないし、製品・サービスのイノベーション計画、広告宣伝プログラム、はたまた顧客経験向上計画かもしれない。いずれにせよ、そのプログラムには中身が必要となり、投資が必要になる。

第二の手順は、社員およびプログラムに対する評価と報酬を、新たな取り組みに沿うように修正することだ。評価基準と報酬は行動の変化を後押しする。一九九〇年代初頭、ＩＢＭが財務面で深刻な苦境に陥り、まさに会社が七つに解体されそうだったとき、ルー・ガースナーが「顧客に総合的ソリューションを提供する」というブランド・ビジョンとともに乗り込んできた。これがＩＢＭ全社に対するソリューションとなった。根深くサイロ化した組織に協力の文化を生み出すというタスクの一環として、個別部署の財務業績が社員の評価にあまり反映されないようにすると同時に、その社員が組織横断的な協力を生み出せる能力を評価に反映させる仕組みにした。この変更が、組織全体に向けた強烈な合図となったのである。

「演じる」段階において、社員は行動に駆り立てられるようになる。この段階が最も難しく、最も大切だ。ブランド・ビジョンを伝える次元から、それを行動に移させる次元へと進む必要がある。その際、重要な役割を果たすのがワークショップだ。ワークショップの参加者には次のようなことを求めるのもいいだろう。

- ブランド・ビジョンのさまざまな側面をまとめた合成写真を心に描いてみる。
- 既存の各プログラムを、どれだけ「ブランドらしい」かという程度に応じて採点してみる。
- 顧客セグメントごとに、典型的な顧客像を描いてみる。性格やバカンス先の選択、どんな本を読むか、などを考える。
- 創造的テクニックを用いたブランド向上プログラムを開発する。例えば「最悪のアイデア」を取り上げ、どのように手を加えればそれが役立つようになるかを考える。または、トンカチといった無作為の対象を出発点にするなどして、水平思考を行ってみる。
- 顧客とのやりとりをロールプレイしてみる。

チームによるタスクフォースもそれなりの役に立つ。例えばマイクロソフトにある「マイクロソフト・グリーン・チーム」は、地域への奉仕活動や社内向けコミュニケーション・プログラムを通して、自社の「グリーン」な構想をさらに進めるための手段を探している。こうしたチームは、自分たち独自の構想を考案・導入できるし、より重要な点として、ビジョン実現のキーパーソンとなる社員を目覚めさせることができる。

社員を顧客と向き合う最前線に立たせることも、ブランド・ビジョンを最優先させる一つの方法となる。例えばP＆Gは、定期的に幹部社員を家庭と店舗において顧客と直面させている（顧客の買い物に同行する〝ショップアロング調査〟や、店頭販売員の経験を通して）。ツイッターやその他の仕組みを使って、定期的に顧客と交流することを推奨している組織もある。幹部社員が直に顧客とやりとりして、課題をより明確に認識すれば、社内向けブランディングを開発・支援することの重要性がよりはっきりと理解される。

社員を巻き込むのに遠回りなやり方が功を奏することもある。中核的なブランド構築計画へ社員を巻き込むほうが簡単な場合などだ。例えばハイネケンでは、社内向けの卓上サッカー・ゲーム大会を利用して、同社の主要なブランド構築手段の一つであるUEFAチャンピオンズリーグの後援活動に対する熱狂を生み出した。八〇〇〇人を超える社員が大会に参加し、その八五％がこの大会にハイネケンのコア・バリューが表れていると感じた。別の企業は、ブランド・バリューを画像化した巨大なタペストリーをつくる作業に社員を参加させ、それを本社の一番目立つ場所に展示した。

組織的には、社内に「ブランド・チャンピオン」を持つべきである。ブランドに責任を持ち、喜んで旗振り役を務める個人かチームのことだ。その人物は、社内向けにブランドを代弁する第一人者であり、ブランドの概念を同僚に伝え、その同僚たちが独創的な方法でさらに他者へとブランドを伝達するよう励ます。さらにブランド・チャンピオンは、ブランドの濫用が起きないよう、また、ブランド拡張や共同ブランディング、販促活動、後援活動、その他のプログラムによってブランドが本来の姿から外れることのないようブランドを守らなければならない。ブランド・チャンピオンがブランド・アンバサダーのチームを編成することもあろう。組織のどこであろうとブランドを代表する人々である。個人として組織内で信頼があり、自主性があり、他人を巻き込むのが上手な人をこのチームのメンバーにすべきだ。

最後にもう一つ。社員を採用し、雇用を続けていく際の基準としてブランド・ビジョンを用いれば、社内にブランドを伝達し活性化していく作業ははるかに容易になる。第5章で紹介したように、ザッポス・ドットコムの卓越したサービス水準の基盤となっているのは、「変わった存在」でいようという型破りの姿勢とともに、顧客に「ワォ!(驚き)」を届けようという価値観であった。ザッポス・ドットコムはこうした価値観にうまく合いそうな社員を選んで採用している。そこを見極めるため、採用時には「あなたがしたことのあるヘンなことを挙げてください」という質問もする。また試用期間中にも、社内のヘンな価値観や既存社員とうまく合うかどうかを評価する。価値観を採用時の指針とするもう一つの組織はハラーズだ。ずば抜けて陽気で前向きな人を採用するという目的のため、ハラーズは「アメリカン・アイドル」型のオーディションを行い、複数の審査員がファイナリストを選んでいる。

ブランドの「テーマ・ストーリー」

ブランドの核心を表し、長い時間を生き抜いてきた独自の「テーマ・ストーリー」は、市場でブランドを現実化させる際の力強い助けとなるが、ブランドの発祥の地である社内向けではとりわけ強力な助っ人となる。一般にストーリーは、情報を保存し伝達する強力な手段である。単純なメッセージでも複雑なメッセージでも、ストーリーを使えば、相手を巻き込み、忘れられないようなやり方で伝えられる可能性が高い。しかも信憑性も高まる。

その企業の起源を反映し、本物で強力なブランド価値を示すストーリーもある。一九一二年、狩りの最中に靴の中が濡れたことで不快な思いをしたレオン・レオンウッド・ビーンは、防水のゴム底を持ち、上部が軽量の革でできた靴を開発する。このブーツが非常に役立ったため、販売することにした。L・L・ビーンとして最初の一〇〇足を通信販売でさばいたところ、縫い方に問題があることがわかり、同社は顧客に返金して最初からつくり直した。この判断がL・L・ビーンの伝説的な「一〇〇％満足保証」の第一歩となり、品質と誠実さの伝統が生まれることになった。ウィリアムズ・ソノマの創始者チャック・ウィリアムズとハワード・レスターは、ウィリアムズ・ソノマが何を意味するべきかについて、明快で歯切れのよいブランド・ビジョンを最初から持っていた。それは、台所の職人芸、本格的料理、機能的な製品、そのカテゴリーで最高の製品・サービス、スタイルを反映した趣味のよさ、楽しさに関するイノベーション、である。そのときから現在まで、この伝統が同社を導いてきた。

高い理想と感動をブランドにもたらすような、社員のずば抜けた判断や行動、または、並外れた顧客経験をベースにしたストーリーでもいい。ノードストロームはかつて一度もタイヤを販売したことがないのに、アラスカ州にある同社の店舗（この店は以前はタイヤ販売店だった）で従業員が顧客からのタイヤの返品要請を受け入れたという有名な逸話がある。このストーリーは、ノードストロームの返品方針と顧客優先の姿勢がいかに同社のブランドを決定づけているかを示している。ジョンソン・エンド・ジョンソンは、頭痛薬タイレノールの毒物混入事件の際、店頭から自社製品を回収し、別のパッケージデザインに変えることで人々の不安に対処した。このストーリーは、同社にとって何が優先事項なのかを、すなわち、信頼と安全という同社の評判を守ることが製品回収コストより重要であることをはっきりと示した。

社内でイノベーションを続け、製品の生命力を維持していくことは大半の企業にとって主要事項である。大きなビジネス・プラットフォームの誕生につながる新製品のストーリーなら、組織の原動力とイノベーションの流儀について具体的に説明することができる。登山家によって設立されたパタゴニアは、同社の主力製品である再使用可能な硬鋼製ハーケン（登山ロープの固定に用いる）が岩盤の表面を傷つけているとの報告にきちんと対応した。そして結果として、代替製品となるアルミニウム製のチョックを考案した。これはハンマーを使わずに手で岩の裂け目に差し込み、そして外すことができる。これにより同社の事業戦略とブランドが新たな方向性を得たのである。〝浮かぶ石鹸〟というアイボリー石鹸の特徴が、製造中の手違いでどのように「発明」されたのかというストーリーは、P&Gが新製品開発のチャンスを見逃さず、そうした機会を活用できることを示す。3Mのポスト・イットのコンセプトは、一人のエンジニアのおかげで生まれた。彼は、合唱中に楽譜からひらひらと舞い落ちることのないしおりが欲しいと思い、付着力の弱い接着剤にも使い道があると気づいたのだ。3Mのストーリーから得られる教訓は、当初の目的を果たせなかったイノベーションでも、目的を変えることで新たに建設的な道が見つかることもある、ということだ。

時代に合わせて次々とストーリーを新しくすることもまた、ブランドを新鮮に保つために役に立つ。さらに、創業者を失ったり、戦略を変更したり、また、合併を経験したりした場合には、企業の起源に関わるストーリーが存在しないこともあろう。そのような場合、テーマ・ストーリーを見つけるか生み出す必要が生じる。さらに、ストーリーが役に立つ状況は多種多様なため、ストーリーのデータ・バンクを持つことにも価値がある。

モービル（現在のエクソンモービル）の経験からは教えられるところが多い。同社は社内でロールモデルを見つける狙いもあって、モービル・ブランドのリーダーシップとパートナーシップ、そして信頼の推進力を最もよく表すプログラムや活動を社員に決めさせるコンテストを行った。最優秀に選ばれたチームは、インディ五〇〇といったモービルが後援するイベントに内部関係者の立場で参加できる。このコンテストに応募したプログラムや活動は三〇〇を超え、組織全体を通してさらに多くの人々が同社のブランド・ビジョンに関与することになった。さらに有益な副産物として、ブランド・ビジョンを詳述し、深みと感動を付加し、将来のテーマ・ストーリーの源として使えそうな一連のロールモデルが見つかった。

難題となるのは、テーマ・ストーリーを人々の目に触れるように生かし続けておくことだ。一つのやり方は、社内イントラネットとブランドのウェブサイトに「歴史」や「伝統」の枠を設けることだ。もう一つの手は、カギとなるストーリーをシンボルに代弁させることだ。L・L・ビーンには、出発点となったブーツの巨大な彫刻がある。ヒューレット・パッカード（HP）には、ビル・ヒューレットとデビッド・パッカードが同社を始めたパロアルトのガレージがあるし、最初の発振器を含む初期の製品などが展示されているバーチャル博物館もある。さらにもう一つの方法は、ストーリーに結びついたイベントや表彰を行うことだ。

外部向けと社内向けのブランディング

外部向けブランディングと社内向けブランディングには関連がある。二つのブランディングの取り組みはお互いを補強することになるだろう。共通要素を明確に見定め、二つを連携させることは役に立つ。時にこの二つはまったく同一のこともある。その場合、シナジー効果の実現は容易になる。

多額の予算と創造的なコミュニケーション・プログラムを持つことの多い外部向けブランディングは、社員も目にすることになる。ユナイテッド航空の外部向けブランディング活動「フレンドリー・スカイ」は、ブランド・プロミスを顕在化させることで社員に影響を与え、その約束を果たすことで顧客にどんな効果を与えられるかを社員に示すことを意図していた。

社内向けブランディングによって推進力を得た取り組みは、外部向けブランディングにも影響を与える。社内向けブランディングは外部向けブランディングよりさらに野心的であってもかまわない。実現を夢見ながらも、まだ組織にその能力がないような要素が含まれていてもいいのだ。そうした野心的な要素を実現するには、組織文化の刷新や新たな強みの開発、もしくは製品・サービスの修正などが必要かもしれない。野心的要素を組み込むことで、その実現に向けた階段を上がるよう社員にはっぱをかけ、方向性を示すことになる場合もあろう。外部に向けたブランド構築では、そのような野心的要素は実現可能になるまで控えておいたほうがよいこともある。

スウェーデンの上位五〇〇社を対象にした調査によると、社内と外部の両方に向けてブランド・ビジョンを強調した企業の収益性（一四・四％）は、ブランド・ビジョンを主に社内的な文化醸造の推進役に使った企業（収益性は一一・三％）や、ブランドを主に外部向け販促活動の道具として使った企業（同九・六％）、ブランド・ビジョンに疑いの目を向けていた企業（同八・〇％）と比べて、統計的に有意に高かった。[1]

第14章のまとめ

強力なブランドを構築するには、まず内部から始めることだ。市場で強いブランドを生み出すためには、社員と事業パートナーがブランド・ビジョンを理解すると同時に、その実現を意識する必要がある。明快で説得力のある社内向けブランディングによって、ブランドを前進させるプログラムを生み出すための方向性と意欲が得られ、ブランド・プロミスを混乱させたり効果を弱めたりするプログラムを避けることができるだろう。社内で強力なブランドを構築するには、トップ・マネジメントや顧客と向き合う社員、社内のブランド・アンバサダーなどを主な対象として、「ブランドを学ぶ」「ブランドを信じる」「ブランドを演じる」という三つの段階を経る必要がある。また、ブランドを生き生きと、本物として伝える一助とするため、テーマ・ストーリーを集め、利用すべきである。

第Ⅳ部——【強化】

ブランド・レレバンス

Part IV　Maintain Relevance

第15章

ブランド・レレバンスを脅かす三つの要因

Three Threats to Brand Relevance

森に続く小道が巨人によって変えられてしまい、相方が別の道を行こうと勧めた。
赤ずきん「ママは決して道を外れてはダメと言ったわ」
相方「道があなたから外れてしまったのよ」

——スティーヴン・ソンドハイム、『イントゥ・ザ・ウッズ』

ブランドは成長し、競争に勝ち、市場を支配するという野望さえ抱くべきである。しかし同時に望むべきは、レレバンスを失って敗北するのを避けることだ。ほとんどのブランドは、大きな割合を占める顧客層がそのブランドを許容できる選択肢から外してしまい、しかもそのような顧客層が拡大していくという事態に陥る危険にさらされている。[1]

ブランドがレレバンスを失う可能性があるのは、次の三つのパターンだ。

- ブランドが所属するサブカテゴリー（またはカテゴリー）が縮小、または変化している。

・何らかの「買わない理由」が急に広がった。
・ブランドの活気と存在感が失われつつある。

サブカテゴリーが縮小している

動きの激しい市場では、そのブランドがつくっていると認識されているものを顧客が買わなくなりつつあるとき、深刻な脅威が発生する。例えば、競合のイノベーションによって〝マストハブ〟が生まれ、新たなサブカテゴリー（またはカテゴリー）が出現する。または、健康な食生活といった新しいトレンドが特定のサブカテゴリーを活性化し、その他のサブカテゴリーを窮地に追いやるといったケースだ。

一定数の顧客が、ＳＵＶではなくハイブリッド・セダンを望んでいるとしよう。その場合、彼らがあなたの会社のＳＵＶをどれほど高く評価していようと、まったく意味がない。そうした顧客は今でもあなたのＳＵＶに敬意を抱き、市場で最高の品質と価値を持つと信じているかもしれない。それどころか、あなたのＳＵＶを愛し、周囲でＳＵＶに興味がある友人がいれば誰彼となく推薦さえしているかもしれない。もし自分でもＳＵＶを買うならば、あなたのＳＵＶを買うことだろう。しかし、彼らはすでにハイブリッド・セダンの購入者へと歩み去ってしまっており、あなたのブランドはレレバントではなくなっている。仮にあなたのブランドがハイブリッド・セダンをつくっていたとしても、やはりレレバントでなくなる点に変わりはない。なぜなら、ハイブリッドの市場においては、あなたのブランドは存在感や信頼性に欠けているからだ。

このような形でレレバンスを失うとき、それはゆっくりと進行するせいもあって、気づかないうちにそうなっている。そのうえ、ブランドが強く、顧客ロイヤルティも高く、イノベーションの積み重ねによって製品・サービスが過去最高であるときでさえ、そうしたことが起きる可能性はある。皮肉なことに、そのブランドの強さの源だった部分が、市場の変化によってレレバンスのマイナス要因になってしまうこともある。第7章で紹介した日本のビール市場の分析を思い出してほしい。一九八六年にアサヒがスーパードライを投入し、ほぼ二五年にわたって市場シェア六〇％を享受してきた日本のラガービールの王者、キリンラガーの市場シェアを、短期間で一〇ポイント以上奪った例である。キリンはラガービールで評判を築いていたため、「キリン・ドライビール」のような商品を開発してこの変化に立ち向かうことが不可能だった。キリン・ブランドはそもそもドライの世界では信頼性を欠いていたのである。

究極の悲劇は、素晴らしい才能を発揮して差別化を生み出し、「そのブランドよりうちのブランドのほうがいいですよ」式の選好競争に勝ち、ブランドに活気と存在感を生み出しながらも、レレバンス問題のせいでこうした努力をまったくの無駄に終わらせてしまうことだ。最高の場所に公衆電話を設置してきた有料電話会社や、最高の編集スタッフをそろえた新聞社を考えてみればいい。自社ブランドの弱さをブランド選好の問題だと思い込むのは、実際に起きていることへの何の対策にもならない、見当違いの無益な構想につながりかねない。

顧客の購買行動の変化によりサブカテゴリーのレレバンスを失う危険に直面しているブランド、

または近々そうなりそうなブランドには、対応策として次の五つの戦略がある。

1　パリティを得る（同格になる）

この戦略の最終目的は、競合の〝マストハブ〟に性能面でほとんど負けない選択肢となる製品・サービスを生み出し、もはや自社ブランドが排除されることがないようにすることにある。マクドナルドは、朝食と軽食の時間帯を過ごす先としてスターバックスに取って代わられる脅威に直面し、マックカフェの製品群を投入した。多くの顧客にとってこれはコーヒーの品質面でスターバックスと同格であることの証明となり、品質の差はマクドナルドが選択肢から外されるのを防ぐのに十分なほどわずかになった。

パリティ戦略を採る場合の課題は、そのブランドが新領域では信頼性を欠くと認識されるかもしれない点だ。もう一つの課題は、その企業の文化と強み、そしてスキルがパリティ構想を支援するのに合わない場合、実際にパリティ戦略を実現するのは不可能かもしれない点だ。

2　一足飛びのイノベーション

同格の製品でパリティを得ることで満足するのではなく、一足飛びに競合を追い抜き、新しいカテゴリー（またはサブカテゴリー）を乗っ取ることに挑戦してもいい。乗っ取るまではいかなくても、重要イノベーションや転換イノベーションによって自社が主要プレイヤーとなることを狙ってもいいだろう。ナイキは、ナイキ・プラスの靴とｉＰｏｄセンサーを組み合わせ、ジョギング中に音楽を聴きながら毎回のトレーニング記録も残せるようにした。するとアディダスは、〈コーチ・サークル〉（特定のトレーナーとつながる）、〈スマート・ラン〉（腕につけたスマートウォッチがトレーナーになる）、〈サポート・ディスカッション〉（トレーニングに関する質問に答える）などの特徴を持ったマイコーチによって、ナイキを一足飛びに追い越した。シスコは何度となく製品ラインの穴に直面しては、買収によってその穴を埋めてきた。買収後は、シスコ主導のシナジー効果とシステム・メリットによって、競合を一足飛びに追い越す結果を得ている。

こうした一足飛びの戦略は、簡単には達成できない重要イノベーションや転換イノベーションを必要とすることが多い。そのうえ、おそらく規模や勢いのある競合がいるであろう市場で足場を確立するのは、たとえ見事なイノベーションをもってしても困難が予想される。

3　再ポジション（ポジショニングの変更）

市場の動的変化に合わせ、価値提案がよりレレバントになるようブランドを修正、または再ポジションする。伝統的に狩りや釣り、キャンプを基盤としてきたL・L・ビーンは、より広範囲をカバーするアウトドア企業へと再ポジションすることで、山登り、マウンテンバイク、クロスカントリー・スキー、水上・水中スポーツなどに熱中するアウトドア・ファンの関心分野でもレレバントになった。同社は現代的なアウトドア活動に対しても昔ながらの変わらぬ畏怖と敬意、冒険の心を持って扱っているが、伝統的なアウトドア活動とは別物として見ている。

難題は、新たなポジションで信頼を獲得するのに十分なだけの中身を伴うこと、そして同様に再ブランディング戦略を実現することだ。L・L・ビーンは新たなポジションをしっかりと実践し、顧客にとってレレバントなメリットを提供しなければならなかった。

4 自分のことだけに集中する

周囲に適応するのではなく、同じ価値提案と同じ戦略を変わらず追求していくという道もある。ただし、以前よりも優れたやり方で行う必要がある。第13章で触れたように、一九三〇年代に電動ひげそりが登場し、その圧倒的なメリットが安全カミソリの脅威となった。ところが、ジレットが信じられないようなイノベーションを連発したことで、安全カミソリは新カテゴリーの撃退に成功し、強固な成長を維持できた。ハンバーガーとポテトフライ、シェイクだけのメニューで米国西部で熱烈な顧客ロイヤルティを築いてきたイン・アンド・アウト・バーガーは、健康食志向の流行にまったく迎合する素振りを見せない。徹底的な品質と一貫性とサービスで、同じメニューを提供することをひたすら続けている。商売に値するだけの数の顧客層が健康食の流行など意に介さず、また、そうでない層も時々は同店の味を楽しむことを自分に許すだろうと想定しているのだ。

この戦略のリスクは、新たなカテゴリー（またはサブカテゴリー）を生み出した基盤が実は非常に強いトレンドであったり、抗し難い複数のメリットを持っていたりした場合、それを避けて通る戦略が、不毛な結果、さらには破滅的な結果にさえなりかねないことだ。

5 投資中断、または撤退

ここまでの四つの戦略がいずれも魅力的に思えないか、実現可能ですらない場合、残りの選択肢は投資中断（その事業への経営資源投入を凍結するか引き上げる）、または撤退となる。この戦略は、投資先を下向きの製品市場から上向きの製品市場へと移すことを意味する。例えばP&Gは、食品事業の大半から撤退し、成長性と利益率に勝る化粧品とスキンケア事業へ投資先を移した。ゼネラル・エレクトリック（GE）は、多数の再生可能エネルギー事業に参入し、医療分野に投資し、同時に、より成熟した産業については投資中断もしくは撤退している。事業の投資中断や撤退は大きな痛みを伴うが、それができるか否かは、その企業が変化の激しい市場でやっていける能力を左右する決定的な要素である。

投資中断を選ぶ際のリスクは、市場のトレンドが緩慢になったり停滞したり、時には逆流さえしかねないことだ。そうなると市場は再び魅力的な投資先になるが、そのときにはすでに自社ブランドにプレイヤーとなる能力が残されていない可能性がある。未来を予測するのは簡単ではない。一九六〇年代後半、〝小切手レス社会〟がすぐそこまで来ており、企業はこの〝現実〟に適応する必要がある、と詳細に解説する記事や論文が何十となくあった。ところが実際には、一九七〇～八〇年代を通じて小切手の利用回数は増え続けた。九〇年代初頭になって初めて横ばいになり、二〇〇四年前後になってようやく急激な減少が始まったのである。二〇一〇年当時でさえ、小切手を切る回数はクレジットカードの取引回数より多かった。かつてヨギ・ベラが述べたとおり「未来は、かつて予想されたような未来ではない」のである。

正しい対策を選ぶ

前述の1～5のうち、どの対策を選ぶべきかは置かれた環境によるが、いずれにしても次の二つの難問に答えなければならない。一つは、レレバンスの危機がどの程度深刻で、それをもたらしたトレンドの波はどれほど大きいか。もう一つは、パリティを得たり、一足飛びのイノベーションを行ったり、再ポジショニングする自社の能力は、本当のところはどれほどあるのか。イノベーションを実現し、必要なケイパビリティを付加し、市場で成功する能力が自社にあるのか、である。

ブランドのマイナス点から「買わない理由」が生じた

品質問題が生じる、または自社の措置・方針・プログラムが重要な顧客層に反感を持たれるなどのブランドのマイナス点が「買わない理由」となったときも、レレバンスの喪失が起きかねない。かつてペリエは、商品である水の汚染問題に直面し、ブランド品質の根底を揺さぶられ、販売とイメージは負の影響を受けた。一部の人は、ナイキの工場が外国人労働者を搾取していると考え、ナイキ製品を避けている。母乳の代わりに乳児用粉ミルクを使うようネスレが過剰に販促活動をしているため、清潔な水が手に入らない貧困層の赤ちゃんが危険な目に遭い、時には命さえ落としていると考える人々により、ネスレ製品の不買運動は三〇年以上続いている。ささいな製品の特徴でさえ問題となることもある。例えば、カップ・ホルダーがついていないという理由で、一部のドイツ・ブランドの自動車を買おうとしない人々もいた。

こうした「買わない理由」でレレバンスの問題が起きたとき、その対応策として大まかに二つの方法がある。一つは正面から対応してマイナス点を打ち消す方法、もう一つは議論をすり替える方法だ。

マイナス点を打ち消す

韓国車は品質に劣り、韓国ブランドは面白みに欠ける――。二一世紀への変わり目、米国市場でヒュンダイ自動車はこのような認識と戦っていた。その結果ヒュンダイは、二つの「買わない理由」に直面することになる。

一九九八年から始まった複数のプログラムにより、ヒュンダイの車はデザイン面と製造面で高品質を実現できるようになり、二〇〇四年までには市場調査会社J・D・パワーによる自動車初期品質調査で、最下位周辺からトップに迫るまでになった。ところが実際に品質が向上したにもかかわらず、ネガティブな認識はなかなか消えず、ヒュンダイが品質向上を訴える説得力のあるストーリーを導入してからやっと消えた。それは〈ヒュンダイ・アドバンテージ〉という名でブランド化された大胆な保証制度で、自動車業界では初めて動力系統を一〇年間または走行距離一〇万マイル（約一六万キロ）まで無償で保証したものだ。「米国最良の保証」と銘打って宣伝されたヒュンダイ・アドバンテージは、品質のストーリーをはっきりと目に見える形で伝え、とてつもない存在感を獲得する。そして、レクサス・クラスのヒュンダイ・ジェネシスが市場投入され、二〇〇九年にデトロイトで開催された北米国際自動車ショーでカー・オブ・ザ・イヤーを受賞したことで、品質に関するヒュンダイのブランド・イメージは一気に急上昇した。スーパーボウルやワールドカップ、その他の一流イベントで見事な広告を打ったこともこれを後押しした。

買わない理由の二つ目、「韓国ブランドは面白みに欠ける」という烙印を押されたのは、右へ倣えの模倣主義と独自性に欠けるパッとしないデザインが根底にあった。このイメージを払拭するため、二つのプログラムが実施された。一つ目の「ヒュンダイ安心プログラム」では、二〇〇八年からの金融危機の間、もし顧客が失業したらヒュンダイ車はすべて買い戻すと宣言した。人々はこれを、米国が直面する経済不安に親身になって対応する創造的なプログラムだと受け止めた。二つ目のプログラムは「流体の彫刻」の名でブランド化された目につきやすいデザイン手法で、これはヒュンダイ車のデザインを負債から資産に変えてしまうほど魅力的だった。

このようにマイナス点を打ち消したことで、ヒュンダイは無名の状態から米国自動車市場の五%程度を占める存在にまでなった。これに劣らず驚くべきこととして、自動車購入を検討する米国人のおよそ三〇%が、ヒュンダイを検討対象にすると答えるほどにまで、レレバンスのレベルも増したのである。

話題を変える

マイナス点について、それはもはや存在しないとか、そんなことは一度もしたことがないとか、はっきりとした証拠を示して打ち消す方向で攻勢をかけるのは魅力的に思える。しかし、そのような取り組みは結局、かつての問題やそのマイナス点をめぐる自社の信頼性の欠如を人々に思い出させることにもなりかねない。それよりも、話題を変えたり、違う見方を示したりすることで、そのマイナス点が無意識のうちに真っ先に思い浮かび、議論の中心になってしまうことのないようにするほうが効果的だろう。

二〇〇五年、ウォルマートは米国民の八%に当たる人々から不買運動を受け、それ以外の人々からもよくない印象を持たれることになった。これらの顧客層が気分を害した理由は、ウォルマートが従業員と納入業者に対してひどい扱いをしていると認識されたこと、中国の供給業者から大量買い付けをしていること、弱小小売店を踏みつぶそうとしていると受け止められたことなどだ。こうした問題に真正面からぶつかる形で対応すると、その取り組みによって問題がますます注目を集め、事態を悪化させてしまうだけだとウォルマートは学んだ。話題を変えようとする取り組みのほうが功を奏したのだ。

すべては二〇〇四年のキャンプ旅行から始まった。そこでウォルマート会長のロブ・ウォルトンは、環境プログラムのリーダー役を務めるよう要求されたのだ。その結果、従業員、配送トラック、店舗、倉庫、納入業者、地域コミュニティ、そして顧客を巻き込む、全社的で大がかりな持続可能性への取り組みが始まった。ウォルマート幹部、納入業者、環境団体、規制当局者からなる一四のチームが結成され、それぞれが店舗運営や物流、包装、林産物の使用といった分野の持続可能性に集中的に取り組んだ。環境に配慮した製品や包装の供給者は、アラスカのシャケ漁師からユニリーバ（洗剤のパッケージを小型化してスペースと包装材料を類似製品より省いた）

に至るまで、単に優遇されるだけでなく支援を受けることができた。

結果として、国家的重要事項である省エネルギーと、驚くほど大きなコスト削減が実現できた。そのうえ、有機食品やオーガニック・コットン製の衣料までも店舗での扱いが増えたことで、顧客の評価が高まったことも判明した。正しいことをしようという動機で始めたプログラムは、結果的に非常に収益性の高い投資になったのである。

レレバンス問題にとって大きかったのは、このプログラムが社会的責任の面でウォルマート・ブランドを急上昇させた点だ。その原動力の一部は、プログラムの背景となったストーリーであり、一部はプログラムの成果であった。どちらも大きな注目を集めた。[2] 当時のウォルマートへの認識を最も的確に要約したのは、「今やウォルマートを毛嫌いするのは難しくなった」という見出しの記事かもしれない。[3] ウォルマート・ブランドをめぐる論調は変わった。マイナス点に集中する以外の道もあったのである。ウォルマートに突きつけられたレレバンスの問題はまだすべて解決したわけではなかったが、大いに緩和された。そして流れはよい方向に向かっていた。その数年前に同社が置かれていた立場を考えれば、著しい改善と言えるだろう。

防戦が役立つときもある

すべてのマネジャーには、製品・サービスを改善しよう、プラスの点を付け加えようとする傾向がある。しかし、マイナス点に対処するほうが生産的なこともある。ブランドを、より大きな集団に対してレレバントになるようにするのだ。ただし、単に機能面でのマイナス点に対処するだけでは不十分だ。自社ブランドを墓場に捨てた(見慣れたブランドなのに、購入決定時には「頭に浮かばない」)かもしれない人々に対し、なんとかして信頼できるコミュニケーションを実現する手段が必要である。彼らにはこちらのメッセージが届いていないのだ。自分たちのストーリーを聞いてもらう必要がある。その課題の実現には、「流体の彫刻」のようなブランドや、ウォルマートの環境構想のような注目を集めるプログラムが役に立つだろう。

ブランドが活気を失っている

レレバンスに関する三つ目の脅威は、ブランドが活気を失うことだ。活気がレレバンスを左右するほど重要な理由は、活気が存在感を生み出すからだ。そしてレレバントでいるためには、購入時にそのブランドが頭に浮かぶ必要がある。活気を失い、それゆえ存在感を失ったブランドは、競合ひしめく競争環境の中で雑音に埋もれ、レレバントではなくなってしまうだろう。また、活気を失ったブランドは、陳腐で古臭くて退屈だとみなされ、それゆえ受け入れがたいとみなされてしまうこともある。

次章では、ブランドに活気を与える三つの方法について解説する。新たな製品・サービスで活力を生み出す、マーケティング・プログラムを活性化する、ブランドとリンクできるブランド活性化要素を見つけるか開発する、の三つである。

第15章のまとめ

勝つのは非常に気持ちがいい。しかし、市場の重要分野でレレバンスを失うという「負け」を回避することも、時には勝つのに匹敵するほど実りあることだ。一般に、大きな勝利を当てにするよりも、レレバンスを維持するほうが簡単でコスト効率もよい。そのうえ、将来の勝利に向けた戦略のお膳立てができることもある。

ブランドは、三つのパターンのいずれによってもレレバンスを失う危険がある。サブカテゴリーが縮小しているパターンの対策としては、十分でない側面でパリティを得る（同格になる）、一足飛びに競合を追い抜く、ブランドのポジションを変更する、自分のことだけに集中する戦略を採る、投資中断または撤退する、などがある。「買わない理由」が生じたパターンは、マイナス点を打ち消すか、話題を変えることで中和できる。三つ目のパターンである活気の喪失については次章で扱う。

こうしたレレバンスの脅威を見逃さず、敏感でいることは難しい課題だ。脅威への対策は可能だが、それは脅威を見つけ、理解できてこその話である。深刻な病気と闘う場合と同じで、気づくのが早ければ早いほど効果的な手を打つのが容易になる。だが、脅威に気づくのは簡単でないこともある。必要なのは、市場調査能力とデータから知見を読み取る力、そして、市場の変化とブランドの新たな弱点を敏感に読み取る戦略的センスのある人材である。

第16章

Energize Your Brand!

ブランドに活気を与える！

「男女関係というのはサメと同じだと思う。常に前進していないと死ぬ。そして我々の関係はサメの死骸だ」

——ウディ・アレン、『アニー・ホール』

自社ブランドが特別な例外でない限り、活気が必要だ！　以下の特徴のうち、少なくとも一つには当てはまらなくてはならない。

- 興味深い／刺激的——そのブランドを話題にするには理由がある（例：アックス、NASCAR、ピクサー、レッドブル、フェデックス・カップ）。
- 巻き込む／引きつける——そのブランドは人々を引きつける。ブランドでなく、評価の高い活動やライフスタイルでもいい(例：レゴ、ディズニー、スターバックス、グーグル、アマゾン)。
- 創造的／変化に富む——そのブランドには、新たなサブカテゴリーを形成する〝マストハブ〟

イノベーションを生み出す能力がある。または、漸進的ながらも目立ったイノベーションを次々と実現してきた（例：アップル、ヴァージン、GE、3M）。

- 情熱的／目標に一心不乱――そのブランドは、情熱を駆り立てるような大いなる目標を表す（例：ホールフーズ・マーケット、パタゴニア、無印良品、メソッド、ベン&ジェリーズ）。

活気が足りないブランドは、潜在的に三つのマイナス材料を持つことになる。一つ目は、存在感を欠くため、レレバンスに不可欠の条件である「購入時の検討対象」になる可能性が薄まる。二つ目は、活気を失ったブランドは退屈で陳腐で古臭く、最先端でないとみなされることにつながりかねない。もはや顧客の自己イメージやライフスタイルに合わなくなったブランドは、マイナスの自己表現便益と社会的便益を生み出し、著しく時代遅れとなる。三つ目は、ブランドが活気を失うことは重要なイメージ要素の劣化をもたらしかねない。こうした劣化が実際に起きていることは、憂慮すべき証拠によってはっきりと示される。

ヤング・アンド・ルビカムのBAV（ブランド・アセット・バリュエーター）のデータベースは、一九九三年から現在まで、四〇を超える国々から四万ブランドを集め、七五を超える指標で評価している。ジョン・ガーズマとエド・レバーは著書 *The Brand Bubble*（日本語未訳）の中で、このBAVデータベースから判明したこととして、信頼性、尊重、知覚品質、およびブランド認知で測ったブランド・エクイティが時とともに急速に低下していると報告した[1]。例えば、一九九〇年代中頃からの一〇～一二年間において、信頼性はほぼ五〇%下落し、尊重は一二%、知覚品質は二四%、さらに注目すべき点として、ブランド認知さえも二四%下がっている。この下落は調査の後も続いており、加速さえしている。

この下落を免れている例外が、活気のあるブランドだ。活気あるブランドは概して、単にイメージ低下を阻止するだけでなく、財務業績に貢献する能力も維持している。ブランドの活気が上昇すると、その使用と選好の両方が増えることが示されている。加えて、活気あるブランドの場合、活気が増して顧客の態度が向上すると、株収益を押し上げる（GEやIBMといった、自社の売上げのかなりの部分を代表するブランドについての話である）。これは、ワシントン大学のボブ・ジェイコブソンとコロンビア大学のナタリー・ミジクによるBAVをモデル化する取り組みによって示された。[2] 実際、BAVチームは差別化の定義を見直し、今では「活気による差別化」と呼んでいる。活気がないと差別化の影響力が弱体化するからだ。

では、どうすればブランドを活気づけることができるのか。すべてのブランドが検討すべき三つの方法がある。新たな製品・サービスで活力を与える、マーケティングを活性化する、ブランドと結びつけられるブランド活性化要素を見つけるか開発する、の三つだ。

新しい製品・サービスによる活力

製品・サービスのイノベーションを通してブランドの活力を維持するのは、一つのやり方だ。ダヴ、GE、サムスン、コロンビアスポーツウェアやその他のブランドは、関心と存在感と活気をもたらす製品・サービスのイノベーションを絶えず続けている。

健全なブランドでも、活気を与えたり、さらに活気を高めたりするのは難しい課題だ。ましてや陳腐化し、活気が薄れてしまったブランドを再活性化するのはさらに難しい。そうした状況では、製品・サービスの有意義なイノベーションが決定的な役割を果たすことがある。ブランドが顧客に自己表現便益と社会的便益を与えるカテゴリーに属している場合、そのブランドは今やひと味違うのだと、顧客を納得させられるだけの製品・サービスの有意義なイノベーションが不可欠なこともある。そのような宣言となる製品・サービスがないと、「自分たちは変わりました」とどれだけ主張しても効果はないだろう。

キャデラックは品質改善とマーケティングの結果、ブランドを再活性化したが、その際に欠かせない要因となったのは、カー・オブ・ザ・イヤーを受賞までした新型車ＣＴＳであった。この車自体が一つのイノベーションであったわけではないが、いつのまにかレレバンスを失っていたキャデラック・ブランドの伝統的な威光を思い出させる車であった。ブランドの伝統を現代化する方法が見つかるようであれば、その活用がブランド再活性化を左右する要因となる。実のところ、陳腐化したブランドを再活性化するのがどれほど大変であろうと、新たなブランドを生み出すよりは概して容易である。いずれにせよ、キャデラックのブランド再活性化は、新型車という目に見える証拠品なしには成功しなかったであろう。

マーケティングを活性化する

ほとんどのブランドにとって、人目につきやすく、インパクトのある製品・サービスのイノベーションを生み出せることは滅多にないことだろう。そのうえ、例えばホットドッグや保険など、成熟しているか製品自体が退屈か、もしくはその両方であるような一部のカテゴリーにおいては、新製品による活力に頼った活性化の手法は現実的でない。したがって、多くの状況においては、印象的なマーケティング・プログラムを生み出すことが選択肢の一つとなり、そのほうが製品・サービスのイノベーションよりも容易なブランド再活性化の道となる。以下に、実例となるプログラムをいくつか紹介する。

- 人々を巻き込む販促活動――デニーズは以前、定番の朝食セット〈グランドスラム〉を無料で提供したことがある。スーパーボウル放送枠のテレビCMとネットの口コミの助けを借りて、一日で二〇〇万セット以上を提供することになった。この活動は、雑音に満ちた競争環境で際立つことができた。
- 説得力のある広告宣伝――〈オールドスパイス〉(男性用デオドラント)は、元NFLのスター選手で俳優、筋骨隆々のイザイア・ムスタファを広告に登用し、女性たちに「あなたの彼もこんなにおいの男になれます」と訴える。この広告の第一弾は二年間にネット上で四四〇〇万回も視聴された。これによりオールドスパイスは活性化され、スポーティな〈ライトガード〉とセクシーな〈アックス〉の地位を奪って業界リーダーとなった。

- 小売進出――アップルの製品とブランドが成功した大きな理由は、アップルストアにある。というのも、アップルストアには活気があり、まさに、ブランドを的確に表現しているからだ。ナイキ、パナソニック、そしてソニーも、説得力があり総合的な形でブランドと製品のストーリーを表現するための店舗を持っている。
- 高次元の目的――〝大いなる目標〟があれば、社員と顧客に活気を与えることができる。この点については、第5章で具体例を挙げて説明した。親と教師が子どもに刺激を与え、創造力のある子に育てるための手助けをしようという、クレヨラの目標。非常識なほどすごい製品を生み出そうとするアップルの大志。そして、衣料の「リデュース、リペア、リユース、そしてリサイクル」を行うパタゴニアの顧客向け活動プログラム、といったケースを紹介した。
- 口コミで広がる動画――第12章で触れたように、DCシューズがスタント・ドライバーを使って作成した曲乗りの動画は口コミで広く拡散した。コカ・コーラは「幸福の自動販売機」の動画でブランドの活気を高めた。

前述したブランドの活気の四側面のうち、多くのブランドにとって最も取り組みやすくて強力なのは「巻き込む／引きつける」である。この側面を活性化するには、ブランドのウェブサイトで積極的なコミュニティを形成すればいい。第11章でも述べたように、この側面で成功するためのカギは、顧客のスイートスポットに集中することだ。顧客の自己イメージ、価値観、ライフスタイルの重要な部分を占める関心事や活動である。メイヨー・クリニックのウェブサイト、mayoclinic.comを見てほしい。そこでは同クリニックの擁する三〇〇〇人以上の医師と科学者が、病気やその症状、薬、サプリメント、検査、そして一般的な健康に関する最新の医学情報を公開している。また、〈ネイチャー・バレー・トライアル・ビュー〉（自然渓谷の小道）のサイトでは、四つの国立公園の素晴らしい小道をハイカーの視点で見ることができる。

ブランド活性化要素を見つける、または生み出す

ブランドに活気をもたらす第三の道は、活気のある何か、すなわち、ブランド活性化要素を見つけるか生み出すかし、ブランドをそれに結びつける方法だ。ブランド活性化要素には二種類ある。自社所有できる社内のブランド活性化要素と、社外のブランド活性化要素である。

自社所有できる社内のブランド活性化要素

自社で所有できる社内のブランド活性化要素とは、ブランド化された製品、販促活動、後援活動、シンボル、プログラム、もしくはその他のもので、対象となるブランドを連想によって大幅に前進・活性化させ、さらに自社で開発・所有できるものだ。

ある種のブランド活性化要素は、顧客のスイートスポットを原動力とする。そのような実例を

第11章で紹介した。一つはホットドッグの形をしたオスカーメイヤーの八台のウィンナーモービルで、子ども向けイベントに登場してはオスカーメイヤーのジングルコンテストを支援する。もう一つの例は「乳がんのためのエイボン・ウォーク」で、自社の製品・サービスでは得られないであろう活気をこの化粧品会社にもたらしている。そのほかにも、パンパースビレッジやビューティ・トークといったウェブサイトの例もある。

シンボルや人物が社内のブランド活性化要素になることもできる。アフラック・ダックやベティ・クロッカー、ミシュランマンといったシンボルは、ずば抜けた注目を集めながらもレレバントな属性を強調している。ヴァージンの創業者でCEOのリチャード・ブランソンは、突飛なパフォーマンス（熱気球での冒険など）もあって、ヴァージン・ブランドの活気とパーソナリティの大きな部分を占める存在となっている。

社外のブランド活性化要素

狙った顧客層の心に響き、対象ブランドを前進・活性化させるようなブランド活性化要素を社内で生み出し、所有するのは簡単なことではなく、コストもかかるだろう。そのうえ、数カ月単位で対策を実施することが必要なときでも、ブランド活性化要素に弾みがつくまで数年間かかることもある。それどころか、競合が強力なブランドと自社所有の活発なブランド活性化要素を持つような市場では、そもそも社内のブランド活性化要素を持つのがまったく不可能ということさえある。そうした場合の選択肢の一つは、他の組織が所有する社外のブランド活性化要素を利用することだ。一言で言えば、すでに活気のある既存のブランドを見つけ、対象ブランドをそれに結びつけるのである。

対象ブランドを前進・活性化させる可能性を持ち、しかもずば抜けた強さもあり、競合ブランドには結びついておらず、対象ブランドに結びつけることができそうなブランドは、社外を見渡せばほぼ無限に存在する。規律と創造力を持って探せば候補が見つかるはずだ。問題は、その後で必要となる共同ブランド協定を締結し、運営していくことだ。社外のブランド活性化要素の起源は多様だろうが、そのうち最も重要なのは、後援活動とエンドースメントである。

しかるべき後援活動を巧みに運営すれば、有意義な大いなる目標を加えることでブランドに活気を与え、ブランドを変えることさえできる。例えば、第11章で触れたように、ホーム・デポはハビタット・フォー・ヒューマニティを後援している。フェデックスはフェデックス・カップから活力を得ている。フェデックス・カップとは、四つの大会を頂点とするゴルフ選手のシリーズトーナメントで、最終戦では一〇〇〇万ドルの優勝賞金をめぐってわずか三〇人のプロが競う。由緒ある自動車用オイル・ブランドのバルボリンは、創造的で興味深いウェブサイトのおかげもあって、NASCAR（全米自動車競技協会）の後援を通して人々を巻き込み、目につきやすい共通の興味を手に入れている。

もう一つの道は、エンドーサーを利用するやり方だ。これは、現代的で存在感があり、活力ある本物で、話題となっている、ブランドにぴったりな有名人のことである。レブロン・ジェームズ（プロ・バスケットボール選手）が、ナイキだけでなくコカ・コーラやサムスン、ステートフアーム、マクドナルドに何をもたらしたか考えてほしい。また、シンボルがエンドーサーを務めることも可能だ。一九八五年にはメットライフがチャーリー・ブラウンのキャラクターたちを採用しており、それより前には断熱材の会社、オーウェンスコーニングがピンクパンサーを使っている。こうしたシンボルは、製品自体が退屈な分野のブランドに、活気と注目をもたらすことができる。

ブランド活性化要素利用の手引き

ブランド活性化要素に以下のような特徴があれば、成功の確率が高まる。

●自身に活気がある

ブランド活性化要素はそれ自身が活気を持っていなければならない。どれほどブランドにぴったりで、どれほど巧みに運用されようとも、ブランド活性化要素自身に活気がなければ投資は無駄に終わるだろう。さらに、ブランド活性化要素の活気は一時的なものであってはならない。時とともに活気が増すか、少なくとも同レベルを維持する必要がある。

●情緒的なつながりをもたらす

顧客や潜在顧客と情緒的なつながりを築くことができれば、一連の事実や論理でブランドを伝えるよりもはるかに多くのことを伝え、はるかに関係を深めることができる。感情に訴えるメッセージはパンチ力があるうえにシンプルだ。ペディグリーの〈アドプション・ドライブ〉（捨て犬を減らすために犬の譲渡を推進する活動）は、愛らしい犬の写真を使って情緒的な反応を引き出すことで、ペディグリー・ブランドを単にドッグフードを製造する企業ではなく、それを超えたものとして活性化した。

●本物である

うさん臭い感じや、商業的なにおいのするプログラムではダメだ。ブランドとプログラムに論理的整合性があり、さらに、そのプログラムがそれ自体で（他の何かに誘導するためのものでない）きちんとした目的となり得るものならば、本物であるという感じが強まるだろう。貧困層の子どもたちが低コストで歯の手入れができるようにするプログラム〈クレスト・ヘルシー・スマイル〉は、オーラルケア用品のブランドであるクレストとの整合性が明確である。また、後援活動をする組織は、第三者的な単なるスポンサーでいるよりも、自社の社員や経営資源、能力などを活用してそのプログラムに自ら関わるほうが、本物らしさは得られやすい。ホーム・デポがハビタット・フォー・ヒューマニティと結びついたケースがその一例だ。

●マスター・ブランドに結びつく

ブランド活性化要素は、マスター・ブランドに結びつかなければ、それに活気をもたらすという本来の役目を果たすことができない。結びつく方法は三つある。一つはドナルド・マクドナルド・ハウスのように、ブランド活性化要素のブランド名の一部にマスター・ブランドの名前を使う方法だ。二つ目は、そのブランドにまさにぴったりのプログラムや活動を選ぶことで、簡単に結びつきを築けるようにする方法だ。例えば水資源保護のプログラムは、スターバックスやコカ・コーラなどのブランドにとって自然である。三つ目は、結びつきを構築するために、膨大な資源を継続的に投入して結びつきを築いていくという単純な方法だ。このやり方は、前の二つと比べるとはるかに高コストで難しい。というのも、その結びつきを覚え込む必要性が人々の側にないからだ。

●固定資産だとみなせる

ブランド活性化要素は長期的投資に見合う、積極的な管理運営を続けるべき固定資産であるとみなされるべきだ。ブランド活性化要素は、それぞれが独自の積極的な管理運営下にあるべきであり、普段は棚上げしておけばよいというものではない。エイボン・ウォークやオスカーメイヤーのウィンナーモービル、そしてアフラック・ダックのことをもう一度思い出してほしい。これらブランド活性化要素はみな数十年の寿命を持ち、自らを常に刷新してきた。

●ブランド・ポートフォリオの一部として管理運営されている

長期的ブランド資産であるブランド活性化要素は、それが自社所有であろうと社外のものであろうと、ブランド・ポートフォリオの一部として果たすべき役割を与えられ、ポートフォリオ内の他のブランドとの関係も規定されている。単独で存在する、その場限りのブランドではないのだ。こうした役割および他ブランドとの関係は、しっかりと管理運営される必要がある。とりわけ、そのブランド活性化要素と親ブランドとの関係は重要だ。

第16章のまとめ

十分に活気のあるブランドは少数であり、十分すぎるほどの活気があるブランドはまれにしかない。活気の欠如はブランドの世界に蔓延する流行病である。ほぼすべてのブランドにとって、活気を生み出すことは最優先事項である。活気が足りないということは、購入決定時に思い出してもらえる確率が減り、古臭くて陳腐で自分向きではないと認識され、ブランド・イメージが劣化することを意味する。だが有り難いことに、ブランドに活気を注入する方法がある。新しい製品・サービスによる活力を利用したり、マーケティング・プログラムを活性化したり、社内外でブランド活性化要素を発見・開発する方法だ。

第V部——【拡張】

ブランド・ポートフォリオ

Part V　Manage Your Brand Portfolio

第17章

ブランドにはポートフォリオ戦略が必要

You Need a Brand Portfolio Strategy

「全体とは、部分の総和以上のものである」
——アリストテレス

以下は実話である。あるソフトウェア企業では、ブランドと製品・サービスの種類があまりにごちゃごちゃしすぎていて、顧客が何を買うべきか社員ですら判別できなかった。さらに、新製品のネーミングが一歩も進まなくなった。というのも、どのような名前を選んでも、混乱をさらに悪化させるだけにしか思えなかったからだ。ポートフォリオの問題がここまで危機的な段階に至ることは滅多にないが、事業戦略を妨げ、ブランド構築作業の効果と効率を悪化させることは非常に多い。

すべての企業は複数のブランドを所有している。数百のブランドを所有する企業もあるし、数千を持つ企業さえ存在する。最大の問題は、あまりにも多くの企業で、それぞれのブランドが孤立したサイロとして管理運営されている点だ。そうではなく、ブランド・ポートフォリオとして積極的に管理運営しなければならない。そうすれば次のような結果が得られる。[1]

- 明快さ——社内的にも市場でも、混乱の代わりに明快さが得られる。
- シナジー効果——多種多様なブランドとそれぞれのブランド構築プログラムが協働して各ブランドの存在感を高め、一貫性を持って連携を強めて、コスト効率も得られる。
- レレバンス——既存の市場、もしくは狙っている製品市場において、自社ブランドが製品・サービスに存在感と信頼性を与えることができる。
- 強力なブランド・プラットフォーム——今後の活発な事業展開の基盤となる。
- テコ入れされたブランド資産——新しい製品市場にブランド資産を拡張してエンドーサーやマスター・ブランドにできる。
- ブランドの役目が明快になる

効果的なブランド・ポートフォリオ戦略の策定は、常に究極の難題である。一つの製品・サービスが複数のブランドを持つことも珍しくない。例えばゼネラルモーターズ（GM）をみてみよう。〈GM〉の〈キャデラック〉の〈エスカレード〉は〈スタビリトラック（車両の横滑り防止システム）〉と〈オンスター〉（一二〇ページ参照）を装備する。そして、製品を定義するこの五つのブランドは、それぞれが他のGMモデルと複雑でわかりにくいつながりを持つことが多い。

この問題をとりわけ難しくしているのは、それぞれの企業とそのブランド・ポートフォリオは、みな異なるという点だ。それゆえ、助けとなる一連のツールと考え方はあるものの、どのような状況でも使える画一的なプロセスは存在しない。加えて、ブランド・ポートフォリオ戦略は、常に変動する事業戦略によって動かされているため、ポートフォリオ自体とポートフォリオ戦略を継続的に修正、拡大、変化させる必要がある。まったく簡単な話ではないのだ。

ポートフォリオに関し、以下に挙げる二つの判断をしっかりと下さなければならない。というのも、この二点はポートフォリオが目標を達成できるか否かを左右するだけでなく、ポートフォリオ戦略の中核であるブランドの役目を定義し、説明するからだ。

- まず、新しい（もしくは既存の）製品・サービスをどのようにブランド化すべきか？　サブブランドやエンドーサー・ブランドの出番はあるのか？
- 次に、ポートフォリオ内のブランドの優先順位は？　戦略的意味を持つブランドはどれか？　取り除くべきブランド、支援を減らすべきブランドはどれか？

新製品・サービスのブランディング――ブランド関係チャート

製品・サービスは、ブランド（または一連のブランド）の名を冠して顧客に届けられる必要があり、それぞれのブランドには決められた役割がある。以下に示すそれらの役割は、ブランド・

ポートフォリオ戦略の主要な構成要素である。

- マスター・ブランド――製品・サービスの主軸であり、参照ポイントである。扱いも、その企業の主役としての地位を占めるのが通常だ。
- エンドーサー・ブランド――製品・サービスに信頼性と実質的内容を与える（例えばランコムは、ミ・ラ・クのような製品ブランドをエンドース、つまり保証している）。ほとんどの場合、エンドーサーの役割は製品・サービスの背後にある組織の戦略、社員、経営資源、価値観、そして伝統を表すことにある。
- サブブランド――特定の製品市場に合わせるため、マスター・ブランドのブランド連想を増幅、または修正する（例：ポルシェ・カレラ）。その役割は、製品特性（例：シボレー・ボルト）やブランド・パーソナリティ（例：キャロウェイ・ビッグバーサ）、製品カテゴリー（例：オーシャンスプレー・クレーズン）などの連想を付加することだ。活気を付加することさえある（例：ナイキ・フォース）。
- ディスクリプター――製品・サービスを、通常はその機能面から説明する（例：GEアビエーション、GEアプライアンス、GEキャピタル、GEヘルスケア）。一般にディスクリプターはブランドではないが、あらゆるブランド・ポートフォリオ戦略で重要な役割を担っている。

ドライバーの役割

各ブランドは、顧客の購入決定をどの程度促し、使用経験をどの程度規定するのか。ドライバーの役割は、その程度によって決まる。人が「どのブランドを買いましたか(使っていますか)?」と聞かれたときに、答えとして挙げるブランドが、主にドライバーの役割を担っている。したがって、もしジープ・ラングラーの利用者が「ラングラー」と言わずに「私はジープを買いました(ジープに乗っています)」と言う傾向があるならば、サブブランドであるラングラーはドライバーとしては副次的な役割しか果たしていないことになるだろう。通常はマスター・ブランドが主にドライバーの役割を担うが、サブブランドやエンドーサー、またはブランド差別化要素が強度の異なるドライバーの役割を担うこともできる。ドライバーの役割を理解することは、製品・サービスのブランドを開発し、その後にそのブランド(もしくは一連のブランド)を維持管理するうえで重要となる。

ブランド関係チャート

ポートフォリオ戦略のカギを握る問題は、買収もしくは自社開発した新しい製品・サービスをどのようにブランド化するか、または既存の製品・サービスをどのように再ブランド化するか、である。選択肢は四つある。**図6**に示したブランド関係チャートに沿って紹介する。

図6 | ブランド関係チャート

ブランドの役割	マスター・ブランド ＋ ディスクリプター	マスター・ブランド ＋ サブブランド	マスター・ブランド に保証された 新ブランド	新ブランド
マスター・ブランドからの距離	なし	少々	かなり	最大

● 新ブランド

最も自立度の高い選択肢は新ブランドの設立だ。マスター・ブランドとのつながりは、時に役に立たなかったり、害になったりすることさえあるが、新ブランドなら一切のつながりを絶てる。新ブランドの一群を集める場合は、我々の言う「個別ブランド戦略」になる。これは、それぞれのブランドにそれぞれ独自の〝家〟が必要であることを意味する。個別ブランド戦略を採ってきた企業の一つであるプロクター・アンド・ギャンブル（P&G）は八〇以上のブランドを運営するが、各ブランドはP&G自体にもお互いにもほとんどつながりを持っていない。

個別ブランド戦略を採る企業は、各ブランドを機能的便益に基づいてはっきりとポジショニングし、ニッチなセグメントを支配できる。他の製品市場の状況にブランドを適応させようとして、ポジショニングで妥協する必要がないのだ。それぞれのブランドは、狙い定めた価値提案によってニッチ市場の顧客と直接に結びつく。シャンプーのカテゴリーを例にとると、P&Gは次のような複数のブランドを持つ。フケを抑えたい人のためのヘッド&ショルダーズ、髪を輝かせるパンテーン、シャンプーとコンディショナーを合体した初めての製品パート・プラス、自然を意識したハーバル・エッセンス、プロ向け品質のウエラ・アリューア――。それぞれが独自の価値提案を持っている。

P&Gの個別ブランド戦略が抱える最大の弱点は、単独のブランドを複数の事業で活用するときに生じる規模の経済が得られない点だ。自分自身への投資を支援できないブランド（とりわけ一つの製品カテゴリーにP&Gが投入する三つ目や四つ目のブランド）には、停滞や衰退のリスクがある。もう一つの弱点は、ブランドを多面的に活用する機会が失われる点だ。というのも一点集中型のブランドは得てして守備範囲が狭く、あまり拡張できないからだ。

●保証付ブランド

第二の選択肢は保証付ブランド戦略である。既存のマスター・ブランド（例：3M）によって、製品・サービスのブランド（例：スコッチガード）をエンドース（保証）する戦略だ。エンドーサー・ブランドの役割は、対象となるブランドが主張する約束を果たすはずであると保証し、信頼性を付与することだ。保証されたブランド（スコッチガード）はエンドーサー（3M）から完全に独立しているわけではないが、それでもかなりの独立性を持ち、エンドーサーのものとは異なる独自の製品連想とブランド・パーソナリティを培うことができる。また通常、エンドーサー・ブランドはドライバーとして副次的な役割しか果たさないが、エンドーサーが強力で、かつ保証される新製品・サービスが未知数で高リスクの場合は、エンドーサーが重要なドライバーの役割を果たすこともある。

エンドーサーのほうが利益を得ることもままある。例えば、成功を収めた活気ある新製品や、市場リーダー的ブランドとなった製品・サービスは、自らのエンドーサーをも強化できる。このため、かつてネスレが英国のチョコレート・ブランドでトップのキットカットを買収した時、ネスレ自身の英国でのイメージを高めるために強力なエンドースメントを行った。

●サブブランド

三番目の選択肢は、ウェルズ・ファーゴのウェイ2セーブ（預金口座）やビュイック・アンクレイブのようなサブブランド戦略だ。サブブランドは、マスター・ブランドとの関係に何かを加えたり修正したりする。マスター・ブランドとは異なるパーソナリティや価値提案を持つことも可能だが、保証付ブランドほどの自由裁量は持たない。

サブブランドは、マスター・ブランドの限界を広げ、本来なら適さない市場でも戦えるようにできる。例えば、バドワイザーはブラック・クラウンというサブブランドによってプレミアム・ラガーのサブカテゴリーに参入でき、サムスンはエボリューション・キットというサブブランドによって視聴者にテレビセットと双方向のやりとりをさせるための手段を手に入れ、ジレットはビーナスというサブブランドのおかげで女性に対してもレレバントになっている。

サブブランドを管理運営するうえで大切な要素は、それがどの程度ドライバーの役割を果たすのかを理解することだ。もし重要なドライバーの役割を果たしているのなら、そのサブブランドはブランド構築の資源を投入するに値するかもしれない。だがドライバーとしては大して機能しておらず、主にディスクリプターの役割であるならば、ブランド構築資源を投入するに値しない。サブブランドの役割は過大評価されることが多く、調査の結果、サブブランドなのにほとんどドライバーの役割を果たしておらず、そのサブブランドへの投資が無駄だったことが判明して組織がショックを受けることもある。

●マスター・ブランド

最後の選択肢は、新しい製品・サービスを既存のマスター・ブランドの名のもとにディスクリプターとともに市場投入する戦略だ。この選択肢は「マスター・ブランド戦略」(訳注:マスター・ブランド戦略は、ブランデッド・ハウス戦略とも呼ばれる)と呼ばれ、マスター・ブランドが支配的なドライバーの役割を果たすことを意味する。このときに使われるディスクリプターはどんなものであれ、ドライバーとしてはごく控え目、またはゼロに近い役割しか果たさない。BMWはマスター・ブランド戦略を採用しており、同社のモデルはBMW３、BMW７、BMW X１、BMW Mなどと表記される。フェデックスも同じ戦略で、フェデックス・エクスプレス、フェデックス・サービシーズ、フェデックス・フレートといった名前が使われている。マスター・ブランド戦略は、既存のマスター・ブランドを最大限に利用し、新たな製品・サービスごとの追加投資は最小に抑え、ブランド・ポートフォリオのわかりやすさとシナジー効果を潜在的に高める。このため、マスター・ブランド戦略こそ通常選ぶべき選択肢となる。あえてその他の戦略を選ぶ場合は、説得力のある理由が求められる。

とはいえ、マスター・ブランド戦略にも二つの大きな欠点がある。第一に、価値提案を新設や修正してくれるサブブランドやエンドースされたブランドもないままに同じマスター・ブランドをさまざまな異なる製品市場に当てはめると、ブランドがその市場にいる顧客の心に響かないかもしれず、そうなると競争上不利になりかねない。第二に、マイナスの出来事や悪い評判がどこか一つの市場で発生すると、マスター・ブランド全体に害を及ぼすリスクがある点だ。

●ハイブリッド戦略

実際には、純粋に一つだけの戦略というのはほとんどなく、大半はハイブリッド戦略だ。例えば、クラフトはチーズとマヨネーズとサラダ・ドレッシングのマスター・ブランドとして使われているが、同時にストーブトップ・スタッフィング（料理用の詰め物）、ミラクル・ウィップ（ドレッシング）、オスカーメイヤー（ホットドッグ）、マックスウェルハウス（コーヒー豆）など、さまざまなブランドのエンドーサーとしても利用されている。ロレアルには、メイベリン・ニューヨークやロレアル・パリ、ガルニエといった一連のマスター・ブランドがあるが、各マスター・ブランドはそれぞれのサブブランドとブランド化成分を持っている。ＢＭＷでさえ、サブブランドの役割を果たすＭ（全輪駆動の高性能車）やＺ４（スポーツカー）があり、それらはＢＭＷとは異なる独自のパーソナリティやその他のブランド連想を持っている。

ブランド関係チャート上で正しい場所を選ぶ

新しい製品・サービスに正しいブランドを選ぶ作業は、まさに次の三点をいかに分析するかにかかっている。

- 既存のマスター・ブランドはこの新製品・サービスを強めることになるか。
- この新製品・サービスは既存のマスター・ブランドを強めることになるか。
- 個別ブランドかエンドーサー・ブランドかサブブランドかに関係なく、あえて新ブランドを創り出すべきだという説得力のある理由はあるか。

最も理想的なのは、マスター・ブランドが新しい製品・サービスの一部となることでそれを強化すると同時に、マスター・ブランド自身の利益にもなる状況である。このような状況を実現できないなら、マスター・ブランドと新しい製品・サービスとの間には一定の距離を置くべきかもしれない。サブブランドを使えば一定の距離が置けるだろうし、エンドーサー・ブランドならさらに距離は広がる。そして、新ブランドを立ち上げれば距離は最大となる。

ここで確認しておきたいのは、非常に大切な事業戦略の成否がかかっている場合、ブランドをある程度のリスクにさらすのは仕方がないということだ。ブランドを生み出し、それを守ることが最終目標だと錯覚してはならない。そうではなく、事業戦略を成功させるためのブランド・ポートフォリオを生み出し、利用することが目標であるべきなのだ。

ポートフォリオ内のブランド優先順位

ポートフォリオには、製品・サービスを定義する役割だけでなく、ブランドの優先順位と資源配分に密接に関わる一連の役割もある。その中でも、戦略的ブランドの地位を与える役割は決定的に重要だ。

戦略的ブランドとは、組織にとって戦略上重要なブランドのことだ。力強いブランドに育て、その状態を維持する必要がある。それゆえ、必要とされる経営資源は何であれ投入すべきである。戦略上最も重要な競争市場にブランド構築のための経営資源を確実に投入するためには、どれが戦略的ブランドかを決める作業が大きな一歩になる。

戦略的ブランドには、一般に次の三種類がある。

- 現在のパワー・ブランド――現時点でかなりの売上げと利益をもたらしており、キャッシュ・カウ・ブランドの候補にはならないブランド。マイクロソフト・ウィンドウズやコカ・コーラゼロのように、すでに大きくて支配的なブランドになっている可能性が高く、今後もその地位を維持するか、さらに成長すると予測されるブランド。

- 将来のパワー・ブランド――将来かなりの売上げと利益をもたらすと予測されるブランド。例を挙げるとすれば、コカ・コーラのグラソー・ビタミンウォーターのようなブランドであろう。将来のパワー・ブランドは、現時点での売上げ規模は小さいかもしれないし、まだ市場投入されていないかもしれないが、高い将来性を持つ点と未来のポートフォリオに占める地位を勘案して戦略的ブランドに選ばれている。
- 基点ブランド――将来かなりの売上げと優れた市場ポジションをもたらすよう間接的に（直接もたらすのと対照的に）影響を与える。こうしたブランドは、主要な事業領域や自社の将来ビジョンを支えるリンチピン（車輪留め）、または「テコの支点」のようなものであり、第8章で説明したブランド差別化要素であることが多い。ヒルトンHオナーズは、ヒルトンホテルにとってそのようなブランドである。なぜなら、大きな割合を占め、しかも決定的に重要な顧客層――すなわち、ロイヤルティ・プログラムに参加している旅行者――を制する将来の能力を体現しているからだ。

戦略的ブランドに加え、次のような役割を持つブランドにも経営資源の割り当てを考慮すべきである。

- ニッチ・ブランド――利益率の高いニッチ市場を制覇したが、パワー・ブランドになる見込みはないブランド。

- フランカー・ブランド――競合を無力化することを目的としたブランド。例えば、低価格で割安感のあるブランドを持つライバルを阻止するため、高級ブランドが割安のブランドを新たに立ち上げるケースなど。
- キャッシュ・カウ・ブランド――中核的な顧客基盤を持ち価値ある事業を展開するが、成長の余地がほとんどないブランド。経営資源を投資する必要はないか、あっても極小ながら、キャッシュフローを生み出してくれるので、他のブランドにそれを使うことができる。

昔から変わらぬ問題点は、将来のパワー・ブランドや基点ブランドでも、売上げ基盤がないか極小だと、ブランド運営のための経営資源を割り当ててもらえず、餓死してしまうことだ。現在のパワー・ブランドであれば予算も組織内の権限も併せ持っている。だが、ポートフォリオとしてブランド全体を見渡すための組織的なメカニズムが欠如しているケースは多い。このため、現在のパワー・ブランドは過剰なまでの経営資源を割り当てられ、将来のためのブランドは困窮してしまう。また、楽観的なブランド・マネジャーが甘い見通しをした結果、戦略的ブランド候補の数が多くなりすぎてしまうリスクもある。そうなると、本来なら別の投資先に回すべきであった経営資源までも戦略的ブランド候補に費やされてしまうことになる。

ポートフォリオのスリム化――評価と整理統合のプロセス

問題点はもう一つある。明確な役割も定められないまま、ポートフォリオ内にあまりにも多くのブランドが存在してしまうという問題だ。多くの企業は、ある日突然ブランドが多すぎることを〝発見〟する。その結果、さまざまな負の影響が起こり得る。非効率と混乱が生じることもあれば、新しい製品・サービスの市場投入が停滞してしまうこともある。ブランド・ポートフォリオの管理運営が麻痺してしまうことさえある。通常この問題の主犯は、規律を欠いた新ブランドの構築プロセスである。すなわち、新しくブランドやサブブランドを創造・買収する際に、「もう一つブランドを加える根拠が本当にあるのか」「そのブランドを今後も継続的に支えていく価値が本当にあるのか」という点で客観的な査定をし、その結果に基づき可否を決定する権限を与えられた個人またはグループが、組織に存在しないということだ。

ブランド・ポートフォリオをスリム化して理解しやすくすることが、ポートフォリオの評価・整理統合プロセスの目的である。このプロセスは信頼できる幹部グループによって行われ、既存ブランドの強さと実用性、およびポートフォリオ内でそれらブランドの果たす役割を客観的に分析すべきものである。ポートフォリオ内の多すぎるブランドを取り除くだけでなく、戦略的ブランド（特に将来のパワー・ブランドと基点ブランド）を見分けて保護する作業もこのプロセスで行える。ただし、縄張り問題が絡むことも多く、厳しい判断を下さなければならないため、担当者が被る政治的なマイナス面がそれほど大きくならないようにしないと、このプロセスはきちんと機能しなくなる。

このプロセスの第一段階は、査定のために適切なブランドを組み合わせてグループ化する作業だ。すべてのブランドとサブブランドを一つのグループとしてもよいが、互いに比較検討できるブランドを選んでグループ化するのが普通だ。例えば、GMで分析作業をすると仮定すれば、主要な銘柄であるシボレー、ビュイック、キャデラック、GMC、オペルが一つのグループとなろう。それとは別の分析レベルとして、マスター・ブランドの下にあるサブブランドのグループが考えられる。ビュイックのサブブランドなら、ベラノ、リーガル、ラクロス、アンコール、アンクレイブとなろう。似たような役割を担うブランドをグループ化すれば、相対的なブランドの強弱を評価する作業は容易になる。

プロセスの第二段階は各ブランドの評価である。評価基準としては、例えば次のような観点がある。

- ブランド・エクイティ——そのブランドの認知、知覚品質、差別化、レレバンスはそれぞれどの程度のレベルにあるか。新しい製品・サービスの価値を高めているのか、下げているのか。GMはオールズモビルを廃止したが、その一因はオールズモビルのロゴをつけると新型車の価値が下がると判断されたからだ。ロイヤル顧客層の規模と熱心さはどの程度か。ドライバーの役割を担っているブランドは何か。そのブランドは実のところ、ほとんどブランド・エクイティのない単なるディスクリプターではないのか。
- 事業の強さ——そのブランドが支援している事業の売上げ規模、成長見通し、市場での位置づけ、収益性はどの程度のレベルにあるか。競争のために規模を拡大する余地は十分にあるか。ニッチ市場の市場リーダーなのか、それとも市場で三位や四位の地位にあるブランドなのか。

- 戦略との整合性――そのブランドは全社的な戦略ビジョンとうまく合致しているか。いずれ他のカテゴリーへも進出できる可能性はあるか。将来の成長のプラットフォームとなったり、市場での地位を築く推進力となったりする可能性はあるか。
- ブランディングの選択肢――そのブランドのブランド・エクイティを他のブランドに移転できるか。または、他のブランドと統合可能か。

プロセスの第三段階は、前記の評価に基づき各ブランドへの投資レベルを決める作業だ。トップ層には戦略ブランドが含まれる。ネスレの場合、加えて、ドレイヤーズ・アイスクリームのような地域・国ごとのブランドで、それぞれの市場において戦略的ブランドであるものもトップ層に含まれている。こうしたブランドは、それぞれが戦略的な役割を与えられることになり、ブランドごとに、そのブランドの使い方を管理するブランド・チャンピオンと、ブランドに影響を与えるマーケティング・プログラムが割り当てられることになる。ブランド・チャンピオンは、長期的視点に立った戦略を採れるように権限を与えられる。

投資レベルの第二層を構成するのは、ニッチ・ブランドやフランカー・ブランドなど、特別な役割を与えられたブランドだ。第三層を構成するのは、キャッシュ・カウの地位を与えられたブランドである。すなわち、現在の市場ポジションを維持するのに最低限の経営資源だけを投資されるブランドであり、なかにはかろうじて調和のとれた衰退を演出できるだけの投資しかしてもらえないブランドさえある。いずれの場合でも、こうしたブランドはほかで使うための資金を稼ぐことができる。

残りのブランドは廃止の検討対象となる。基盤となる事業が魅力的でない、またはブランドにフィットしない場合、そのブランドは売却、もしくは中断してもいいだろう。基盤となる事業には価値があるのだが、ブランドが役に立っていないという場合、そのブランドをどうするかは二通りの道がある。一つは、そのブランドが現在ドライバーの役割を担っておらず、今後も担わないし、経営資源の投資も受けないという認識を前提として、ディスクリプターとなる道である。実際、ディスクリプターとなる際には、ブランドの名前を変えることもある。デルは多数のブランドの名前を変えている。〈Eサポート〉を〈エキスパート・サービシーズ〉へ、〈ダッドリーに聞こう!〉を〈オンライン・インスタント・アンサーズ〉へ、といった具合だ。二番目は、そのブランドを他のブランドと合併する、またはブランド・エクイティを他のブランドへ移転する道だ。マイクロソフトはワード、パワーポイント、エクセル、アウトルックの各製品を〈オフィス〉として一つの製品に統合し、これを戦略的ブランドとした。ユニリーバはヘア製品〈レイブ〉のブランド・エクイティを〈スアーブ〉に移転し、洗剤〈サーフ〉のブランド・エクイティを〈オール〉に移転した。

ブランド・ポートフォリオの評価・整理統合プロセスの第四段階は、前記の戦略の実行である。移転作業は一気に行ってもいいし、段階的に行ってもいい。一気に行えば、事業全体とブランド戦略に変更があったことを伝えるサインとなる。それは、顧客に影響を与える変化を目に見える形で周知し、信頼感を得るための一回限りの貴重な機会となる。だからこそノーウェスト銀行がウェルズ・ファーゴを買収し、銀行名をノーウェストからウェルズ・ファーゴへと変えたとき、それが製品・サービス向上の新しいケイパビリティを得たと顧客に伝える機会になったのである。

逆に、移転によって現在の顧客にそっぽを向かれたり、混乱させてしまったりするリスクがあるときは、旧ブランドから新ブランドへ徐々に顧客を移行させる方法を選ぶべきだ。ネスレはコンタディーナ・ブランド（ピザやパスタ）を自社のブイトーニに移転させる時、四年の歳月をかけた。最初は「ブイトーニ・ファミリーの一員」として保証し、パッケージのイメージにもブイトーニらしさを加味した。その次の一年間では、コンタディーナにブイトーニを保証させた。その後で最終的な変更を行ったのである。

第17章のまとめ

放置していてもうまくいくブランドは多くない。混乱状態に陥り、チャンスを見逃すことになる。そうではなく、わかりやすさ、シナジー効果、レレバンス、ブランド活用、よく練られた各ブランドの役割といったものをブランドにもたらすために、組織はポートフォリオ戦略を練る必要がある。その際は、ブランド関係チャートとドライバーの役割について理解していることが大切だ。サブブランドならマスター・ブランドから一定の距離を生み出せる。保証付ブランドならさらに距離が広がるし、新ブランドを創造すれば完全にマスター・ブランドから切り離せる。ドライバーの役割とは、そのブランドが顧客の購入意思決定を左右する程度と使用経験を規定する程度を表す。最適なブランド・ポートフォリオの構築に決定的に重要なのは、戦略的ブランドを選び出して適切な経営資源を確実に配分することだ。戦略的ブランドとは、現在のパワー・ブランドと将来のパワー・ブランド、そして基点ブランドである。さらに戦略的マネジャーは、ニッチ・ブランドとフランカー・ブランド、そしてキャッシュ・カウ・ブランドを管理運営し、同時に客観的な分析を用いてそれ以外のブランドをポートフォリオから取り除く必要がある。ブランド担当チームがポートフォリオ戦略を正しく行えば、魔法のような成果が生まれることもある。その場合、全体は部分の総和よりはるかに大きなものになるだろう。

第18章 ブランド拡張の方向性を見極める

Brand Extensions : The Good, the Bad, and the Ugly

「ブランドは今や参入障壁となった。だが同時に今、ブランドは参入の手段でもある」

——エドワード・タウバー

ほぼ三〇年の間、ウォルト・ディズニーといえば「蒸気船ウイリー」（ミッキーマウス）シリーズ等の漫画と、「白雪姫」「バンビ」「シンデレラ」等のアニメ映画がその存在を定義していた。そして一九五五年、おそらく歴史上最も重要と言えるブランド拡張の一つが生まれた。ディズニーがディズニーランドを開業し、参加型ファミリー・エンタテインメントを提供するようになったのだ。自社のキャラクターを活用し、また「マジック・マウンテン」「イッツ・ア・スモールワールド」「トムソーヤ島」など独特の顧客経験を数多く投入した。これとほぼ時を同じくして、テレビ番組「ディズニーの素晴らしい世界」の放送が実現し、テーマパークおよび新たなディズニー・ブランドの支援役となった。

ディズニー・ブランドは、漫画とアニメ映画のブランドだったときとはまったく異なるブランドになり、古きよきファミリー経験を提供することで世間の人々と豊かな関係を生み出した。ディズニーランドの成功により、ディズニーは他事業へ参入する承諾を得ることになったのだ。他のディズニー・テーマパーク、アニメではないディズニー映画、ディズニー・ストア、豪華客船のディズニー・クルーズライン、ディズニー・ホテル、ディズニー・ミュージカル、ディズニー・テレビショー、ディズニー・チャンネル、その他諸々——。これらすべてがブランド構築のシナジー効果を生み、子どもと家族と魔法の時間というビジョンを持つディズニー・ブランド本体を支えただけでなく、ドナルド・ダックからライオン・キング、ディズニーランド自体に至る巨大でしかも増え続ける関連ブランドまでも支援したのである。

戦略を成功させるコツの一つは、資産を生み出しそれを活用することだ。コツどころか、これは戦略の真髄と言っていいかもしれない。そしてほとんどの企業にとって、最も強力な資産の一つはブランドである。ブランド拡張は、別の市場で新しい製品・サービスを支援し、それにより成長プラットフォームをもたらすと同時に、そのブランドを強化・発展させることができる。すでに確立されたブランドを拡張することは、新ブランドの開発・確立という高リスク・高コストなやり方の一つの代替手法となる。

ディズニーが行ったようなブランド拡張は、新ブランドにも元のブランドにも「よい」結果をもたらす。しかしブランド拡張が「悪い」結果や「悲惨な」結果さえも生み出すこともある。ブランド拡張の選択肢を検討する際は、この三つのケースすべてを理解していなければならない。

「よい」拡張——拡張した製品・サービスをブランドが強化する

すでに確立されたブランド名を新しい製品・サービスに使えば、成功の確率を高めると同時に、市場開拓の時間と資源を節約できる。過去にブランド・プロミスを実現してきた既存ブランドの信頼性を得られるし、時には定着済みの顧客基盤を利用できることもある。しかし往々にして最も価値が大きいのは、新しい製品・サービスへの認知を高める一助となり、重要なブランド連想をもたらす点だ。

認知

新しい製品市場に参入する際に極めて基本的な課題となるのは、まず人々に知ってもらうことだ。購入対象として検討してもらう、すなわち、レレバントになるには知ってもらう必要がある。例えば子ども服といった新市場に参入する際、誰も知らない新ブランドを立ち上げるよりも、ディズニーのような既存ブランドで参入するほうがはるかにやさしい。そうすれば人々は新ブランドの名前を覚えたうえに、それを特定の製品カテゴリーに結びつける必要はなく、もともと知っているブランド名を新カテゴリーに結びつけるだけでいい。

ブランド連想

既存ブランドの持つさまざまなブランド連想は、価値提案を提供・支援することで新しい製品・サービスの助けとなる

- 製品カテゴリーのレレバンス——IBMにはコンピュータに関する実績があり、これがITソリューションでも存在感を示す助けとなる。スターバックスはまさに特上のコーヒー経験そのものであり、その点が同社のコーヒーメーカー〈ベリズモ〉や〈ドレイヤーズ・スターバックス・コーヒーアイスクリーム〉ブランドの一助となっている。クレストの歯磨き粉は、クレストの歯ブラシに信頼性を与える。
- 製品属性と機能的便益——チョコレートのハーシーズによるホテル事業ハーシーズ・トラベルの嗜好。風邪薬のニキルを飲むと眠くなることが、ズィーキル（睡眠導入剤）の効果を物語る。プランターズのピーナッツバターは、原料のピーナッツが最高品質であることを示唆する。ミスター・クリーン・カーウォッシュを支えるシンボルには大きな意味がある。
- 技術への信頼性——デュラセルのデュラビーム（懐中電灯）とパワーマット（ワイヤレスのスマートフォン充電器）はどちらもデュラセル電池の評判による恩恵を受けている。タイドのドライ・クリーナーなら、洗濯のことを十分に理解しているだろうと思わせる。GEは、タービン技術で培った信頼性を利用してジェットエンジン事業に参入した。
- 組織の価値観——一九八四年創業のカシは、七種類の全粉を使ったシリアルなど、栄養面を優先した原料選びでシリアル製品のブランドを築いた。カシはその後ブランドを拡張し、スナッ

クバー、ソフトベイクド・スクェア（正方形の焼き菓子）、クラッカー、クリスプ、ピラフ、さらにはワッフルにさえも手を広げた。いずれのケースでも、そのカテゴリーで最も健康的な食品であることをはっきりと示して参入したのである。

- ブランド・パーソナリティと自己表現便益——キャタピラーの衣服や靴（ブーツ）の製品ラインナップが与える印象は、その利用者のパーソナリティやライフスタイルを反映している。ヴァージンのパーソナリティは、数多くのカテゴリーで効果を発揮している。

ブランドが特定の製品と強く結びついた連想を持っている場合、ブランド拡張の可能性は限られる。しかし、ブランドのエクイティがより抽象的な連想に基づいている場合、より広い範囲まで拡張できる。一部の核となるブランド連想、例えば技術への信頼性、組織の価値観、ブランド・パーソナリティ、ユーザー・イメージ（ＡＸＥ）、スタイル（カルバン・クライン）、健康食品（ヘルシーチョイス）、ライフスタイル（ナイキ）などは特定の製品分野と結びついているわけではないため、ある製品に固有の属性と結びついているブランド連想と比べれば、より広く拡張できる余地がある。

「さらによい」拡張——元ブランドを高めるブランド拡張

大半のブランド拡張は、確実に成功することだけを考えて行われる。しかし、それと同じか、時にはそれよりも重要な検討事項として、その拡張が元ブランドにどのような影響を与えるのかを考えるべきだ。

ブランド拡張は、元ブランドの認知と連想を強化する。ファッション業界の一流ブランドとして世界的に名高いジョルジオ・アルマーニは、多くのカテゴリーに挑戦してきた。アイ・ウェア（メガネとサングラス）や腕時計、化粧品だけでなく、ホテル（アルマーニ・ホテル・ドバイ）や高級家具（アルマーニ・カーサ）、お菓子（アルマーニドルチ）や花屋（アルマーニ・フラワーショップ）にまで進出している。進出のたびに、アルマーニのブランド名に人々の注目が集まる。こうした注目はブランド拡張がなければ起きなかったもので、ブランドにとってボーナスのようなものだ。また、単にブランド名の露出が増えるだけでも、市場から受け入れられており、組織能力も高いと思ってもらえる。異なる製品分野への進出に成功した企業は、顧客からよい印象を持たれることが、研究によって明らかになっている。

ブランド拡張はさらに、ブランドに活気も与える。活気はカギとなる不可欠の要素であり、認知の向上を加速させる要因だ。とりわけブランド拡張に成功し、そこにイノベーションが絡んだ場合、その効果は大きい。ダヴは固形石鹸のブランドとモイスチャライザーへの連想を活用して、ニュートリアム・ボディ・ウォッシュ、デオドラント、化粧落とし用クレンジング・クロス、ウエイトレス・モイスチャライザー付シャンプー、ニュートリアム石鹸、ダヴ・フォー・メン、その他諸々へと参入してきた。それぞれの参入が成功した背景にはわかりやすいイノベーションがあり、その結果、ダヴ・ブランドに注目と活気をもたらした。拡張による活力を得て、元の固形石鹸も売上げが倍増する結果となった。洗剤のタイドも同様に、イノベーションがテコ入れになった。大成功したタイド・ペン（携帯用シミ抜き）によって、元ブランドのタイドにもイノベーションと成功の雰囲気がもたらされたのだ。

ブランド拡張がブランドの範囲を広げ、活用可能な連想を加えることもある。イケアは住宅建築への参入によって、ブランド・イメージの限界を広げつつ、新たな成長プラットフォームを入手した。ヴァージン航空の成功によって、それまで斬新な音楽企業と結びついていたヴァージン・ブランドは根底から生まれ変わった。おかげで同社は、ヴァージン・マネーからヴァージン・レイル（鉄道）に至る三〇〇を超えるさまざまな事業で英国を代表する企業となった。

最後に、ブランド拡張をすれば、マーケティングとブランド構築プログラムへの予算をより多く獲得できる。ブランドを支える売上げ基盤が大きいほど、後援活動やイベント・プロモーションといった予算のかかるプログラムに手が届きやすくなり、コスト効率も増すことになろう。

「悪い」拡張――ブランドが拡張を支援できず、妨げることにすらなる

ブランドに拡張を支援する力があるかどうかは、そのブランドの強さにかかっているが、それだけでなく、新しい製品分野における適合性と信頼性によっても左右される。新分野にブランドが適合しない場合や、ブランドが信頼性に欠ける場合、そのブランドは拡張を助けるどころか、それを妨げかねない。以下に拡張の失敗例を挙げるので、検討してほしい。それぞれに何らかの

理由も示した。

- ハーレーダビッドソンは、自社ブランドがワイン・クーラーには適合しないと知った。バイク乗りはそんな商品に興味を持たないからかもしれない。
- リーバイ・ストラウスの〈テイラード・クラシックス〉（古典的な注文仕立て）スーツのシリーズは失敗だった。その主な理由は、リーバイスのブランド連想が普段着の生活や頑丈な素材、アウトドアに結びついているためだ。
- キャンディのブランド〈ライフセーバー〉のソーダ（キャンディのような味）、〈フリトレー〉のレモネード（しょっぱいレモネード）、〈コルゲート・キッチン・アントレ〉（歯磨き粉の味）などのケースでは、拡張した製品と元ブランドの味覚の連想が適合せず、うまくいかなかった。
- スウォッチ・カーが苦戦した理由は、派手な腕時計で培ったスウォッチの信頼性を自動車に移転できなかったからだ。
- アイ・ケア用品の専門ブランド〈ボシュロム〉は、同社の研究開発、販売チャネル、知覚品質を活用してマウスウォッシュ市場に参入し、失敗した。顧客にメリットをもたらさなかったからだ。
- 文房具やライターのブランド〈ビック〉は、便利で使い捨て可能な香水を売り出したが、香水市場で信頼性を得られなかった。
- ソニーとアップルはビジネス市場にブランド拡張しようと苦労しており、シスコやIBM、その他の企業は家庭向け市場へ参入しようと苦戦している。それぞれのブランドが培ってきたパーソナリティと各領域での力量が苦戦の一因となっている。

適合性の問題は常に対称形であるとは限らない。シロップ・ブランドの〈ログキャビン〉は、ホットケーキミックス事業への拡張に失敗した。おそらくは、べとべとして甘いシロップの連想が、軽くてふわふわしたホットケーキのビジョンを生み出せなかったのだろう。これと対照的に、親切なジェミマおばさんのキャラクターを持つ〈アント・ジェミマ〉は、ホットケーキからシロップへという逆方向の拡張に成功している。

「悲惨な」拡張――元ブランドを傷つけるブランド拡張

ブランド名は、企業にとって要となる資産であることが多い。思慮の足りない拡張や、下手に実行された拡張によってブランドが傷つけられることもある。特にその拡張が素早く静かな失敗に終わらなかったとき、そうなりやすい。

既存のブランド連想を薄めてしまう

ブランド拡張によって生まれた連想が、そのブランドの主要資産であったはずの鮮明なイメージをぼかしてしまい、同時にもともとの環境におけるそのブランドの信頼性も下げることがある。

ラコステ・アリゲーターやグッチ・ブランドを無規律に過剰使用した結果、イメージが悪化し、自己表現便益をもたらす能力が損なわれることになった。どちらもイメージ回復には大いに時間とコストがかかった。

連想を加えることと薄めてしまうことを、はっきり区別しなければならない。元の連想が強力ならば、拡張によってそれと矛盾しない連想が加わっても、それだけで影響は受けないだろう。ミシュランが〈ミシュラン・イージーグリップ・スノーチェーン〉を売り出しても、タイヤに関するミシュランの信頼性とレレバンスは薄まらない。

望ましくない属性への連想が生まれてしまう

拡張は通常、新たなブランド連想を生み出す。その連想が元ブランドの文脈までも傷つける可能性もある。サンキストのフルーツ・ロールケーキがサンキスト・ブランドの健康的なイメージを損ね、ブラック・アンド・デッカーの細かな家電製品が力強い電動工具のイメージを損ねる可能性は間違いなくある。投資銀行がリテールバンクに買収されてその一部となれば、その投資銀行のイメージは低下するだろう。半世紀以上前に発売されたリプトン・スープは、英国王室御用達の素晴らしい紅茶というイメージを傷つけた。

基盤となる元ブランドから離れてしまうと、元ブランドを強化したり豊かにしたり、できることを増やしたりするのではなく、元ブランドを損なったり、時には破壊したりしてしまうリスクすら生じる。ブランドを水増しするのは、リスクが高いのだ。最終的な結果がどうなるかは、拡張の成否、カテゴリー適合の性質、そして今後の戦略を管理運営する企業の能力にかかっている。

ブランド・プロミスを実現できない

拡張が主要なブランド・プロミスを果たせないと、どのような拡張であれ、ブランド・エクイティをリスクにさらすことになる。特に、ロイヤルティの高い顧客基盤に頼った拡張の場合はその可能性が高い。ブラック・アンド・デッカーが電動工具ブランドをキッチン機器へと拡張した際、もしそのキッチン機器シリーズの性能が信頼できない、または期待外れだと認識されたら、電動工具のイメージまでもが影響を受ける可能性がある。というのも、どちらの製品も対象とする顧客層が重なっているからだ。とりわけブランドが現在の領域から真下へと垂直に拡張する時は、大きな傷を受けやすい。この点は次章で扱う。

あまりにも多くの領域にブランドを拡張しすぎると、そのブランドに関するマイナスの出来事が起きる可能性が高まり、潜在的な被害も大きくなる。アウディ5000は〝急加速〟問題があると非難されたが、この非難はほぼ確実に勘違いであった。それでも結果的に、アウディ5000だけでなくすべてのアウディ車が（米国で）二〇年にわたり低迷した。フィッシャープライス（幼児玩具）は、万が一にも幼児への性的虐待事件が起きた場合のリスクを怖れて保育事業に参入できなかった。保育事業で一件でもそのような事件が起きれば、同社の幅広い子ども向け製品群が影響を受けるかもしれないからだ。

ブランド拡張の候補を見つける

もし新たなコンセプトや新しく完成した製品・サービスがあるならば、そのために必要とされるブランドを、既存ブランドの拡張でまかなえるかどうかが問題となろう。既存ブランドが新しい製品・サービスに何をもたらし、何を受け取ることになるかを調査で明らかにすれば、判断の一助となる。新しい製品・サービスを、既存ブランド「有り」の状態と「無し」の状態で評価すればいい。それぞれへの反応の違いから、既存ブランドがどれだけの価値を付加（または削減）しているか正確に読み取れる（そもそも価値の増減が起きていればの話だが）。この調査で、新製品・サービスが既存ブランドに与える影響までも明らかにできる。

新製品・サービスのコンセプトがまだ整っていないなら、ブランドを活用すべきカテゴリーを選ぶことが課題となる。そのためには次の四段階の手順がある。

第一のステップは、ブランドの連想を確定する作業だ。これら連想のうちどれかが、拡張コンセプトを推進する候補になるからだ。各ブランド連想とその強さを見極める調査手法は、多数用意されている。一つの手法は、一連の連想カテゴリーを調査対象者に示し、その中から当該ブランドに適合するものとまったく適合しないものとをいくつか選ばせ、それぞれの理由を説明してもらうやり方だ。通常はこれで、強くて利用可能な連想と、問題を起こしかねない連想とが浮かび上がってくる。ウェルズ・ファーゴが持つ連想は、駅馬車、オールド・ウェスト（昔の西部）、金庫、信頼性、起業家精神などだろう。一方でマクドナルドが結びつくのは、子どもや家族、ビッグマック、ロナルド・マクドナルド、マックカフェ等々といった連想だろう。

第二のステップは、どの製品カテゴリーにブランドを拡張するのか、その候補を見極める作業だ。その際は、それぞれの連想について検討し、その連想がレレバントで付加価値を持つようなカテゴリーを見つけることを心がける。例えば、ウェルズ・ファーゴなら家庭用金庫や西部風ファッション衣料への拡張を、マクドナルドなら子ども用玩具や家族向け豪華客船への拡張を検討するかもしれない。

第三のステップでは、候補となったカテゴリーを評価する必要がある。そのカテゴリーは魅力的か。今後も魅力的であり続けるか。成長分野か。まともな利潤が得られるか。競争環境の全体像はどうなっているか。そのカテゴリーで競争する能力と資源が自社にあるか――。

最終のステップは、どのような製品・サービスを提供できる可能性があるか見極め、評価する作業だ。「右へ倣え」の新製品ではまず成功しない。何十もの新製品・サービスの研究から明らかなように、市場での成功と一つ際立って高い相関があるのは有意義な差別化である。どれほど強くてレレバントなブランドであろうとも、革新的でなおかつ説得力のあるストーリーを持つ新製品・サービスもないまま、新しいカテゴリーで成功に到達できるなどという幻想を抱いてはならない。説得力のある価値提案を持つ革新的な製品・サービスでなければ、適切なブランドの力のみではどうにもできない。ブランドにそれを覆す力はないのだ。

範囲ブランド・プラットフォームの構築

ブランド拡張の判断は通常、短期的視点のもと場当たり的に決められがちだ。そこで、ブランド拡張ではなく、範囲ブランド・プラットフォームを考えれば、より戦略的なブランド戦略を描ける。範囲ブランドは複数の製品クラスにまたがり、一つの差別化連想を活用できる。例えばダヴの範囲ブランド・プラットフォームでは、保湿成分の連想を用いて多数の拡張先カテゴリーで差別化ポイントを生み出している。戦略的マネジャーは〝次〟の拡張先がどこかを単発で探すのではなく、究極的なブランド・ビジョンを意識し、どのような拡張を積み重ねていけばそこに到達できるのか、複数の拡張を順序立てて考えるべきである。

範囲ブランド・プラットフォーム戦略を実行する際は、ブランド範囲が徐々に拡大するように拡張の順序を管理する。そうすれば、ブランドが新たなポートフォリオ戦略を展開するにつれ、ある時点では相当無理しなければできないであろう拡張でも、最終的には実現可能な拡張になっている。例えば、シェービング用品ではあるがカミソリではない〈ジレット・フォーミイ〉をジレットが売り出したとき、ジレットはまだカミソリだけを意味するブランドであった。カミソリに密接に結びついた〈ジレット・フォーミイ〉が、一連のジレット・ブランドで発売される男性化粧品シリーズへの橋渡し役を務めたのである。

拡張のリスクを大局的に捉える

一部のブランド拡張に伴うリスクは、あまりにも恐ろしいため検討の余地すらない、と表現されても仕方ないほどである。とはいえ、それ以上に事業戦略が魅力的ならば、ブランドが被るリスクを受け入れてもいいと思えることもあろう。少々背伸びしたブランド拡張を成功させ、新たな成長機会を切り開くことには、戦略的メリットがあるかもしれない。結局のところ、ブランド戦略は事業戦略を支援する必要がある。邪魔をするわけにはいかない。

さらに言えば、リスクは減らすことができる。サブブランドを使ったり、保証されたブランドを使ったりするだけでも、問題となりそうな拡張をマスター・ブランドから切り離し、業績問題や適合問題によって生じるリスクを低減できる。加えて、注意深く拡張のポジショニングを行うことで、その拡張による連想が一切マスター・ブランドに及ばないようにすることもできる。もし連想が重複する場合は、拡張による連想がマスター・ブランドと異なる表現になったり、矛盾したりしてはならない。

第18章のまとめ

ブランド拡張は事業基盤を広げ、新たな成長プラットフォームをもたらすことができる。「よい」拡張なら、ブランドが新しい製品・サービスの認知を高め、必要な連想を得る助けとなる。「さらによい」拡張なら、新しい製品・サービスがブランドの認知と連想を強化するうえ、ブランド範囲を広げ、ブランド構築予算を増やしてくれる。しかし「悪い」拡張になると、ブランド連想が新しい製品・サービスの助けにならないどころか、妨げにすらなり得る。「悲惨な」拡張になると、新しい製品・サービスがブランド・イメージを薄めたり、望ましくない連想を生み出したり、市場で失策や事件を起こすことによって、元ブランドを傷つけてしまう。ブランド拡張の候補を決めるには、利用可能なブランド連想を見極め、説得力のある価値提案を持つ製品・サービスを見つけ、その拡張が場当たり的でなく、長期的ビジョンの一部であることを確実にする。

第19章 垂直ブランド拡張のリスクとメリット

Vertical Brand Extensions Have Risks and Rewards

「我々のビッグ・ブランドたちは頼れる広い肩を持つことがわかった」
——ユニリーバ会長、チャールズ・ストラウス

主流であるはずの市場にそっぽを向かれる高級ブランドは多い。供給過剰でブランドは弱体化し、市場は縮小し、成長見通しは暗くなる。そこで、健全かつ成長中であることの多い、二つのニッチ市場に参入を検討すべきというビジネス論理が成り立つ。一つは川下の大衆市場で、買得感のあるバリュー・ブランドのホームグラウンドである。もう一つは川上にある高級市場だ。そこにいる超高級ブランドは、高成長と厚い利幅を享受しているだけでなく、人々の話題になるという恩恵を被ることも多い。

参入の決定をしたということは、その新しい市場が成長見通しや競合の存在、利益率の観点から魅力的であると判断されたことを意味する。さらに、その企業が新たな市場で勝つための資産

とスキルをすでに持っている、または、獲得できると判断したことにもなる。それは川下市場の場合、継続的なコスト優位を生み出せるか、少なくとも他社と同等のコスト水準に到達できるということだ。川上市場に参入するなら、その市場で信頼を得るための手段と、魅力的なブランド・プロミスを生み出す方法とを見つける必要がある。

既存のブランドを使ってこれらニッチ市場に手を出すと、それ以外のブランド拡張を使った場合よりはるかにリスクが大きくなる。そうしたリスクを理解し、どうすればリスク管理ができるかを知るのは重要だ。ブランド戦略は、事業戦略から離れて独自路線を行く贅沢は許されない。もし事業戦略が垂直方向への動きを命ずるなら、ブランドはそれを支えるしかない。

バリュー市場への参入

利幅が縮小し続ける成熟市場に直面した高級ブランドにとって、比較的安値でお買得感を訴求する、いわゆるバリュー市場への参入は、魅力的な選択肢かもしれない。バリュー市場に成長と活力をもたらす要因はいくつかある。まずは、経済面が不安だったり、あるカテゴリーがもはやそれほど差別化されていると感じられなくなったりといった理由をきっかけに、顧客が以前より価格に敏感になり、その結果ブランドを選ぶ判断に価格がより支配的要素となることだ。二つ目の要因としては、アマゾン、ターゲット、ウォルマート、コストコ、ホーム・デポ、そしてオフィス・デポといったバリュー小売業者が、高成長の販売チャネルとなったことだ。こうした販売チャネルに全面的に加わるには、バリュー市場向けの製品・サービスが必要かもしれない。三つ目として、クレスト・スピンブラシ（電動歯ブラシ）やＧＥのポータブルＶスキャン（超音波診断装置）といった破壊的（ディスラプティブ）な技術によって、バリュー市場向け製品・サービスがよりレレバントになったり、それまでの欠点が取り除かれたりすることもある。

バリュー市場は成長のチャンスをもたらすだけでなく、次のような理由で戦略的にも重要になり得る。

- バリュー市場がもたらす売上げ規模がなければ、必要とされる規模の経済を達成できない。メルセデスが低価格のＡクラスを売り出したのはこれが一因だ。同社の事業にはそれだけの生産規模が必要だった。
- 自社の主力市場を侵食できる能力を持つ競合が足場を固めつつある。フランカー・ブランドで迎え撃ち、彼らの侵攻を阻止するのが戦略的に重要となる。インテルは「あなたの予算に合う性能」と銘打ってセレロン・プロセッサを市場投入した。狙いの一つはＡＭＤをはじめとする競合の勢いを鈍らせるためだった。
- 市場が成熟して顧客の知識が増えてくると、今までのように助言とサービスに喜んでお金を払ってくれなくなることがある。ダウ・コーニングの一部の顧客層は、もはや同社のサービス・サポートがどれだけ素晴らしくてもそれを必要とせず、低価格の製品を求めるようになり、しかもそのような顧客の数は増え続けていた。彼らに「単純化したシリコン」をオンラインで提供するザイアメターを開発したことで、ダウ・コーニングはサービス提供を継続できた。

バリュー市場への参入をブランド化する

バリュー市場への参入をどのようにブランド化すべきか。

一つのやり方は、まったく新しい独立型のブランドをつくる方法だ。GAPがローエンド市場に食い込むためにバリュー小売チェーンを開発したとき、〈ギャップ・ウェアハウス〉（卸問屋）というブランド名を使うとギャップ・ブランドの価値を下げるうえ、ギャップ本体との共食いが生まれると判断した。そこで〈オールド・ネイビー〉というブランドを使うことにした。ここで問題となるのは、新しいブランドを生み出す余裕がある企業はほとんどないことである。とりわけローエンドのバリュー市場においては、コスト制約のためにブランド構築の取り組みを支援する余裕はなく、注目を集めるメッセージを生み出すのが難しい。オールド・ネイビーの場合は規模とパーソナリティに恵まれたが、バリュー市場のほとんどの企業はそうした状況にはない。

もう一つのやり方は、自社所有で余っている既存ブランドを使う方法だ。サムソナイトは低価格スーツケース市場にも製品を提供し、安売り大衆市場の需要に応えるため、〈アメリカンツーリスター〉という既存ブランドを利用した。GEアプライアンスは、利用可能だったホットポイント・ブランドをバリュー市場用のブランドにした。日産はほぼ三〇年間も休眠状態だったダットサン・ブランドを使って、新興市場でバリュー価格帯の自動車市場に参入した。こうした戦略は、放置すれば無駄になっただろうブランド・エクイティを活用しているわけだ。とはいえ、そのようなブランドが手近に利用できるケースは多くない。

となると、大半の状況においては、高級ブランドを使ってバリュー市場へ参入するのが現実的な手段とならざるを得ない。その場合、三種類のリスクが存在する。

第一に、バリュー市場で存在感と信頼性を得るために既存の高級ブランドを使うと、そのブランドの価値を下げるリスクがある。高級ブランドに期待される品質を維持せずにバリュー市場へ参入した、またはそうだと思われた場合、ブランドの知覚品質は低下しかねない。洗練された講演者を招いて聴衆に刺激と魅惑をもたらす一流のトークイベントであるTEDは、多種多様な団体がTEDXの名の下にTEDと同様のイベントを開催するのを認めると決めた。ところが、一部のTEDXの講演者（TEDによる認定はない）は、唖然とするほど間違った内容や質の悪い講演を行った。その結果TEDのイメージは、リスクにさらされた。

第二に、バリュー市場への参入は共食い問題を生み出す可能性がある。というのも、過去に高級ブランドがバリュー市場へ参入した際、買い手のほとんどがその高級ブランドの既存顧客であったというケースが多数発生しているからだ。高級ブランドとバリュー製品を結びつけると、「バリュー・ブランドは品質に劣る、または信頼できない」という認識を和らげる可能性がある。ところがその認識があるからこそ、高級ブランドのロイヤル顧客は〝バリュー・ブランド〟を避けてきたのである。

三番目に、皮肉な現実として、高級ブランドのバリュー製品は価格が高めではなかろうかと思われて失敗することがある。これは、安売りであることが主な購買要因であるがゆえの問題点だ。

顧客は安売りであることの証拠を求めているのに、高級ブランドが間違ったシグナルを送ってしまうのだ。

ブランディングの一つの選択肢として、高級市場を捨て、自社の高級ブランドをバリュー・ブランドとして再ポジショニングするという道もある。その高級ブランドが競争環境で苦戦していたり、品質問題で価値を下げてしまっていたりするならば、こうした選択が戦略的にそのブランドの最適な利用法となることもあるだろう。その場合、前述の三つのリスクのうち、最初の二つは消え去る。三つ目の問題は残るが、ブランド・エクイティによるメリットがマイナス面を補って余りあるのが普通である。しかし、その高級ブランドが大規模で価値ある市場の現役プレイヤーである場合、その地位と売上げ規模を捨てるのは賢明ではなく、実行不可能なことさえある。

サブブランドまたは保証付ブランドを使う

第17章で説明したブランド関係チャートが示唆するとおり、サブブランドまたは保証付ブランドを使えば、前述のリスクを減らすことができる。

サブブランドは、製品・サービスを廉価版にすることで親ブランドとの違いをはっきりさせ、共食いとイメージ悪化のリスクを減らせる。とりわけ、その廉価版自体に独自色が強く、サブブランドによって違いをさらに強調するような場合は、区別の明確化がうまく働く見込みが高い。エンジンオイルや洗剤のように主要な製品特性が簡単にわからない製品・サービスの場合、親ブランドとの区別の明確化がより困難になる。一方、レトロなデザインのファンキーでちっちゃな車、ＢＭＷのＭＩＮＩ（ミニ）は、見た目も機能もＢＭＷの主流モデルとあまりに違うため、前述のリスクが小さくなる。違いがそれほどはっきり見えない場合、ロゴや色、ブランド構築作業などの支援によって親ブランドと異なるパーソナリティをつくり、必要とされる区別を生み出すという手法が役立つだろう。一例として、サブブランドは〝親〟ブランドと対照的に、やんちゃな〝子ども〟役となるのも手だ。

サブブランドは、親ブランドと製品・サービスの品質が異なると示唆したり、異なる顧客層のために設計された製品・サービスであると伝えたりしてもいい。「エクスプレス」「ジュニア」「ミニ」といったサブブランド名なら、その製品・サービスが親ブランドと同じファミリーながらも、どこか一部に足りない点があることを表す。ピザハットは、メニューの種類が少なくテーブル・サービスもないアウトレット店には〈ピザハット・エクスプレス〉ブランドを使っている。英国の小売店セインズベリーは、バリュー・ブランドの位置づけを強調して〈セインズベリー・サヴァセンター〉の形態を立ち上げた。Ｐ＆Ｇにはバリュー市場への商品投入を知らせるブランドとして、〈バウンティ・ベーシック〉と〈タイド・シンプリー・クリーン・アンド・フレッシュ〉がある。

保証付ブランドを使えば、サブブランドよりもさらに親ブランドから切り離すことができる。マリオットはバリュー市場に参入する際に、コートヤード・バイ・マリオット、フェアフィールド・イン＆スイート・バイ・マリオット、マリオット・スプリングヒル・スイーツといった保証付ブランドを使うことができた。その後でマリオット・ブランドを利用してそれらのブランドのサービスに信頼性と存在感を与え、さらにはマリオットと共通の予約・特典システムなど、一部では機能的便益も加えることができた。しかし、それでも親ブランドのマリオットにリスクは残る。というのも、親ブランドとバリュー・ブランドの結びつきをはっきりと示したため、共食いやイメージ悪化につながる可能性があるからだ。同社はバリュー・サービスにマリオット・ブランドを使うことに懸念を抱いていたが、マリオットによるエンドースメント（保証）が不可欠の要素だとするビジネス上の論理には逆らえなかった。

ブランドを格上げする

顧客も企業も最高級市場に魅力を感じる。なぜならば、そこにこそ関心と活気、さらに場合によっては特権と自己表現便益までもが存在するからだ。成熟して陳腐化した状況から抜け出せないブランドは、活気と生命力だけでなく差別化ポイントも失い、規模こそ小さめながら魅力的な高級ブランドを羨望の目で見ることになる。専門のデザイナーが炒ったコーヒーやスターバックスは、スーパーマーケットの缶入りコーヒーとは対照的に、独自の特徴を持つ製品・サービスであり、人々の価値観やライフスタイルに訴えかける。地ビール醸造所や高級車、職人による器具、環境に配慮したクリーニング店などはすべて、くたびれたカテゴリーに関心を生み出し、活気を注入することができる。

高級市場は、財務的見地からも魅力的なことが多い。利幅の大きな成長中のサブ市場（大きな市場の一部）かもしれないからだ。先進国と発展途上国のどちらにおいても、裕福な顧客層は増加中で、高級ブランドを求めている。一般顧客層においても、他の出費を節約してでも、贅沢な高級品に散財して見せびらかす傾向を強めている。そのうえ、プレミアム価格と差別化されたブランドは魅力的な利幅をもたらす。ある企業の超高級な潤滑油ブランドは、その事業の売上げのおよそ五％にすぎなかったが、全体の利益の九〇％超を稼ぎ出していた。

戦略的な問題の一つは、超高級市場に参入して受け入れてもらえるだけの強み、能力、革新的製品・サービスのアイデア、マーケティング力、覚悟が自社にあるかどうかだ。高級市場の環境で有意義だとみなされる価値提案を持たない製品・サービスで参入するのは、失敗確実とまでは言わないが、失望されるだけの話である。もう一つの問題は、高級市場向けの製品・サービスをいかにブランド化すべきか、である。

高級市場参入のためのブランディング

第一のブランディング方法は、高級市場のプレイヤーとして許され、自己表現便益を提供する資格を持った新ブランドをつくるやり方だ。資金も必要となるし大変かもしれないが、トヨタがレクサスをつくったときは、このやり方が必要だと思われた。一般市場にとってレレバントな経済的、品質的、機能的な便益の提供を意味するトヨタ・ブランドは、高級で高い操縦性と快適さを訴える高価格市場への参入の助けにならないと同社は判断したのである。ブラック・アンド・デッカーが建設作業のプロ向け工具の製品ラインナップを開発したとき、〈ブラック・アンド・

デッカー〉ブランドは使わなかった。というのも、同ブランドには家庭の日曜大工という連想、さらに悪くすると、台所用器具の連想がついて回るからだ。その代わりに生まれた〈デウォルト〉ブランドは、鮮明な黄色が目印で、ブラック・アンド・デッカー製品の緑色とは好対照だった。こうした戦略のおかげで、レクサスやデウォルトなどのブランドは、自己表現便益を人々にもたらしながらも、同時に人々はその背後にトヨタやブラック・アンド・デッカーが〝シャドウ・エンドーサー（影のエンドーサー）〟として存在しているという暗黙の事実に安心感を覚えることができる。

もう一つのブランディング方法は、目標とする高級市場で信頼性を獲得している実績あるブランドを見つけるか買収するやり方だ。中国の自動車メーカー、ジーリー（浙江吉利控股集団）がボルボを買収した理由の一つは、ジーリー・ブランドでは通用しない、より高級な市場セグメントでグローバルに戦えるブランドを手に入れるためだった。

サブブランドと保証付ブランドを利用する

高級市場に参入するため新しいブランドをつくったり買収したりするのは、巨額の費用がかかったり、困難だったり、そもそも現実的に不可能な場合もある。そこで代替手段となるのは、既存の実績あるブランドを利用し、サブブランドや保証付ブランドを使って高級市場への新規参入を支援するやり方だ。既存ブランドの利用は次のような効果がある。

・ブランド構築作業がよりうまくいき、コストは少なくて済む。新しいブランド名のために認知と連想をつくり出す費用の大半を削減・回避できる。バドワイザーを超高級ビールに結びつけたり、GEを高級家電に結びつけたりするほうが、新しいブランド名から立ち上げて、競合がひしめく競争環境の中でブランドとして確立するよりも、おそらく簡単であろう。

・価値提案をもたらす一助となることもある。GEプロファイルの家電製品の顧客は、GEの顧客サービス・システムを利用できると知っている。

・より高品質の製品・サービス、およびそれに付随する名声と信頼感を親ブランドに結びつけることで、親ブランドを支援できる。ガロ（ワイナリー）は、各種の賞も受賞したガロ・ファミリー・ヴィンヤード・ソノマ・リザーブやガロ・シグネチャー・シリーズといったサブブランドを利用して、安ワインのカテゴリーから抜け出した。親ブランドとサブブランドの両者にメリットのあるウィン・ウィンの関係になり得る。

ただし、難しい課題が二つある。まず、そのブランドが約束した知覚品質や機能的便益を実現できるのかという点で、まったく信頼性を得られないことがしばしばある。そのブランドの背後にいる企業は、異なるレベルの品質を約束していたはずだと認識されることになる。次に、狙った超高級市場は自己表現便益が購買要因なのに、そのブランドは、自己表現便益の提供と矛盾するかもしれない点だ。

メルセデスやBMWの高級モデルと競合する、いや超越することを期待されたフォルクスワーゲンのフェートンには、信頼性と自己表現便益の両方ともがなかった。世間の人々は、フォルクスワーゲンのクルマが、あの洗練された雰囲気を身につけられるとは信じなかった。フォルクスワーゲンには単純にフィットしなかったのである。クアーズ・ビールよりも深い色と豊かな風味があるラガービールのクアーズ・エクストラ・ゴールドの場合、クアーズ・ブランドの連想から逃れるため「エクストラ・ゴールド」という名前になった。保証付ブランド戦略を採った場合でさえ、この二つの難題にぶつかることがある。ホリデイ・インはクラウンプラザを保証するのを断念したことがある。クラウンプラザ・ブランドの位置づけがホリデイ・インとあまりに矛盾するからだ。

サブブランドまたは保証付ブランドを使う戦略は、超高級市場向けの製品・サービスの価値提案が（おそらくはブランド差別化要因によって保護されている）何か具体的なものに基づいているために明確で、かつ主観的な自己表現便益に頼っていない場合、うまくいく可能性がより高まる。ポルシェ・デザインによるシーメンスの家電製品は最先端のデザインだろうし、ばい菌だらけの雑巾に取って代わると位置づけられたP＆Gのバウンティ・デュラタオルは、機能面でペーパータオルとはひと味違うはずだ。高級品であることを示す名前、例えば「スペシャル・エディション」や「プレミアム」、「セレクト」、「プロフェッショナル」、「プラチナ」（プラチナ・カード）、「コノシュア・クラス」（シンガポール航空）などは、機能的便益が高まったことを示すことができる。

ブランドを支えるプロセスや成分、技術のストーリーなどが、足りない信頼性を補えることもある。バドワイザーは、バドワイザー・ブラック・クラウンの開発ストーリーを語っている。世界レベルの一二のビール醸造業者が、最高のラガービールをつくり出す競争を行った。およそ二万五〇〇〇人のテスターによって一番に選ばれたのは、黄金に近い琥珀色のラガービールで、加熱したカラメル麦芽をブナ材で熟成させてつくったラガーだった。このストーリーのおかげで、ブラック・クラウンはバドワイザー・ブランドながらも、高級ビールならではの洗練された雰囲気があると認められたのである。

第19章のまとめ

垂直方向へのブランド拡張には、抵抗しがたいビジネス上の論理的根拠があることもある。なぜなら、バリュー市場には成長に加えて規模もあり、高級市場では成長と利幅と話題性が手に入るからだ。こうした動きを推進する際に重要なのは、組織が非常に異質なブランド・プロミスを実現できることを確認し、ブランドの選択肢とそれに関連するメリット、リスク、またはその両方を理解することだ。高級ブランドを使ってバリュー市場への拡張を支援する場合、その高級ブランドの価値が下がったり、共食いを引き起こしたりするリスクがある。一方で、高級ブランドを使って超高級市場へ参入すると、信頼性に欠けるかもしれない。サブブランドや保証付ブランドを使えば、こうしたリスクを軽減できる。

第20章

ブランド構築を妨害する組織内サイロ

Silo Organizations Inhibit Brand Building

「敵を見つけた。そいつは我々だ」

——ポゴ（米国の有名マンガのキャラクター）

以下に示すシナリオはいずれも、話し合いも協力もしない組織内サイロが引き起こすブランディングの惨事である。身に覚えがあるだろうか。あなたの会社では、製品別・国別・部門別のサイロによって次のような事態が引き起こされていないだろうか。[1]

●複数のサイロにまたがるブランドが、社内的にも対外的にも混乱している

マスター・ブランド、いや、おそらくコーポレート・ブランドでさえも、製品別や国別の数多くのサイロ・グループにまたがって共有されており、それぞれのサイロは、そのブランドを自分たちの目的達成のために利用することしか考えていない。こうしたケースがあまりにも多すぎる。

ブランド管理を担当する何らかの権限を付与された個人やチームが存在しないのだ。その結果、矛盾したブランド・ポジショニングとコミュニケーション戦略がブランドを傷つけ、それがブランドを衰弱させる市場の混乱につながる。交錯したブランド・メッセージのせいで、ブランドが何かを表現しているのだと組織内部を説得することも困難になる。

●ブランド構築の成功例を社内で生かせない

複数のサイロが存在する組織では、マーケティングや製品・サービスの素晴らしい成功例が孤立したサイロ内で生まれても、結果的に放置されて組織全体に伝わらないことが珍しくない。いつ、どこでそのような傑出した事例が生まれても、それに気づき、組織に生かすことは困難な課題となる。

●全社規模の協力が必要なブランド構築プログラムが実施できない

本来であれば効率的なはずのブランド構築プログラムも、サイロ化した事業では規模の経済が働かないため、コスト効率が得られない。サイロ化した事業部が製品別や国別の境界を越えて統合されたとき、経済性は変わる。ワールドカップなどの後援活動、または、セフォラのビューティー・トークのような社内プログラムが実現可能になる。さらに、効率的なブランド構築のためには、伝えたいメッセージが強化・増幅されるよう、広告、後援活動、デジタル・マーケティングといった機能別サイロも統合される必要がある。だが、機能ごとのサイロで、協働するどころか互いに競争するケースがあまりにも多い。

●ブランド構築用の経営資源が正しく配分されない

部門がサイロ化すると、サイロの壁を越えてブランド構築用の資源配分を最適に割り当てる判断が、組織的にも心理的にもできなくなる。たいがいは相対的に大きな事業部が政治的にも経済的にも幅をきかせ、小さめの事業部や、時には提案中の事業案すら犠牲になってしまう。そのうえ、それぞれの製品別サイロの狭間にいると、資源配分からまったく漏れてしまうことにもなる。必要なのは、客観的で信頼できる全社横断的な評価・資源配分システムである。そのシステムを通じて、製品市場におけるブランド構築の中から将来性が最大のものを見つけ、資金提供すべきである。

●製品・サービスが複数サイロにまたがると正しく取り扱えない

顧客は、複数のサイロにまたがる製品・サービスと価値提案を求めている。ウォルマートはP&Gとビジネスをしたいのであって、数十もの各製品部門としたいわけではない。シティバンクはグローバルに対応できる納入業者を求めている。国ごとにいちいち契約関係を結ぶ手間を省くためだ。このニーズは、個別のパーツではなく完成された家庭用ゲーム機が欲しい、その場限りの応急処置ではなく健康管理システムが欲しい、というのと同じことだ。そのような製品・サービスを生み出すためには、各サイロが話し合うだけでは足りない。協働する必要がある。

●マーケティング力とブランディング力が衰える

現代のマーケティングには、デジタル・マーケティング、CRMプログラム、ビッグデータ、マーケティング効率性モデル、PR、などなど、複数の分野にわたる専門的なスキルが必要である。そのうえ、それらすべてを統合し、ブランド戦略に沿うよう指導しなければならない。これらの各部門を分権化して各々をサイロ化させてもよい結果にはならない。よくても、少人数で孤立した非効率なスタッフ・チームが過剰に生まれるだけだ。通常は中央集権化、または緊密な協力体制が正しい解となる。

サイロ間の協力と対話に向けて

サイロが引き起こす問題に対処するために、世界中の企業が本社にCMO（最高マーケティング責任者）職を創設したり、その権限を拡大したり、活性化したりしている。CMOを支えるためのセントラル・マーケティング・グループについても同様だ。その任務が容易ではないことは間違いない。信頼性と勢いと影響力を得ようとするCMOチームの取り組みは、サイロ化による無関心、いやおそらくは反抗に向き合うことによって、恐ろしいほど難しい任務となる。

サイロ化した組織で強いブランドと傑出したマーケティングを生み出すにはどうすべきかを解明するため、四〇社以上の経営幹部へのインタビューが行われた。対象者の大半がCMOかそれに近い役職に就いており、そうでない人もCMOの仕事内容がよく見える立場にあった。[2] 質問内容は、サイロが引き起こす問題は何か、そしてその問題にうまく対処するために何をしたか、であった。大まかな結論としては、ほとんどの状況においてサイロを解体してはならないことがわかった。なぜならば、責任の所在を明確にし、「市場密着型」の洞察をもたらし、物事をはっきりと決められるサイロの能力は貴重だからだ。解体するのではなく、必要なのは孤立と競争を対話と協力に置き換えることだ。この目標に近づくならば、あらゆるものが役に立つ。以下に具体例を述べる。

ありきたりの役目でも変化は起こせると知る

新任のCMOや権限を強化してもらったCMOは、手を着けたいことが多すぎて素早く動けないほどである。サイロごとに分散化した意思決定とマーケティング予算、そしてマーケティング・プログラムを集権化したいのだ。自社が危機的状況にあり、改革に向けたCEOの強力な支援があれば、そのような方針が適切だといえるかもしれない。だが多くの場合、こうした物事の進め方をすると結局は挫折して燃え尽きてしまう。

そこまで急進的でないCMOの振る舞い方もある。失敗のリスクがより少なく、しかも、組織を対話と協力に向かわせることで大きな影響を与えられる役目を果たすことである。それは、ファシリテーター（議論の促進・まとめ役）、コンサルタント、またはサービス提供者という、いずれもありきたりの役目だ。ファシリテーター役を務める場合、CMOチームは企画立案用の全社共通の枠組みを定め、対話を推奨し、みなが協力できるようにしてそれを促し、データ・知識バンクを立ち上げ、社内全体のマーケティング人材のレベルを底上げする。コンサルタント役を務める場合は、サイロ内部でブランド戦略やマーケティング・プログラムが策定されるときに、ゲスト参加者となってそのプロセスに加わることになろう。サービス提供者になる場合、サイロ化した事業部がCMOチームを〝雇い〟、マーケティングに関するサービスを提供してもらうことになるだろう。サービス内容は、マーケティング調査、顧客層の分析、研修、後援活動や販促活動といったマーケティング・プログラムに関するコンサルティングなどだ。これら三つの地味な役割は、数多くの企業において戦略やプログラム、さらには企業文化にまで大きな影響を与えてきた実績を持つ。

チームやネットワークなどサイロの橋渡しとなる組織的な仕組みを利用する

ヒューレット・パッカード（HP）の「顧客経験評議会」やダウ・コーニングの「グローバル・マーケティング・エクセレンス評議会」、IBMの「グローバル・マーケティング会議」といったチームは、複数のサイロにまたがり、明確な目標と有能なリーダーを持つ。こうしたチームは、サイロ間の壁を越えた情報流通を活発化し、各サイロの協働を促進するプログラムを開発し、サイロ同士の協力を可能にするための強力な仕組みである。

もう一つの組織的な仕組みは、公式および非公式のネットワークだ。ネットワークで扱うテーマとしては、顧客グループ、市場トレンド、顧客経験の背景事情、地域ごとの事情、後援活動やデジタル・マーケティングといった機能別分野などがあるだろう。例えばネスレの場合、テスコやウォルマートなどのグローバル顧客に関して、また、ラテンアメリカ系市場や「母と子」などの興味分野に関して、複数サイロを橋渡しする情報ネットワークを開発した。これらネットワークの参加者は、自国市場にも適用できそうな知識を学びたいがため、他国から参加する同僚たちと連絡を取り合っている。

マーケティング計画プロセスと情報システムを全社共通にする

ブランドおよびマーケティングのプログラムの標準化、すなわち、すべての国別・製品別サイロでプロセスをほぼ同一にする仕組みは、最適化されていることが極めてまれだ。ここでいう最適とは、テンプレートと枠組みを含む計画プロセスと、それを支援する全社共通仕様の情報システムとの両方を同時に持つことを意味する。共通の計画プロセスは、対話の基盤となる。なぜなら、使う用語と評価基準、情報バンク、そして意思決定の仕組みが共通になるからだ。

ブランドをサイロに適応させるプロセスを持つ

複数サイロにまたがるブランドが混乱・矛盾するのを避けるため、お手本となるような組織であれば、ブランドをサイロごとの状況に適応させつつも、そのブランドが一貫した特徴を維持できるようにするはずだ。第3章で説明したように、このような適応によって、サイロ化した環境でもブランド・ビジョンを増強したり、サイロごとの状況に合わせてビジョン・エレメントの解釈を変えたり、その優先順位を入れ替えたりできるようになる。こうした適応のメカニズムがないと、サイロ・グループは、本社が一方的に決めたブランドのビジョンやポジションは、自分たちの市場ではまったく役立たないはずだと判断するだろう。適応は、一貫性とシナジー効果を残しつつ、ほかと異なるサイロ市場でもブランドをレレバントにするための抜け道を提供する。

サイロを障害ではなく強みに変える

サイロは、組織が強力なブランドとマーケティング・プログラムを開発する能力を減らすのではなく、むしろ高めることができるし、そうあるべきだ。複数のサイロが存在するということは、アイデアを試して精錬する出来合いの研究所があるようなもので、組織的な実験・検証プログラムの一部と考えることができる。また、おそらくそれ以上に重要なのは、サイロが全社的に展開できる画期的な製品やマーケティング・キャンペーンのアイデア発生源となり得ることだ。第10章で触れたように、ネスレのアイスクリーム・スナック、ディブスは米国で生まれ、リーバイスのドッカーズは南米で生まれた。マクドナルドの「i'm lovin' it」はドイツ、パンテーンの「健康的に輝く髪」は台湾で生まれた。カギとなる点は、サイロに権限を与えてホームランを打たせること、素晴らしいマーケティングが登場したらそれに気づくこと、そしてアイデアを検証して全社に展開する作業を迅速に行うことだ。

CEOと組織から支援を取りつける

物事を進めるために、ＣＭＯチームは信頼と賛同を得る必要がある。秘訣は、みなの目につく形でCEOの支援を得て、権威と資源を入手することだ。CEOを巻き込む一つの道は、マーケティングの役割をCEOの最優先課題に沿うよう調整する方法だ。すなわち、ブランドの拡大ではなく、企業の成長目標に重点を置く。マーケティングのシナジー効果や規模でなく、効率性とコスト面の目標値を重視する。そして、ブランド・イメージ・キャンペーンのためではなく、戦略的構想を支援するための資産を築くのである。目指すのは、マーケティングを戦術的な管理機能ではなく、事業戦略を推進する戦略的推進力として捉え直すことだ。CMOがあまたいる機能分野の代弁者（どの機能分野でもさらなる資源が必要だ）の一人として位置づけられないようにすること。それが最終的な狙いである。

最高幹部の支援を取りつけるもう一つの道は、マーケティングと財務業績との関係を示す具体的数値を使う方法だ。CMOチームがマーケティングの成果（または成果がないこと）をROIの形で実証できれば、CMOチームの存在感は高まるはずだ。そして、ふわふわして分析能力に欠けるといったCMOチームの印象は、少なくとも弱まることにはなるだろう。常に財務業績の説明責任を求められる時代であるがゆえに、成果を具体的数値で測れないと最高幹部チームは不安に思うことが多いのだ。

また、顧客に関する知識も信頼性を与える。それどころか、影響力の究極の源といってもいいだろう。「顧客はこう言っている」というのは強力で論破し難い論理である。CMOチームのほうが各サイロよりも顧客のことをよく理解していれば、もしくは少なくとも同レベルの理解をしていれば、「あなたがたはこの市場を理解していない」という一言で白紙に戻されることなく議論を進めていける。セグメント分析やエスノグラフィー調査、満足度調査、追跡データなどの一次情報を知っていれば信頼感が生まれる。ＣＭＯチームの意見が、新しい顧客セグメントの出現や新しい製品利用法、組織上の問題による製品への不満、ブランド力の低下などに基づいていれば、そうした意見を無視するのは難しいだろう。

統合型マーケティング・コミュニケーション（ＩＭＣ）に向けて

一九七二年、Ｙ＆ＲのＣＥＯエド（エドワード）・ネイは、次のような方針を公にした。今後同社は、クライアントのコミュニケーション・ニーズに混成チーム方式で応えるため、広告宣伝、広報、直接反応広告、デザイン、販促活動といった異なる形態ごとの専門家を集めたチームをつくる、と――。「全卵作戦」と名づけられたこの取り組みを支援するため、いくつかの企業買収も行われた。それから四〇年、Ｙ＆Ｒやその他の企業はなんとか「全卵」を実現しようと努力してきたが、その作業は困難であることが判明した。主な理由は、機能別サイロが邪魔をするケースがあまりにも多いからだ。

機能別サイロは、統合型マーケティング・コミュニケーション（ＩＭＣ）の取り組みに加わることを拒否する。というのも、お互いに自分たちサイロのやり方こそが最も効率的なブランド構築手段だと信じており、他のサイロは経営資源を奪い合うライバルであると見ているからだ。しかし、本当に一番優れたアイデアを持つのがどのサイロなのか、公募型のコンペが行われることはめったにない。もう一つの問題は、広告、後援活動、デジタルといった異なる形態同士のコミュニケーションがまったく足りないことだ。お互いに市場を異なる概念で解釈していることも、異なる用語を使っていることも、成果を測る基準が大幅に異なっていることも、それぞれが一因となっている。そのうえ、戦略的な統合ビジョンを提供できるはずのＩＭＣリーダーが足りないことも、コミュニケーション不足の一因である。

デジタルの成長もあって、効果的なＩＭＣの必要性は急増している。コミュニケーション・プログラムの土台としてマス・メディアを頼る時代はとっくに過ぎ去った。マス・メディアの占めていた場所に今あるのは、多岐にわたるメディア・ツールだ。〝メディアニュートラル〟な統合コミュニケーションという概念はますます重要になり、多くの組織にとっては不可欠にすらなっている。

外部の複数のコミュニケーション企業で構成された、チームを基盤とするＩＭＣ構想で、しかも一連のレレバントなコミュニケーション様式を含むような取り組みであれば、多くの組織にとって正しい対応策となる。個々のチーム・メンバーは、屈指の才能とチーム精神、そして目前の課題の助けになる能力を基準に選ばれることになろう。「ビッグ・アイデア」（常識的な枠組みを超えた大計画）を考え、実施することをこのチームの任務とするのもいいだろう。このやり方は実際にうまくいっている。ただし、聞くほど簡単ではない。コミュニケーション業界の持ち株会社ＷＰＰは一九九七年、デルのすべてのマーケティングを一手に引き受けて取り扱う新会社ダビンチ（のちにエンファーティコ）を設立したが、この取り組みは二年ともたなかった。規模が巨大すぎたこと、引き継ぐべき企業文化が欠如していたこと、デル側のマーケティング幹部チームが変わったこと、そして成果が期待外れだったことが理由だ。しかし、実際に問題があったからこそ、対応策としてこのアイデアが生まれたのであり、ＷＰＰはその後もフォードやクアーズ、バンク・オブ・アメリカといったブランドのために三〇近いチームを編成してきた。こうしたチームの一部は、独自の名前と事務所、ウェブサイトを持っている。リンカーンのためのハドソン・ルージュ、ミラー・クアーズのためのキャバルリ、コルゲートのためのレッド・ヒューズなどだ。

ＩＭＣチームのもう一つの活用法はＰ＆Ｇが先導したもので、プログラムの中核となる様式に合わせる方法だ。例えばパンパースなら、中核となる様式はウェブサイトとソーシャル・マーケティングかもしれない。「赤ちゃんの世話」というコンセプトが推進力になるからだ。別ブランドでは後援活動が中核となるかもしれない。ただし、一番大事な様式が必ずしも広告である必要はない。Ｐ＆Ｇにとって最適な様式を選び、それに合わせて最適な広告代理店を選び、さらに支援役となる代理店チームが構成される。チームの共同リーダーが前述の最適代理店とＰ＆Ｇからそれぞれ選ばれ、指揮・調整役に当たることになろう。チームを基盤とする報酬体系にすることは決定的に重要だ。

サイロを橋渡しするＩＭＣチームをつくるなどの取り組みを通して、我々は何を学んだか。実のところ、たくさんのことがわかった。この作業は、動き始めるまでが大変だ。そして、その後に長期間これを維持していくことは本当に大変だ。何年間も続いてきた大成功の取り組みでさえ、それを可能足らしめた重要な要素の一つ、または複数が、弱まったりなくなったりした時点で、その取り組みが消滅したりコントロール不能に陥ったりするケースもある。また、以下に挙げるものが存在すると、成功の確率が高まることも判明した。

・IMCが必要だとする説得力のあるビジネス上の論拠に基づくCEOの指令――CEOの支援があれば、サイロの壁は低くなる。
・IMCの取り組みを後押しする強力なブランド戦略――そのような戦略は統合役でなければならず、また明快さと説得力も必要だ。例えばグーグルには、一〇項目からなる価値観があり、これがすべてのブランド構築のガイド役となっている。具体的には、利用者を優先すべし（すっきりしてシンプルなインターフェース）、一つのことを真に素晴らしくせよ、素早くあれ、などだ。これらの価値観は、サイロ事業部が共通目的を持つ一助となってきた。
・戦略重視の強力なリーダー――そのようなリーダーは組織への影響力と戦略的視点、そしてチーム・リーダーシップのスキルを持たなければならない。IMCで極めて優れた実績のある数少ない企業であるアップルの場合、CEOがそのようなリーダー役を務めてきた。
・チームを基盤とする報酬制度――チーム・メンバーの多くにとってこれは規範を大きく逸脱する話で、導入は簡単ではないことが多い。
・単一企業から構成員を集めたIMCチーム――Y&Rなど同じ企業から構成員を集めたIMCチームならば、同じ文化を持つし、クライアントや収益が誰のものかといった小競り合いも一切起きないだろう。複数企業から構成員を集めると、〝クラスで一番〟のメンバーをより多く得られる可能性は高まるものの、複数企業からなるチームは、組織上のストレスに苦しむのが一般的だ。力のある社内のマーケティング担当幹部がチームにおり、複数企業が同じコミュニケーション持ち株会社（ＷＰＰなど）に所属していれば、そのようなストレスは軽減される。

- どれか一つのコミュニケーション様式からの素晴らしいアイデア――成功は支え合う文化を生む。

ＩＭＣの成功物語の一つは、Ｐ＆Ｇが二〇一〇年（冬季）と二〇一二年（夏季）のオリンピックに合わせて行った〈ありがとう・ママ〉キャンペーンだ。キャンペーンの中核は一連のビデオ・ストーリーで、母親たちがどのように我が子の成長を支え、のちにその子がオリンピックで勝ったときにどのように喜んだか、その姿を描いている。一連のストーリーは、オリンピック優勝アスリートたちの背後にいる母親の役割に焦点を当て、温かい心と感動、喜びの涙、そしてわかりやすさに満ちている。赤ちゃんに食事を与え、昼食を用意し、ひざの擦り傷の手当てをし、水泳大会を支え、晴れの舞台に立ち会い、オリンピックで金メダルを獲得した喜びを分かち合う母親の姿には、簡単に感情移入できる。誰もが母親の最高の役割を自分の身に置き換えて共感できる。

このキャンペーンは、タイド／アリエール、パンテーン、パンパース、ジレットなど何十ものブランド・サイロにまたがるもので、さらに多数のメディア・チャネルとブランド構築手段の間の調整も同様になされた。二〇一二年のロンドン・オリンピックの五カ月前から開始した、世界中の店舗内提携小売業者に向けたプログラムには、四〇〇〇万の小売業者が参加し、青少年スポーツプログラムを支援するため二五〇〇万ドル以上を集めた。また、〈ありがとう・ママ〉アプリを使えば、人々は自分の母親に向けた感謝の気持ちを、ビデオやその他いろいろな手段を使って、自分用にカスタマイズしたコンテンツで伝えることができた。五億ドルの売上げを生み出したと推定されるこの一連のプログラムは、オリンピックに関わったという威信と活気、青少年スポーツを支援するという気分のよい側面、そして「本物の母親」のストーリーを視聴したことによる正当性と感動をもたらしたのである。

第20章のまとめ

孤立した製品別・国別・部門別のサイロは、もはや現実的な選択肢ではない。こうしたサイロがあると、一貫したブランド・メッセージを生み、成功事例を活用し、プログラムを規模拡大し、ブランド構築資源を最適配分し、複数サイロにまたがる製品・サービスをつくり出し、必要とされる能力を開発することができなくなるからだ。しかし、だからといって、急いで中央集権化や標準化を進めるべきだとはならない。そうではなく、最終目標とすべきは、孤立と競争の代わりに対話と協力の文化を育てることだ。うまくいくやり方は、ＣＭＯチームにありきたりの役割を与える、チームとネットワークを活用する、共通のプロセスとシステムを導入する、ブランド・ビジョンを適応させる手段を持つ、サイロをアイデアの源泉にする、ＣＥＯに難しい組織的妥協を実現させる、などだ。機能別サイロの問題は、デジタル時代の到来とともに深刻になっている。

このためＩＭＣチームが必要であり、チームの機能を維持していくためには、継続的に生まれる問題への対処法も学んでいかなければならない。

エピローグ

Ten Branding Challenges

ブランディングの一〇の課題

ここまでに述べた二〇の原則は、強いブランドを築き、事業を成功に導くための考え方とツールを提供する。この原則は同時に、今後数十年間、ブランド構築担当者が取り組むブランディングの課題も反映している。具体的に言うと、企業は以下のことを行う必要がある。

1　ブランドを資産として扱う

短期的な財務成果を求めるプレッシャーが常にあるうえ、メディアの細分化とも相まって、組織はどうしても目先の戦術と計測可能な数値ばかりを追いかけがちで、資産を築くという目標を無視したくなるだろう。

2　人を動かすビジョンを持つ

ブランド・ビジョンとは、差別化を生み出し、顧客の心に響き、実行可能で、変化の激しい市場でも長期にわたって意味を持ち、状況が変わっても適応でき、伝達可能でなければならない。ブランド・パーソナリティ、組織の価値観、大いなる目標、機能的便益からの超越、といった概念は役立つものの、実際に採り入れるのは簡単ではない。

3　新しいサブカテゴリーをつくり出す

成長できる唯一の方法は、〝マストハブ〟イノベーションを生み出すことで新しいサブカテゴリーを形成し、競合がレレバントになれないよう障壁を築くことだ。例外は滅多にない。そのためには、重要イノベーションまたは転換イノベーションが必要であり、さらにそのイノベーションが勝てるようにサブカテゴリーの認識を管理運営する新たな能力も必要となる。

4　画期的なブランド構築を生み出す

ブランド・ビジョンを実現するためには、競合のひしめく競争環境を突き抜ける並外れたアイデアとその実行が必要である。この二つは予算規模の多寡よりも重要だ。普通によいだけでは不十分である。コミュニケーションの支配権が顧客の側に移っていることを考えると、ブランドや企業を売り込むよりも、顧客のスイートスポットに目を向けるほうが有効だ。ただし、これも簡単ではない。

5　統合型マーケティング・コミュニケーション（IMC）を実現する

ＩＭＣの実現はかつてなく困難になっている。理由の一つは、広告、後援活動、デジタルといった多種多様な形態が、互いを補強し合うのではなく、競争しがちなせいだ。別の理由として、メディアの状況とその選択肢があまりにも複雑になったこともある。また、市場の変化があまりに激しいこともある。さらに、製品別・国別のサイロが協力と対話ではなく競争と孤立に結びついていることもある。

6　デジタル戦略を整理する

デジタルの市場は複雑で変化が激しく、そのうえ市場の大半において視聴者が支配権を握っているという現実から、今までとは異なるマインドセットが必要になる。新しいケイパビリティと創造的な構想、そして他のマーケティング形態と協働する手段が必要となる。

7　社内向けにブランド構築をする

ＩＭＣの導入も画期的なマーケティングも、社員がブランド・ビジョンを理解し、かつ愛着を持っていなければ、実現は困難である。ブランド・ビジョンに大いなる目標を欠くと、そのビジョンに社員を感化する作業がより困難だと気づくことになろう。

8　ブランド・レレバンスを維持する

ブランドが直面する脅威は三つある。そのブランドが提供するものを買う顧客が減少する、買わない理由が出現する、活気を失う、の三つだ。それぞれの事態に気づき、対応するためには、その市場に関する深い知識が必要であり、加えて投資と変化を恐れない覚悟も必要だ。

9　シナジーとわかりやすさを生むブランド・ポートフォリオ戦略を策定する

ブランドには、よく練られた役割とその役割を支えるビジョンが必要だ。どれが戦略ブランドなのかを見分け、そこに資源を割り振らなければならない。また、ブランド差別化要素とブランド活性化要素を生み出し、管理運営することも必要だ。

10　成長を可能にするためブランド資産を活用する

ブランド・ポートフォリオは、新しい製品・サービスを可能にすることで、または、ブランドを垂直方向や他の製品クラスに拡張することで、成長を促進すべきだ。最終目標は、ブランドが価値を付加でき、同時にブランド自身も進歩するような新しい環境に、そのブランドを当てはめることにある。

謝辞

二五年にわたりブランドおよびブランド構築に関する仕事をしてきた。この本はその集大成である。その間私は、数多くの才能ある人々と仕事をし、影響を受けてきた。そのうち何人かはここで具体名を挙げるが、この場で触れることができない人も大勢いる。学界からは、ジェニファー・アーカー、トシ・アクツ（阿久津聡）、ロベルト・アルバレス、ジョージ・デイ、スーザン・フォルニエ、ボブ・ジェイコブソン、エーリッヒ・ヨアヒムスターラー、ジャン・ノエル・カプフェレ、ケビン・ケラー、リッチ・リヨンズ、そしてダグ・ステイマン。実践者の中からは、スチュアート・アグレス、ドン・ブルツォーネ、ケイティ・チェ、テッド・ヒロセ（広瀬哲治）と電通チームのメンバー、ジェリー・リー、ラリー・ライト、ジム・ステンゲル、ジョー・トリポディ、ピーター・シーレイ、そしてビル・ウェルズ。

私のアイデアの多くは、一九九九年からアソシエイトを務めるグローバルなブランドおよびマーケティングのコンサルタント会社「プロフェット」の同僚から得るか、または彼らに育ててもらった。CEOのマイケル・ダンの支援と友情に感謝したい。さらに、スコット・デイビス、アンディ・ピアース、ルネ・グスタフソンには、アイデアのきっかけを与えてくれたことを感謝したい。ポール・ワン、スコット・ドラモンド、カーク・テクスター、ニック・ワッツは、表紙と図表の作成を手伝ってくれた。本書のマーケティングではアマンダ・ニッツェールが私のパートナーとなり、ジョン・バグリオが支援してくれた。ライランド・デヴェロ、カレン・ウーンの両者は、このプロジェクトに内容と活気を与えるための私の講演とブログ執筆を手伝ってくれた。

モルガン・ジェイムス（原著の出版社）のパートナーにもとても感謝している。本書執筆時のストレスを、自信と創造性と楽しさに置き換えてくれた。デイビッド・ハンコックは知識豊富で洞察力に富み、協力を惜しまない。彼と仕事をするのは大きな喜びであった。リック・フィッシュマンとジム・ハワードは肝心なときに役立つ助言を与えてくれた。ライザ・ポーリンは常に陽気で前向きな姿勢で調整役を務めてくれた。本書のコピーエディター（原稿整理編集者）であるリサ・ズニガは間違いなく本書の質を高めてくれた。

最後に、自分の家族に感謝したい。妻のケイと、三人の娘ジェニファー、ジャン、ジョリンは、いつも変わらず私を支え、刺激してくれる。さらに、私の人生を豊かにしてくれる娘たちの家族にも感謝したい。

Profitability" in Sweden's 500 Largest Companies, reported in Nicholas Ind, *Living the Brand 3rd. ed.*, London: KoganPage, 2007, 66ページ。

第15章

1. David Aaker, *Three Threats to Brand Relevance: Strategies that Work*, San Francisco: Jossey-Bass, 2013.（未訳）を参照。
2. 出所はジョン・ガーズマとの個人的会話。彼の指摘によれば、ヤング・アンド・ルビカムのBAV（ブランド・アセット・バリュエーター）のデータベースが追跡調査している3000ブランドの中で、ウォルマートは2008年、社会的責任で12番目に順位されたという。
3. Andrew S. Ross, "Green Project Making It Harder to Hate Walmart," *San Francisco Chronicle*, 2010年2月28日付。

第16章

1. John Gerzema and Ed Lebar, *The Brand Bubble*, San Francisco: Jossey-Bass, 2008, Chapter 2.
2. Natalie Mizik and Robert Jacobson. The Financial Value Impact of Perceptual Brand Attributes, *Journal of Marketing Research*, 2008年2月号。

第17章

1. この章および続く2章で扱う題材について、より詳しくはDavid Aaker, *Brand Portfolio Strategy*, New York: The Free Press, 2004（『ブランド・ポートフォリオ戦略』ダイヤモンド社、2005年）を参照。

第20章

1. サイロ問題とその解決策について、より詳しくは David Aaker, *Spanning Silos: The New CMO Imperative*, Boston: Harvard Business Press, 2008（『シナジー・マーケティング』ダイヤモンド社、2009年）を参照。
2. この調査およびその結果については、上記Aaker, *Spanning Silos*で詳細に触れている。

第10章

1. このタッチポイント・プロセス・モデルの出所は、Scott M. Davis and Michael Dunn, *Building the Brand Driven Business*, San Francisco: Jossey-Bass, 2002.（『ブランド価値を高めるコンタクト・ポイント戦略』ダイヤモンド社、2004年）
2. Emma K. Macdonald, Hugh N. Wilson, and Umut Konus, "A New Tool Radically Improves Marketing Research, *Harvard Business Review*, 2012年9月号、103〜108ページ。
3. Alex Rawson, Ewan Duncan, and Conor Jones, "The Truth About Customer Experience," *Harvard Business Review*, 2013年9月号、90〜99ページ。
4. G. Lafley and Ram Charan, *The Game-Changer*, New York: Crown Business, 2008, 39〜40ページ。（『ゲームの変革者』日本経済新聞出版社、2009年）
5. Richard J. Harrington and Anthony, K. Tjan, "Transforming Strategy One Customer at a Time," *Harvard Business Review*, 2008年3月号、62〜72ページ。

第11章

1. David Aaker, "Find the Shared Interest: A Route to Community Activation and Brand Building," *Journal of Brand Strategy*, 2013年夏号、136〜147ページに手を加えて再録。本章で扱う題材は、David Aaker, *Strategic Market Management* 10 ed., New York: John Wiley, 2014.にも掲載されている（この第10版は未訳）。
2. ブランドと顧客の関係を、その顧客の個人的知り合いにたとえる手法は、スーザン・フォルニエが先鞭をつけた。彼女の考え方は多数の記事や著作で述べられている。例えばSusan Fournier, Michael Breazeale, and Marc Fetscherin, *Consumer-Brand Relationships*, Abingdon, UK: Routledge, 2013.を参照。

第12章

1. 58カ国で2万9000人のインターネット・ユーザーを対象に行ったニールセンの調査によれば、回答者の69%がウェブサイトの内容とオンライン・コメントを信用しているのに対し、メディア広告を信用するのは61%だった。こうした意見が信頼できる友人や家族のものだった場合、信用のレベルは84%にまで上昇する。Aaron Baar, "Nielsen: Consumers Trust WOM Over Other Messaging," *Marketing Daily*, 2013年9月号より。
2. Patrick Spenner and Karen Freeman, "Keep It Simple," *Harvard Business Review*, 2012年5月号、109〜114ページ。
3. Thales Teixeria, "Online Video Offers a Way to Achieve Higher Engagement with Consumers for Far Less Money," *Harvard Business Review*, 2013年6月号、23〜25ページ。
4. Joe Tripodi, "Coca-Cola Marketing Shifts from Impressions to Expressions," blogs.hbr.org, April 27, 2011.

第13章

1. Joe Tripodi, "Open Coke," *The HUB*, 2011年7・8月号、26〜30ページ。

第14章

1. J. Gromark, and F. Melin, "Brand Orientation Index—A Research Project on Brand Orientation and

Extensions," *Corporate Reputation Review*, 1998年7月号、356〜378ページ。
2. 2013年のユニリーバのウェブサイトで "sustainable living"（持続可能な生活）の部分を参照。
3. 1000を超える日本のブランドの価値評価を毎年行っている「ブランド・ジャパン」（日経BPコンサルティング）のデータより。

第6章

1. Dan Ariely, *Predictably Irrational*, New York: HarperCollins Publishers, 2008.（『予想どおりに不合理』早川書房、2008年）
2. Stuart Agres, Emotion in Advertising: An Agency's View, in Stuart J. Agres, Julie A. Edell, and Tony M. Dubitsky, *Emotion in Advertising*, New York: Quorum, 1990, 1〜18ページ。

第7章

1. "マストハブ"のさらに詳細な概念と、その実現方法については、David Aaker, *Brand Relevance: Making Competitors Irrelevant*, San Francisco: Jossey-Bass, 2011.を参照(『カテゴリー・イノベーション』日本経済新聞出版社、2011年)。
2. この調査のより詳しい全体像については、Aaker, *Brand Relevance*, 1〜5ページを参照。
3. W. Chan Kim and Renee Mauborgne, *Blue Ocean Strategy*, Boston: Harvard Business School Press, 2005.（『ブルー・オーシャン戦略』ダイヤモンド社、2013年）
4. Eddie Yoon and Linda Defien, "Why It Pays to Be a Category Creator," *Harvard Business Review*, 2013年3月号、21〜23ページ。

第8章

1. Gregory S. Carpenter, Rashi Glazer, and Kent Nakamoto. "Meaningful Brands from Meaningless Differentiation: The Dependence on Irrelevant Attributes, *Journal of Marketing Research*, 1994年8月号、339〜350ページ。

第9章

1. George Lakoff, *Don't Think of an Elephant*," White River Junction, Vermont: Chelsea Green, 2004.
2. Dan Ariely, *Predictably Irrational*, New York: Harper Books, 2008, 162〜163ページ。
3. Brian Wansink, *Mindless Eating*, New York: Bantam Books, 2006, 19〜23ページ。（『そのひとクチがブタのもと』集英社、2007年）
4. I. P. Levin and G. J. Gaerth, "Framing of Attribute Information Before and After Consuming a Product," *Journal of Consumer Research*, March 1988, 374〜378ページ。
5. Mita Sujan, "Consumer Knowledge: Effects on Evaluation Strategies Mediating Consumer Judgments," *Journal of Consumer Research*, 1984年6月号、31〜46ページ。
6. Aaker, Jennifer, Kathleen Vohs and Cassie Mogilner, "Non-Profit Are Seen as Warm and For- Profits as Competent: Firm Stereotypes Matter" *Journal of Consumer Research*, 37, 2010年8月号、277〜291ページ。
7. Srinivas Reddy and Christopher Dula, "Gillette's 'Shave India Movement,' " *FT.com/management*, November 4 2013.

原注

第2章

1. シュリッツの大失敗に関するより詳細な解説は、David Aaker, *Managing Brand Equity*, New York: The Free Press, 1991, 78～85ページ（日本語訳は『ブランド・エクイティ戦略』ダイヤモンド社、1994年）。
2. インターブランドのブランド価値評価グループとの個人的な会話より。2013年のブランド価値は、Interbrand.com.で入手できる。
3. "The Financial Information Content of Perceived Quality" (with Bob Jacobson), *Journal of Marketing Research*, 1994年5月号、191～201ページ、および "The Value Relevance of Brand Attitude in High Technology Markets," Journal of *Marketing Research*, (with Bob Jacobson) 2001年11月号、485～493ページ。
4. このコメントは、Aaker, *Managing Brand Equity* への賛同として発言された。
5. Robert D. Buzzell, "Predicting Short-Term Changes in Market Share as a Function of Advertising Strategy," *Journal of Marketing Research*, 1964年8月号、27～31ページ。

第3章

1. このブランド・ビジョン・モデルを最初に詳述したのはDavid Aaker, *Building Strong Brands*, New York: The FreePress, 1996.（『ブランド優位の戦略』ダイヤモンド社、1997年）の中で、当時は「ブランド・アイデンティティ・モデル」や、時には「アーカー・モデル」と呼んでいた。のちにDavid Aaker and Erich Joachimsthaler, *Brand Leadership*, New York: The Free Press, 2000.（『ブランド・リーダーシップ』ダイヤモンド社、2000年）において、このモデルはブランド・エッセンスを含むように改良された。
2. ハース・ビジネススクールのコア・アイデンティティは、同校のウェブサイトの "Culture" セクション中の "Defining Principles"（我々を特徴づける原則）ページや、同校の「ブランド・カード」に記載されている。

第4章

1. Grainne M. Fitzsimons, Tanya L. Chartrand, and Gavan J. Fitzsimons, "Automatic Effects of Brand Exposure on Motivated Behavior: How Apple Makes You 'Think Different,' " *Journal of Consumer Research*, 2008年6月号、21～35ページ。
2. Susan Fournier, "Consumers and Their Brands: Developing Relationship Theory in Consumer Research," *Journal of Consumer Research*, 1998年3月号、343～353ページ。
3. Jennifer L. Aaker, "Dimensions of Brand Personality," *Journal of Marketing Research*, 1997年8月号、347～356ページ。
4. Jennifer L. Aaker, Veronica Benet-Martinez ,and Jordi Garolera, "Consumption Symbols as Carriers of Culture: a Study of Japanese and Spanish Brand Personality Constructs," *Journal of Personality and Social Psychology*, 81 (3) 2001, 492～508ページ。

第5章

1. David Aaker and Kevin Lane Keller, "The Impact of Corporate Marketing on a Company's Brand

ま行

や行・ら行

な行

は行

た行

か行

さ行

索引

数字・欧文

あ行

[著者]

デービッド A. アーカー（David A. Aaker）

カリフォルニア大学バークレー校ハース経営大学院名誉教授（マーケティング戦略論）。ブランドのコンサルティング会社プロフェット社副会長。ブランド論の第一人者として知られ、マーケティング・サイエンスの発展に著しく寄与したことに対して「ポール D. コンバース（Paul D. Converse）」賞を、またマーケティング戦略への業績に対して「ヴィジェイ・マハジャン（Vijay Mahajan）」賞を受賞。発表した論文の数は100本以上、また著書は15冊を数える。主な著書に*Managing Brand Equity*（邦訳『ブランド・エクイティ戦略』陶山計介、中田善啓、尾崎久仁博、小林哲訳、ダイヤモンド社、1994年）、*Building Strong Brands*（邦訳『ブランド優位の戦略』陶山計介、小林哲、梅本春夫、石垣智徳訳、ダイヤモンド社、1997年）、*Brand Leadership*（エーリッヒ・ヨアヒムスターラーとの共著、邦訳『ブランド・リーダーシップ』阿久津聡訳、ダイヤモンド社、2000年）、*Brand Portfolio Strategy*（邦訳『ブランド・ポートフォリオ戦略』阿久津聡訳、ダイヤモンド社）、*Brand Relevance*（邦訳『カテゴリー・イノベーション』阿久津聡監訳、日本経済新聞出版社）などがある。

[翻訳者]

阿久津 聡（あくつ・さとし）

一橋大学大学院国際企業戦略研究科教授。一橋大学商学部卒業。同大学大学院商学研究科修了。カリフォルニア大学バークレー校ハース経営大学院MS（経営学修士）およびPh.D.（経営学博士）。カリフォルニア大学バークレー校研究員、一橋大学商学部専任講師などを経て、2010年より現職。専門は、マーケティング、消費者心理学、ブランド論、知識経営論、行動意思決定論、交渉論。主な著書に『ソーシャル・エコノミー』（翔泳社、2012年、共著）、『ブランド戦略シナリオ』（ダイヤモンド社、2002年、共著）、『知識経営実践論』（白桃書房、2001年、共編著）、訳書にデービッド A. アーカー著『ブランド・ポートフォリオ戦略』（ダイヤモンド社、2005年）、ジェラルド・ザルトマン著『心脳マーケティング』（ダイヤモンド社、2005年、共訳）などがある。

ブランド論
——無形の差別化をつくる20の基本原則

2014年9月26日　第1刷発行
2019年12月20日　第7刷発行

著　者——デービッド・アーカー
訳　者——阿久津 聡
発行所——ダイヤモンド社
〒150-8409　東京都渋谷区神宮前6-12-17
http://www.diamond.co.jp/
電話／03･5778･7228（編集）　03･5778･7240（販売）
装丁————デザインワークショップジン
製作進行——ダイヤモンド・グラフィック社
印刷————堀内印刷所（本文）・加藤文明社（カバー）
製本————ブックアート
編集担当——岩佐文夫

ISBN 978-4-478-02759-2